国家社科基金
GUOJIA SHEKE JIJIN HOUQI ZIZHU XIANGMU
后期资助项目

收入、学校区位环境与中小学教师稳定性

马红梅　著

科学出版社

北　京

内 容 简 介

　　本书基于"消费型补偿"理论来讨论教师收入和学校所在地的区位环境对教师主观流动意向和实际流动行为的影响。学校区位是广义的教师工作环境，良好的工作环境能给教师带来正向心理收益，而不受欢迎的工作环境则引起教师职业效用的损失，需要相应的补偿才能实现职业效用无差异。笔者构造教师收入与学校区位环境特征的交互项，以考察提高教师工资或提供生活补助对弥补区位环境不利的学校教师留不住、留不久等方面劣势的影响。本书所涉的"县管校聘"政策背景下的被动流动由地方政府通过劳动力"需求侧"改革来实现，从而降低部分教师对不利的学校区位环境的心理保留价格。

　　本书适合对教师劳动力市场领域的研究感兴趣以及关注教师劳动力市场建设的群体阅读。

图书在版编目（CIP）数据

收入、学校区位环境与中小学教师稳定性/马红梅著. —北京：科学出版
社，2024.5
国家社科基金后期资助项目
ISBN 978-7-03-078598-5

Ⅰ.①收…　Ⅱ.①马…　Ⅲ.①中小学-教师-职业选择　Ⅳ.①G635.1

中国国家版本馆 CIP 数据核字（2024）第 103860 号

责任编辑：卢　森　张春贺 / 责任校对：王晓茜
责任印制：徐晓晨 / 封面设计：润一文化

科学出版社 出版
北京东黄城根北街 16 号
邮政编码：100717
http://www.sciencep.com

北京中石油彩色印刷有限责任公司印刷
科学出版社发行　各地新华书店经销
*

2024 年 5 月第　一　版　　开本：720×1000　1/16
2024 年 5 月第一次印刷　　印张：15 3/4
字数：300 000
定价：108.00 元
（如有印装质量问题，我社负责调换）

国家社科基金后期资助项目
出版说明

  后期资助项目是国家社科基金设立的一类重要项目，旨在鼓励广大社科研究者潜心治学，支持基础研究多出优秀成果。它是经过严格评审，从接近完成的科研成果中遴选立项的。为扩大后期资助项目的影响，更好地推动学术发展，促进成果转化，全国哲学社会科学工作办公室按照"统一设计、统一标识、统一版式、形成系列"的总体要求，组织出版国家社科基金后期资助项目成果。

全国哲学社会科学工作办公室

前　言

一、研究问题与选题缘由

师资队伍的质量及稳定性一直以来受到社会各界的关注，但"师资队伍"是由一个一个具体教师的职业选择而形成的抽象概念，因此，只有充分了解微观层面的个体教师行为与心理，才可能把握这个职业群体的行为与心理的一般趋势。

本书以中小学教师为研究对象，关注他们入职后的稳定性（流动性）、如何受制于收入和学校区位环境，包括优秀教师在区位环境不利的学校是否留得住、留多久、是否打算继续留等方面的职业再选择过程，以及起初在区位环境较好的学校任教但绩效水平相对较低的教师在局部劳动力市场需求的空间结构发生变化的新形势下是否留得下来，在留不下来的情况下如何重新调整职业效用函数中收入与工作环境的要素组合。在影响师资队伍稳定性的若干因素中，本书关注收入对教师个人职业选择行为与心理的影响，以及收入在调节区位环境不利的学校教师稳定性（流动性）方面所发挥的作用。下文将从教师职业选择的社会意义与个人意义两方面简要论述写作动机。

（一）教师个人职业选择的"公"与"私"

1. 教师职业选择的公共性

中小学教师是公共事业单位的从业人员，他们对基础教育的优质均衡发展起着重要作用。教师的服务对象是学生，学生是未来的公民和劳动力，当下的学生素质决定未来人口生产力水平和社会发展程度，而学生素质发展的可能性在很大程度上取决于师资水平。教师在学生个人成长、学校发展、区域教育水平提升等方面发挥着重要作用，因此，由一个个教师在微观层面做出的个人职业选择形成的师资空间分布和教师群体的结构性特征关系到教育服务的均衡性与公平性，教师个人的职业选择从一个私人问题演化为公共问题。这就是让优秀教师"下得去、留得住、教得好、发展好"这一系列问题何以引起各国教育政策制定者高度关注的原因。例如，杭州市拟于2024年底前"对西部区、县（市）教师非正常流动做出一定的政策限制，西部区、县（市）公办学校教师在应聘主城区教师岗位时必须出具所在学校同意报考证明"[①]。

  教师作为学生发展的"支点",在给学生赋能方面起着巨大作用,因此,确保师资质量成为提升公共基础教育服务质量的关键。然而,由于部分地区受经济与社会发展水平欠佳、位置偏远等不利经济地理环境的影响,在学校提供的待遇达不到教师期望水平的情况下就难以吸引和长期留住优秀教师[②],教师下不去、留不住、流动快等问题突出,师资结构性短缺、空间布局不均等问题长期困扰着我国基础教育的优质均衡发展和城乡一体化进程。例如,我国甘肃省农村教师每份教职持续时间不满一年的教师比例有 10.7%;在多次变更任教学校的教师中,两次主动离职的时间间隔不满两年的有 19.0%;首份工作持续时间少于一年和两年的样本比例分别是 9.8%和18.8%(马红梅等,2020)。

  工作环境较差的学校,其教师队伍流动频繁并非我国独有的现象,其他国家偏远农村或贫困地区薄弱学校的教师流动问题也普遍存在,教师在这些学校积累一定工作经验和业绩后就调往环境更好的学校,Hanushek 等(2004a)将其称为"旋转门"(revolving door)现象。美国国家层面的新教师入职一年后的离职率是 11%,入职 5 年后的离职率达 39%,且城市地区贫困人口集中的学区的教师主动流动率比非贫困地区高。美国各地区的新教师流动性存在较大的差异。例如,纽约州小学入职后 5 年内离职的教师高达 52%(Ondrich et al.,2008);Boyd 等(2008)基于美国纽约市 1998—2004 年政务数据的分析结果发现,纽约市中心 27%的教师在入职不满一年时离职,而 44%的小学教师和 55%的中学教师的首份工作持续时间不足两年。再如,Redding 和 Henry(2019)基于北卡罗来纳州 2009—2011 年 13 665 名新入职教师数据来考察总工作时间不满 3 年的新教师的稳定性(流动性),得到的结果显示,每天都有新教师离开他们刚上任不久的岗位,全美每天约 1000 名教师退教改行,约 1000 名教师跨校流动;Mitani 等(2022)基于得克萨斯州 2004—2011 年 141 706 名新教师信息的研究结果表明,受过系统师范训练的新教师中有 20%的人在工作 4 年后离职,而非师范专业毕业的新教师中有 20%的人在工作 2 年后离职。英国 2016 年的统计数据显示,刚入职一年的新教师因工作量大、工资低等原因离职的比例超过 15%,工作时间不满 3 年而离职的教师比例高达 27%,工作时

---

① 中国教育电视台. 多地限制教师非正常流动 留下人后如何留住人? http://m.cetv.cn/p/496698.html. 2024-02-02.

② 国际文献称之为"合格教师"(qualified teachers),与国内文献中的"优秀教师"同义。

间不满 5 年而离职的教师比例为 33%（肖海燕，彭虹斌，2020）。澳大利亚西部偏远沙漠地区的学生学业基础较差、学校师资短缺且教师流动频繁，教师从这些薄弱学校离职后的去向通常是地理位置更便利或生源更好的学校，另有一部分教师退教改行、从事其他种类的工作（Gray，Beresford，2008）。

上述现象的背后折射出的问题是，学校工作环境对教师职业选择的影响举足轻重，它是教师职业效用函数中重要的构成维度。有鉴于此，理解多数教师的职业选择行为及其背后的心理机制有助于我们掌握教师劳动力市场建设的规律、制定针对性的对策以优化教师资源配置、实现基础教育公共服务均等化。

教师个人层面的一系列职业选择汇总到宏观层面就勾勒出教师这个职业群体的集体画像，即教师队伍由具备哪些人格特征和何种资历水平的人构成、人格特征和资历水平各异的教师在不同学校和不同区域间的空间分布格局如何、他们在工作场所的精神风貌如何等。教师在整个职业生涯期间面临若干次选择，并叠加成一个有主次、有层次的决策树。个人首先需要考虑是否从教、教哪个科目；在确定从教后还需要确定在哪里任教；继而决定在学校提供的工作岗位上以何等努力程度工作多久，以及工作是否满意、有无更换工作单位或转行的想法等。

本书仅关注教师职后在不同学校间的工作转换行为以及他们是否想在当前任教的学校和从事的行业继续工作，即教师队伍的稳定性（流动性）。教师队伍稳定性是社会各界广泛而持久地关注的问题，但它通过教师流动性凸显出来。"教师流动"是一个复杂的现象，根据教师变动任教学校的动机，它可被划分为"主动流动"和"被动流动"两大类；根据教师是否采取行动，它又可分为实际流动和流动意向。

国内学者关注较多的是教师主动流动，且多数文献在提及"教师流动"时默认的是教师主动提出的更换任教学校现象，如我国偏远山区或农村学校的大量优秀骨干教师外流，成为困扰偏远山区或农村学校教育"高质量发展"的主要问题。尽管我国尝试通过特岗计划、支教、联校走教等方面的制度创新来解决这个问题，但这些措施尚不能根本解决环境不利情况下学校师资缺口较大的问题。工作环境艰苦且教师收入较低是导致偏远地区学校的教师队伍总体质量偏低、流动性大的直接原因，因为从教师个人择业理性的角度看，位于偏远地区的学校整体环境较差，教师的职业效用受到削弱，在不提供等价补偿的情况下，偏远地区学校不太可能吸引和留住教师。

　　经济补偿是缓解劳动力市场环境劣势情况的常用激励型政策工具，但经济补偿在何种条件下会产生作用是值得探究的现实问题，如在艰苦边远程度不同的地区，教师补助设定在什么水平才能维持特定水平的师资队伍的稳定性或将教师流动性降低到何种程度是师资调配部门需要关心的问题。第四章将讨论学校区位环境不利如何影响教师主动流动和教职持续时间，并通过构造学校区位环境与工资、生活补助等指标之间的交互项以探索提高教师收入如何解决区位环境不利的学校的教师留不住、留不长的问题。

　　与"主动流动"相对应的是"被动流动"。"县管校聘"（部分地区称之为"局管校聘"）等政策全面推行后，教师被动流动的问题逐渐受到学者的关注（操太圣，卢乃桂，2018）。被动流动所致的工作单位变动较少受到经济因素驱动，多为行政性的安排，按其性质划分包括两种：一种是早期较流行的做法——那些在环境较为艰苦的学校工作的优秀骨干教师常以提拔或借调的形式到较为优越的学校或部门工作；另一种是近年来的师资调配制度创新，教育行政管理部门根据学生规模等确定各学校各科教师的配额，采取"总量控制、动态调整"的方式推进"县管校聘"改革，那些师资冗余的学校通过绩效排名等考核方式将部分超编学科中业绩水平较低的教师从环境较好的学校输送到环境较差的学校。

　　第四章第一节的分析不考虑教师行政调动这种被动流动情况，因为这类教师流动较特殊，本书铺设的理论基础和技术框架无法有效解释。由此一来，笔者以从未变动过任教学校的教师为参照，分析教师主动流动何以受到收入和学校区位环境的影响。第五章将涉及上述第二种被动流动，教师在这种被动流动过程中会经历职业效用结构的突变，因为地方政府通过调整劳动力市场制度的方式来改变部分竞争力不足的教师的"收入—学校区位环境"效用曲线，即收入与学校区位环境对教师职业选择的影响受劳动力市场整体环境的制约。具体而言，"县管校聘"政策的推进将教师被动流动的问题凸显出来，在"县管校聘"过程中经历被动流动的教师出现择业心理变化，他们为适应教师需求的新形势而不得不改变自己职业效用函数中的收入和学校区位环境等要素的权重，没有足够好的业绩优势留在原来的学校且又没有足够强的竞争优势跨校竞聘成功的教师只能服从组织调剂而被调往师资短缺的偏远地区。在这种情况下，教师在"收入—学校区位环境"之间的效用组合被迫向总量更低的方位平移，这部分竞争力较低的教师在工资不增加的情况下到区位环境较差的学校任教，而这些学校曾被他们排除在选择集合之外，是他们在有其他选择的情况下不会选择的去处。

教师流动还反映在主观意向方面，部分教师想从环境较差的学校调往环境较好的学校或者从更外围的边远地区学校流动到靠近中心、更便利的学校，还有部分教师想退出教育行业后从事其他种类的工作，但因受到各种条件的制约而尚未采取实际行动。劳动经济学家将之称为"隐性流动"，隐性流动可能与负面的工作态度或情绪有关，会对生成效率产生不利影响，教师主观层面的流动意向也需引起我们的重视，因为我们期待学校的教师队伍稳定，实际上是基于一个隐含假设——留下来的能扎根的稳定的师资队伍都是素质精良的，而不是消极懈怠的。

2. 教师职业选择的经济理性

教师在参与教育公共服务活动的同时也在追求个人利益。为了追求个人利益，具有经济理性的微观决策主体会对激励做出反应，并在环境发生改变时及时调整心理预期和行为动向，这是教师职业生涯决策中能动性与主体性得以发挥的基础。但社会各界对教师群体的期待还存在过于理想化的问题。部分人认为，从经济的角度解释教师的职业行为与心理过于片面，他们难以接受将神圣教育事业与世俗的经济理性联系起来的做法，坚信教师职业选择过程中更多地受到"仁爱之心、奉献精神、家国情怀、教书育人"等方面的影响。笔者不否定教师需要具备这些职业素质，但他们总体上具有人类普遍拥有的经济理性，只不过作为一个特殊职业群体的教师比其他行业的从业人员在经济理性的连续分布上表现出均值略小的特征而已。正如黄宗智（2010）在总结冯·哈耶克的经济思想时提及的那样，"不完美的个人，通过价格机制而作出自由抉择，乃是最贴近理想状态的经济制度。劳动力的合理配置当然是其中的一个方面"，教师作为"公共事业单位从业人员"的社会角色不影响他们决策过程中的利益追求。例如，雷万鹏和王浩文（2019）基于湖北省 S 县"联校走教"政策的 10 年追踪调查发现，学校作为由理性个人集合而成的组织以及教师作为普通人均具有趋利避害的倾向，并采取让自身效用最大化的政策变通方案，如县城学校为完成上级指派的联校走教任务而策略性地选派质量较低的临聘教师参与，骨干教师既不会被他们所在的学校派往农村地区做对口支援工作，因为每所学校都想拥有最好的师资，也没有参与联校走教和交流的动力，这样的局面使得旨在促进教育均衡的部分政策偏离原定的预设轨道。

公共选择理论奠基人——詹姆斯布·M.布坎南（2020）指出，关于"理性人"行为的假设应成为制度设计的重要参考因素。与此相对应的是，部分政策忽视教师作为会表达个人利益诉求的微观经济决策主体的事实，从而使政策的执行效果打折扣（陈玉玲，吴卫东，2021；尹建锋，2020），因为"正当的理性规则被认为是人性（human nature）的表达"（艾森特·奥斯特罗姆，2011）。研究者和决策者应该清晰地认识到这样一个事实，在"绩效"思潮全面渗透到全球各领域的今天，多数国家和地区均在"优绩优酬"的框架下重建教师评价与激励体系，我国"教师绩效工资制度""县管校聘"等改革是顺应这个趋势的具体举措。在这种时代背景下，教师是一个对经济利益作出行为反应的个体和社会角色。在全球教育改革与实践中，基于绩效的教师评价制度，其逻辑日益清晰，而教师的经济理性在市场化"洗礼"中被充分激活，教师作为一个职业群体已显示出较强的经济理性。

由此观之，教师到偏远山区学校任教的积极性不高、农村学校或薄弱学校骨干教师流失率高、教师行业的职业吸引力小等长期困扰师资队伍建设的问题可能跟大众过度进行道德呼吁且劳动力价格这一杠杆没有被利用好有关。其他国家面临同样的问题。例如，全球各个国家和地区师范专业学生生源质量下降的一个关键因素是教师收入在劳动力市场上的相对竞争力不足，在这种劳动力市场均衡格局既定的情况下，选择从教的人的能力普遍低于医生、律师、工程师等行业的专业技术行业人员（Bacolod，2007；Dolton，1990；Hanushek，Pace，1995），因为教师行业的收入在劳动力市场上释放出的"低收入"信号，最终固化"优者不教、教者不优"的局面。

本书考察经济补偿在提升具有区位劣势的学校的教师稳定性、减少教师主动流动性方面的积极作用正是基于这样的前提。任何旨在改进地区教育质量、提高公共服务均等化的政策均不应该忽视作为理性经济决策基本单元的个体教师。包括吸引、聘用、留任等在内的教师队伍建设工作策略的核心是"把激励做对"，只有"集众人之私"，才能"成天下之公"（马红梅，2021c）。因此，应充分发挥市场在资源配置中的决定性作用，教师劳动力市场建设也不例外。若想调动教师参与某项活动的积极性，需先弄清楚教师对哪些激励产生反应、在什么条件下产生反应（马玉霞，2012），以及他们不愿参与这项活动的顾虑是什么或他们从事这项活动需要承担哪些成本。换言之，从政策工具设计的角度看，政策制定者应关注微观个体层面的教师能从公众期望他们投身于其中的活动中获得哪些"好处"以及他们对这些"好处"的反应程度如何，然后合理有效地利用这些"好处"以激发他们做出符合公众需求的反应，并尽量减少那些"倘不如此，则施加坏处"的具有负强化性质的强制性政策工具。

笔者在一系列论文和著作中讨论过工资、生活补助等货币化收入和工作环境等非货币化的收益①对教师职业选择行为及心理的影响，多数教师跟普通人一样偏爱收入高、环境好的工作，且在"高薪"和"舒适"两者不可兼得的情况下，教师会根据自己的效用偏好做出取舍——要么以牺牲一部分收入为代价来换取更好的工作环境，要么在货币化收入达到个人心理阈值的情况下到环境更具挑战性的学校任教，这是"消费型补偿"理论关于"补偿性工资差异"（compensating wage differentials）论点的核心内涵，第二章第三节将详细论述教师职业选择的微观心理过程。

（二）教师职业选择的效用优化

教师职业效用函数中的所有构成要素可分为货币化的物质收益和非货币化的心理收益两类。将物质收益和心理收益统合到同一研究中进行分析时，研究者还需要引入"职业效用"②这个高阶概念，只有这样才能更好地理解教师职业生涯选择行为与心理。物质收益和心理收益的权重总和为 1，两者间此消彼长，其构成比例相对稳定，但它们的关系又不是始终不变的。例如，在劳动力供求关系整体上发生结构性突变的情况下，教师职业效用函数中的物质收益和心理收益之间的替代率会随之而变。第五章将利用 G 市的个案素材来阐述"消费型补偿"理论的反向应用——"县管校聘"政策在区县或市级层面推行后，部分城区学校因受生师比、班师比等规定的限制而被大幅压缩需求量而导致出现一部分冗余师资，超编学校中竞争力较低的那部分教师会根据新的市场环境重新评估自身职业效用函数中收入与学校区位环境的权重并及时调整心理预期，甚至在低于保留工资（且增加工作量）的情况下到偏远山区或远离中心城区的农村学校任教。

尽管从"全面薪酬"的视角看，物质收益和心理收益包括的指标较多，

---

① 教师工作环境的覆盖范围很广，从宏观层面的学校所在地经济地理环境到微观层面的课堂教学环境，而本书重点关注学校所在地的经济地理环境——学校所在区县是否曾经贫困、学校方位（农村、乡镇或城区）以及学校到中心城区的距离。学校所在地宏观层面的社区环境是不可控且在短时间内无法改变的，对区域性教师劳动力市场培育与建设、教育财政制度建设具有现实意义。本书中的"环境"在大多数情况下指学校所在地的区位特征等经济地理环境，它是教师职业生涯选择中面临的大环境，间接而渗透式地影响教师的工作与生活。笔者利用 G 市数据进行具体分析时，"教师工作环境""学校区位环境""学校环境"等均为含义相同的等价概念，可交替使用。

② 效用的概念通常被视为某种偏好，如满足、欲望或选择（阿马蒂亚·森，2012b）。职业效用，即个人从工作中获得的满足或心理体验。由于收入和工作环境在每个人的效用函数中的权重不同，因此最终在两者之间所做的取舍而形成的"收入—工作环境"组合也不同。"效用"是功利主义学派学术体系中的核心概念。

但笔者出于保持写作聚焦和论述方便的需要，仅关注物质收益中的工资和生活补助，以及能产生心理收益的学校区位环境。这样的写作目的是凸显影响教师是否留得住以及留多久的学校外部环境在多大程度上可由货币化补偿进行调节，这对当前的"乡村教师生活补助"政策更具现实意义。换言之，经济发展水平较低的区县或偏远农村地区以及远离中心城区的地带的工作环境和生活条件整体上挑战性更大、劳动力市场吸引力不足，那么这种不受欢迎的外部环境给教师带来的职业效用削弱问题是否可通过经济补偿的方式缓解？多少经济补偿才能让区位环境不利的学校与其他学校保持同等吸引力？

简言之，笔者在"职业效用最大化"的前提下，基于"消费型补偿"理论解读教师主动"留"或"流"选择行为和心理以及教师劳动力市场收紧、部分学校的教师需求量缩减的情况下，部分教师如何重新调整职业效用函数并做出相应的去留决策。本书以一个地级市的教师劳动力市场调查及当地的教育管理政务数据等不同来源的信息为基础，考察货币化收益在补偿学校区位环境劣势、提升教师稳定性或降低教师主动流动概率方面的工具性价值，以及经济激励在稳定具有区位劣势的学校师资队伍过程中的条件性。具体而言，笔者通过构造收入项目与学校区位环境的交互项来考察经济补偿在降低教师主动流动概率方面的条件性；而该市"县管校聘"政策执行过程中所产生的教师被动流动现象，体现的仍是经济补偿在缓解学校区位环境劣势方面的条件性，但两者均指向同一政策启示——地方政府应以教师劳动力市场制度建设为抓手来降低经济环境不利的学校聘用教师所需的劳动力成本补偿价格。

具体而言，本书将回答以下问题：收入和学校区位环境在教师是否留得住、留多久、是否打算留等职业选择中起着何种作用？收入与学校区位环境对教师职业选择的影响存在怎样的交互影响关系？一方面，若学校所在地的整体区位环境不受欢迎已是不可避免的既成事实，应如何利用生活补助或更高的工资等货币化补偿方式来激励教师安心从教、减少教师主动流动，延长他们在每所学校的服务时间，这是"消费型补偿"理论假说的实际应用；另一方面，在全面推行"县管校聘"政策的背景下，地方政府通过改变教师需求的空间格局，降低部分绩效水平较低的城区学校的教师对"偏远农村或乡镇""远离县城中心"等学校区位环境劣势的心理保留价格，在不增加工资的情况下让城区超编学校中竞争力位于末端水平的教师接受那些区位环境不受欢迎的学校的工作，这是"消费型补偿"理论假说的反向操作。探讨这些问题可为偏远农村或乡镇、远离县城中心等欠发达地区的教师劳动力市场建设提供参考。

二、研究价值与学术创新

笔者将教师视为决策过程中具有经济理性的"逐利"个体，他们根据自己的偏好而在不同效用要素中进行组合，进而获得最大化的职业收益。本书基于"消费型补偿"理论，利用 G 市教师劳动力市场调查数据和历时十余年的政务数据等，重点聚焦于工资、生活补助等收入组成部分和学校区位环境对教师职后"留"与"流"行为与意向的动态影响。笔者在教师职业选择方程中加入收入与学校区位环境的交互项，以讨论提高工资或提供生活补助对区位不利的学校稳定师资队伍的作用。本书的学术研究价值体现在以下两方面。

第一，笔者用新的思路和方法探索我国欠发达地区的师资队伍的稳定性问题，以丰富国内教师劳动力市场研究领域的学术积累。本书呈现教师收入、学校区位环境与教师职业生涯选择之间完整的逻辑链条，在理论与技术、内容与视角等方面均有所创新，以拓展我国教师职业选择行为与心理研究内容的深度与广度，为区域性教师劳动力市场培育与建设提供借鉴。一方面，在短时期内无法改变学校经济地理环境特征的情况下，以提高工资或提供生活补助、艰苦边远地区津贴等方式提高教师收入是缓解学校环境劣势的有效手段，经济补偿这种激励型政策工具能满足教师作为理性"经济人"的需求，在一定程度上起到引导教师职业选择行为的作用；另一方面，"县管校聘"背景下的教师劳动力市场建设思路为我们提供新视角，地方政府通过重构教师需求的空间格局，改变吸引力更强的超编学校中部分学科富余教师的职业效用结构，在不增加教师人员成本的情况下补充偏远农村学校和乡镇学校的师资，这与用经济补偿的方式调节学校环境与教师稳定性关系的逻辑刚好相反。概言之，劳动力市场环境决定着教师收入与工作环境之间的关系强度，并进而影响部分教师的职业选择行为与心理，地方政府在教师劳动力市场建设过程中需同时兼顾公平与效率，充分发挥政府在扩大优质资源覆盖面方面的统筹优势。

第二，本书的研究路径和所得结论有助于推动相对贫困地区教师劳动力市场建设和教育财政制度改革。笔者持续为参与调研区县的地方教育管理部门提供教师劳动力市场建设的专业咨询，论证经济激励对教师行为和心理的影响及其有效发挥作用的前提，以便为如何在地区和学校层面确定经济激励提供决策依据。经济激励最终反映到教师收入水平上，以教师人员成本补偿为切入点的教师供需市场机制建设终将推动教育财政制度的改革，因为教师工资福利支出占国家财政性教育经费支出的比例较大[①]。在笔者看来，教师工资、生活补助应被视为具有激励价值的工具，它们是教师职业选择方程中的核心解释变量和调节变量，据此得到的研究结果是具有政策启示和现实意义的。

本书用多样化的数据检验学校区位环境与教师一系列职业选择之间的关系，即学校区位环境对教师是否留得住、在每份工作上留多久、是否打算继续留等教师职业选择行为与心理的影响性质与强度。本书主要解决以下几个问题：①以动制静，在"教师流动"视角下理解师资队伍何以稳定，梳理"教师流动"的概念和类型，区分主动流动和被动流动、隐性流动和实际流动；②在"消费型补偿"理论的视角下，解释工资或生活补助与学校区位环境对教师是否继续留任的影响，以及工资和生活补助在调节学校区位环境与教师去留决策之间关系方面的工具性价值；③根据所用数据的结构特点，选择恰当的分析技术，且笔者利用学校地理位置信息来构建更精细的教师工作环境变量。以下将详细介绍这几个研究主题及其学术创新意义。

（一）立体地呈现教师"留"与"流"决策过程

备受社会各界关注的师资队伍稳定性，实际上是若干教师在一系列职业选择过程中形成的动态均衡，但"稳定"是多重动态均衡在某个时点上呈现出来的静态画面。本书更立体地呈现教师在流动与留任之间做选择的复杂决策过程，可丰富学术界关于"教师稳定性（流动性）"概念的理解，具有测量学意义。笔者从教师流动性的角度反观静态的稳定性，根据教师改变任教学校的原因或过程判断教师流动的类型，将之分为主动流动与被动流动、流动行为（实际流动）与流动意向（隐性流动）。不同类型的教师流动的心理机制、应对策略及其对教师劳动力市场培育与建设的意义不同。本书结合各具特色的数据库分别考察教师主动流动的意愿与行为，从态度和行为两个层面更全面地呈现教师留任或流动的现状。

受我国教师劳动力市场专题数据缺乏等的限制等，国内学者关于教师留任或流动的研究主要关注教师主动流动的态度和意向，而较少涉及客观的教师实际流动行为，在谈及实际流动行为时又默认为主动流动，教师流动行为背后的原因没有引起足够的重视。笔者综合利用不同时期、不同类

---

① 中华人民共和国教育部. 财政部：持续加大财政投入力度　支持加强教师队伍建设. http://www. moe.gov.cn/ fbh/live/2023/55499/mtbd/202308/t20230831_1077490.html, 2023-08-31.

型的数据可观察到教师是否留得住、在每份教职的停留时间多长、是否打算继续留，较完整地呈现教师职后一系列"留"与"流"决策的全貌。

笔者根据 G 市近 10 年来教育政务数据中教师职业生涯轨迹识别出行为层面的教师主动流动和被动流动。主动流动是教师为更高的工资或更好的工作环境、家庭原因等而做出的行为选择，这类流动对师资合理化分布和教育均衡的意义更大，是学术界更为关心的教师流动类型。基于教师每份工作的起止时间，笔者可计算教师主动流动前在每一份教职上停留的时间长度，即教师在每所学校留多久。被动流动是因教育局调动、学校合并等原因产生的流动，主要由外部力量驱使，但这类流动较隐蔽，且公共政策"可为"的空间较小，本书暂不做详细讨论。G 市"县管校聘"政策改革的案例可用来探讨新时期教师劳动力市场上具有末位淘汰性质的"被动流动"问题，"县管校聘"政策推行过程中，城区超编的教师若在校内竞聘、跨校竞聘两个环节中均落选，通常会被调剂到师资短缺的偏远学校。

（二）在"消费型补偿"理论视野下理解教师"留"与"流"

本书在"消费型补偿"理论的视角下构造教师职业选择方程，重点分析工资或生活补助与学校区位环境对教师流动的影响，挖掘更高的工资和生活补助在弥补学校所在地区环境劣势、提升教师队伍稳定性方面的工具性价值。第四章基于"消费型补偿"理论的假说，解释工资和生活补助、学校区位环境对教师是否留得住、留多久、是否想继续留等方面的影响，以及提高工资和提供生活补助在降低不利区位环境对教师队伍稳定性负面影响方面的积极作用及其发挥作用的条件。第五章介绍"消费型补偿"理论在 G 市教师劳动力市场建设过程中的反向应用。基于 G 市的"县管校聘"个案，呈现部分教师在劳动力市场收紧的情况下、在低于心理保留价格的情况下到区位环境不利的学校任教情况，这个案例中呈现出来的教师被动流动现象是制度变迁的产物。这种情景下，部分教师的职业选择行为不能按照市场配置资源的逻辑来解释，即收入、学校区位环境及其交互作用无法解释教师行为与心理，因为地方行政管理部门通过师资需求量的空间调整改变部分教师的职业效用结构，降低"曾经的贫困区县""农村或乡镇""远离中心城区"等区位环境劣势在教师心目中的补偿价格预期，为丰富"消费型补偿"理论提供新素材。

"消费型补偿"理论中的两个重要因素——收入和工作环境在以往的相关研究中都没有得到充分论证，因为这些文献通常具有以下特点：①没有深入地分析教师收入对教师职业选择的具体影响机制，收入只是作为像性别、教龄、职称、受教育水平等若干"影响因素"中的一项指标而被简单处理。②没有充分研究学校区位环境对教师职业选择的影响,学校区位环境在大多数文献中被设定为研究背景而没有被作为解释变量,这与这些研究的样本来自同一类型的学校区位,从而导致学校区位环境变量是没有方差[①]的常量有关。③与前两个问题直接相关的是,收入与学校区位环境在教师职业选择过程中的交互作用没有引起学者的足够重视。在学校区位环境没有方差而不具备统计分析基础的情况下,研究者无法构造收入与学校区位环境之间有统计意义的交互项,无法获知收入在何种环境下对教师职业选择产生何种影响,即收入对教师职业选择产生作用的条件性尚不明晰。

本书在考察收入对师资队伍稳定性影响的同时突出学校区位环境对教师"留"与"流"的影响。笔者将学校所在地多维度的经济地理信息作为构造教师任教学校区位环境变量的基础,且用多样化来源的数据来检验不同的学校区位环境对教师是否留得住、留多久、是否想继续留等一系列职业选择的影响,讨论收入与学校区位环境对教师去留决策的交互作用及其政策启示。本书所用数据库中,教师任教学校所在地的区位环境具体包括三个方面:①学校所在地是否曾属于贫困县;②学校方位——农村和乡镇,其参照组是城区;③学校偏远程度,是学校到中心城区的距离,属于连续变量。曾经属于贫困区县、地处偏远农村或乡镇、到中心城区距离远等是当地政府在短期内无法改变的经济地理特征。另外,如果这种经济地理特征在同一辖区内的差异性足够大,则有助于揭示货币化收入在弥补教师所在学校区位环境劣势方面的作用。笔者可通过工资或生活补助等收入组成部分与学校区位环境的交互项的系数估计值,来推演经济激励作为一种政策工具在增强环境不利学校教职吸引力方面的价值。

需要说明的是,本书将影响教师稳定或流动行为与意向的其他因素做淡化处理并不表示它们不重要,它们是模型中的重要控制变量,以保证在解释结果时能"保持其他条件相同",书中不重点论述这些内容是为了紧扣写作主线、不偏离主题。笔者引用《国家的视角:那些试图改善人类状况的项目是如何失败的》中的一段话加以说明,"某些类型的知识和统治需要

---

① 方差(variance)是标准差的平方,它是统计分析的基础。当所有样本在变量属性取值上波动幅度较小时,个体间差异较小,样本的同质性高、方差小。根据方差的计算公式,分子部分是每个个体在变量上的取值与样本均值离差的平方和,分母为样本量与 1 的差。因此,当样本在某个变量上的取值只有唯一值时,方差就为零,无法参与统计分析;而当变量的取值趋近于均值或绝大多数样本取值无太大差异时,方差则较小,较难得到有统计意义的结果。

缩小视野。狭窄的管道式视野的最大好处就是可以在复杂和难于处理的事实面前只集中关注有限的一些特征。这种过分简单化又会反过来使处于视野中心位置的现象更清晰，更容易被度量和计算。简单化加上同类的观察可以对一些被选定的事实得出总体和概括的结论，从而形成高度简化的知识，并使操纵和控制这些事实成为可能"。

（三）用恰当的技术分析教师何以"留"与"流"

本书根据数据的结构和质量，利用恰当的计量分析技术来检验收入与学校区位环境对教师是否留得住、留多久、是否想继续留等方面的影响以及收入在学校区位环境与教师去留决策之间的调节作用，具体体现在以下几个方面。

第一，书中所用数据能反映当前教师劳动力市场变化趋势，样本来源地在教育帮扶方面具有典型性。教师任教学校所在地的经济地理环境特征的差异较大，笔者可利用工资、生活补助等收入组成部分与学校区位环境的交互项来判断经济激励作为一种政策工具在提高区位环境不利的学校教师稳定性方面的价值，讨论教师收入与学校区位环境交互影响的政策启示。以往研究多在单一类型的地区取样，导致学校所在地的经济地理环境变量没有足够的方差来参与统计分析，"贫困""农村和乡镇""偏远地区"等学校环境都蜕化为研究背景，在这种情况下只能描述在"贫困""农村和乡镇""偏远地区"环境下的教师稳定（流动）现状，而不能解释"贫困""农村和乡镇""偏远地区"对教师稳定（流动）的影响。

第二，本书根据所用数据的结构特点以及数据库中被解释变量[①]的测量等级，综合利用生存分析、概率回归技术（Cox 风险模型、二值响应模型等）、双向固定效应估计技术（two-way fixed effect，以下简称"固定效应"）、双重差分（difference-in-difference，DID）等方法来确立工资或生活补助等收入项目与学校区位环境在教师留任与否、留任多久、是否想继续留等职业决策中的作用，并为这些地区的师资补充与配置提供参照。第三章将详细说明本书所用技术的优越性，此处不再赘述。

三、研究局限

本书以"消费型补偿"为理论基础，利用 G 市教师劳动力市场调查、政务数据等不同来源的信息来检验收入和学校区位环境对教师职业稳定性

---

① "被解释变量""结果变量""因变量"同义，可交替使用。

的影响，并讨论提高工资或提供生活补助等在多大程度上能缓解区位环境不利的学校教师稳定性差、流动性大等问题，以及如何灵活利用"消费型补偿"理论来加强教师劳动力市场建设。尽管笔者在丰富我国教师劳动力市场研究内容、精细化研究方法等方面做了较多的努力，但与其他研究一样，因数据库的信息容量有限或为紧扣写作主题等而无法避免具有一定的局限性，主要体现在以下三个方面。

第一，关于教师工作环境的测量偏宏观，学校内部的日常环境被选择性地忽视。笔者聚焦于学校所在地的区位环境特征对教师职业选择行为和心理的影响，主要是为回应区域教师劳动力市场建设问题，即面对学校无法控制的且在短期内无法改变的外部环境所致的教师劳动力市场萎靡形势，如何从政策层面加以弥补。学校内部的工作环境也有研究价值，但它在很大程度上可通过教育治理等方面的努力而加以改变，对区域性教师劳动力市场培育与建设的借鉴作用不大。因此，为保持写作主线清晰和突出研究重点，本书省略这方面的内容。但今后的研究可继续探索学校如何营造更好的内部人文环境以减少区域性环境不利所造成的影响，如提升学校领导的治理能力、建设教师专业发展平台等均可减少这些负面影响。

第二，经济补偿是缓解学校区位环境劣势的一种便捷手段，但它不是唯一手段。"待遇留人、感情留人、事业留人"，每一种方式都值得探索。其中的某些方面与以上第一点存在重合。此外，学校区位环境对于某些教师而言可能是无法用货币衡量的。例如，G市的部分教师明确表示他们在任何补助水平的条件下都不愿去山区或农村学校任教，另有部分教师表示可无条件地服从安排或愿意终身致力于农村教育事业的发展。由此观之，研究者还需要参考人类学、行为心理学等学科的研究成果，更全面地探讨影响教师职业选择的先决因素，以加深对学校环境特征与教师生活意义的关系的理解。

第三，本书仅关注影响教师职业选择行为与心理的前定因素中的收入与学校区位环境，而没有分析教师不稳定的潜在后果。"下得去、留得住、教得好、发展好"是一个完整的逻辑链条，从教师资源有效利用的角度看，让已"在其位"的教师"教得好、发展好"比仅仅吸引和留住教师更重要，留下来本身不是目的，留住教师的终极目的是为每个孩子提供"公平而有质量"的教育服务，但本书因缺少配套的事实性数据而没有考察留下来的教师是否"教得好、发展好"。这部分内容值得学术界持续关注。在涉及"县管校聘"背景下的教师被动流动时，笔者初步揭示该政策执行效果不理想的表现，如流出去的教师对新学校没有归属感等问题，但本书中的简略描述还不足以还原教师复杂的工作心态。

四、章节安排

收入对增加区位环境不利的学校优秀教师的留任概率产生多大影响以及在何种条件下发挥作用是值得探究的现实问题。学校区位环境在教师的职业选择过程中起到多大作用？政策制定者如何通过货币化补偿方式弥补不利环境对教师职业效用产生的负面影响以维持优质师资水平？在区位环境优越的学校任教的教师面临选择机会窗口缩小的情况下，如何调整职业效用结构以适应新形势？这些问题都将在书中得到回答。笔者以收入和学校区位环境为着眼点，在"消费型补偿"视角下解释 G 市中小学教师留任或流动的行为与心理。"留任"的对立面即"流动"，两者分别从"静"与"动"的角度对同一社会现象进行了解读，但偏远农村和乡镇等区位不利的学校的教师主动流动作为一个长期没有得到有效解决的社会问题而受到学术界的广泛关注。笔者从"流动"的视角反观如何留住和稳定优秀教师的问题。全书的结构安排如下。

第一章是区位环境不利地区的教师队伍建设意义和相关政策。第一节主要论述加强教师队伍建设在相对贫困治理过程中的作用，即通过教师队伍建设促进教育优质均衡发展和城乡一体化，凸显教师劳动力市场培育与建设对"人力资源强国""乡村振兴"等国家战略的重要性。第二节梳理旨在提升我国区位环境不利地区教师质量的政策，这些政策文本中均体现教师工资、生活补助等货币化补偿手段和学校区位环境等本书重点关注的两类核心解释变量在教师职业选择与规划过程中的重要性以及政策可为之处。

第二章将教师留任或流动与教师劳动力市场均衡置于教师劳动力市场的大背景中进行考察，笔者先梳理教师留不住（教师流动）的类型及其潜在后果，然后紧紧围绕收入和学校区位环境两个要素介绍教师流动的理论基础并回顾相关文献。其中，第一节主要介绍教师劳动供给与需求的均衡分析。从"教师供给""师资短缺"等概念出发，铺设研究教师何以留任的背景。工作稳定性是劳动力市场均衡与否的表现指标之一，在劳动力市场供需动态均衡的大背景下审视教师是否留得住、留多久能更好地理解本研究的学术价值。第二节梳理核心概念的操作界定方式，通过"教师流动"来理解"教师留任"问题。师资稳定在教师个人行为层面的表现是"留任"，其对立面即"流动"，两者如一币两面，但"教师流动"作为一个社会问题被广泛关注。笔者遵循学界的传统,从"教师流动"的视角反观教师留任问题。笔者从行为和态度两个方面考察教师队伍稳定与否,包括教师是否留得住、留多久以及是否打算继续留等方面的具体指标。第三节主要阐释职业选择的理论分析框架,第四节阐述收入和工作环境何以影响教师职业选择。第五节介绍研究创新与分析视角,对已有文献的贡献进行总结,并归纳本书相对于已有研究的独特之处。

第三章详细介绍研究设计与分析方法。在阐释检验本书理论假设所依托的不同数据库的基础上,界定第四章将要用到的每套数据中的关键变量——教师收入和学校区位环境。G市教育政务数据和调查数据各有优劣,笔者在介绍数据的样本构成的同时,对各数据库中揭示出来的教师流动、不同区位环境的学校对教师的吸引力等方面进行简要描述。这两套数据在某些方面可互通有无、互为补充。

第四章作为研究结果部分,重点讨论学校区位环境和教师收入对师资稳定性的影响。在以主动流动为被解释变量的教师职业选择方程中,工资或生活补助与不利区位环境变量之间的交互项系数显著为负这个事实具有重要的现实意义,即提高工资或提供生活补助在弥补学校区位环境劣势方面发挥着潜在作用。第四章除回应第二章的理论观点和与已有文献对话外,还将根据研究结果来讨论它对区位环境不利的学校的师资配置的启示。例如,将工资、生活补助和学校区位环境的主效应、交互效应估计出来后可用于推算各种环境下应将工资和生活补助设定在何种水平以使教师留下来或留更久,即书中的研究结论可为教师劳动力充足供给的政策工具设计提供依据。

第五章论述"县管校聘"与教师劳动力市场建设。本章的内容相对独立,关注的是在"县管校聘"背景下教师流动呈现出来的新时代特征,但笔者在组织本章素材时的立论依据、想要反映的事实与其他章节仍具有内在一致性。"县管校聘"是对"消费型补偿"理论的反向应用,即地方政府通过压缩部分超编学校的教师需求量来重塑教师劳动力市场制度环境,并促使供需均衡,这使得区位环境较好的城区学校中绩效较低的那部分超编教师的"收入—学校区位环境"效用曲线偏离初始位置,他们在落选失业与被动流动间两害相权从其轻,降低学校区位环境在职业效用函数中的权重以及心理保留价格。这种内外联动的教师筛选与师资配置机制对教师个人、学校机构以及区域性的师资空间分布都会产生一定的影响。

目 录

第一章 区位环境不利地区的教师队伍建设意义和相关政策

在已消除绝对贫困的新时代，教育帮扶工作仍将长期肩负促进相对贫困地区更快更好发展的重任，以满足人们对优质均衡教育服务的需求。"善之本在教，教之本在师。"国家乡村振兴重点帮扶县（即"脱贫攻坚"时期的贫困县）①、农村和乡镇、远离中心城区的偏远山区等欠发达地区经济发展水平相对滞后、生活便利程度整体偏低等，其劳动力市场吸引力较小，在教师聘用、留任和发展等方面仍然面临较大的挑战。欠发达地区的师资配置问题在短期内关系到"努力让每个孩子都能享有公平而有质量的教育"的现实问题，即"上好学"；长期内事关解决相对贫困问题、加快推进"义务教育优质均衡发展和城乡一体化"的大局。本章将阐明教师劳动力市场建设对解决相对贫困问题的重要性，简要回顾国家在农村教师劳动力市场建设方面所做的部署。

第一节 加强教师队伍建设在相对贫困治理过程中的作用

2020年底，我国的区域性整体贫困问题得到解决，乡村振兴战略全面推进。全面建成小康社会后，我国在整体推进共同富裕的过程中将与发达国家一样面临着解决"相对贫困"问题。党的十九届四中全会审议通过的《中共中央关于坚持和完善中国特色社会主义制度 推进国家治理体系和治理能力现代化若干重大问题的决定》提出"坚决打赢脱贫攻坚战，巩固脱贫攻坚成果，建立解决相对贫困的长效机制"。探索解决相对贫困的长效机

---

① 2020年1月2日，《中共中央 国务院关于抓好"三农"领域重点工作 确保如期实现全面小康的意见》指出，"研究接续推进减贫工作。脱贫攻坚任务完成后，我国贫困状况将发生重大变化，扶贫工作重心转向解决相对贫困，扶贫工作方式由集中作战调整为常态推进。要研究建立解决相对贫困的长效机制，推动减贫战略和工作体系平稳转型。加强解决相对贫困问题顶层设计，纳入实施乡村振兴战略统筹安排"。2020年12月16日，《中共中央 国务院关于实现巩固拓展脱贫攻坚成果同乡村振兴有效衔接的意见》中指出，"确定一批国家乡村振兴重点帮扶县，从财政、金融、土地、人才、基础设施建设、公共服务等方面给予集中支持，增强其区域发展能力"。2021年2月25日，"国家乡村振兴局"正式挂牌，其前身为"国务院扶贫开发领导小组办公室"。

制成为未来相当长一段时间内的核心议题（李棉管，岳经纶，2020）。相对贫困，即与另一些人相比，一些人在收入、舒适的职业或权利等方面的欲望没有得到满足（阿马蒂亚·森，2012b）[①]。相对贫困是一个永恒存在的问题，因为"无论一个经济体系运行得多么好，总会有一些人由于物质条件起了对他们生活不利的变化，而处于受损害的边缘或实际上落入贫苦的境地"（阿马蒂亚·森，2012b）。相对贫困是在特定的生产、生活和经济社会发展水平下，个人或家庭虽然可维持基本生存型需求，但其发展型需求无法满足（邢成举，李小云，2019）。因此，如何为相对贫困群体赋权赋能是社会治理持续面临的问题，而"义务教育优质均衡发展和城乡一体化"无疑是解决相对贫困问题的重要举措[②]。

一、用发展高质量教育的办法助力相对贫困问题的解决

相对贫困的治理是一项复杂的系统工程，需要得到产业、金融、就业、信息、技术、教育、医疗、文化、减灾等部门的资源支撑和保障。其中，通过促进教育这种人力资本积累的方法来提升相对贫困人口的可行能力是解决所有形式的贫困问题的有效策略，因为"如果要支持欠发达地区的发展……应该通过加强对人力资本的投资，发展教育，让欠发达地区的人更有能力致富"（陆铭，2013）。

"百年大计，教育为本。"教育在减贫和发展中的重要作用已得到一致认可（李晓嘉，2015；李晓嘉，蒋承，2018；刘大伟，2020；蒙泽察等，2020），教育在缓解多维贫困中的贡献最大（Hofmarcher，2021；周强，张全红，2017），这是因为"更好的教育和医疗保健不仅能直接改善生活质量，同时也能提高获取收入并摆脱收入贫困的能力。教育和医疗保健越普及，则越有可能使那些本来会是穷人的人得到更好的机会去克服贫困"（阿马蒂亚·森，2012b）。

高质量的教育发展离不开强大的师资队伍，这可从国家发展战略中窥见一斑。例如，2020年12月16日发布的《中共中央　国务院关于实现巩固拓展脱贫攻坚成果同乡村振兴有效衔接的意见》将农村教师劳动力市场建设作为"人才智力支持政策衔接"的重要内容——"继续实施农村义务

[①] "Amartya Kumar Sen"的著作在不同中译本中被翻译成不同的写法，为避免称谓混乱，本书中统一使用相同的写法"阿马蒂亚·森"，不以译作的翻译为准。

[②] 《中共中央关于制定国民经济和社会发展第十四个五年规划和二〇三五年远景目标的建议》关于"建设高质量教育体系"部分的论述中提及"促进教育公平，推动义务教育均衡发展和城乡一体化"。

教育阶段教师特岗计划、中小学幼儿园教师国家级培训计划、银龄讲学计划、乡村教师生活补助政策,优先满足脱贫地区对高素质教师的补充需求。"2021 年 3 月 11 日,第十三届全国人民代表大会第四次会议上通过的《关于国民经济和社会发展第十四个五年规划和 2035 年远景目标纲要的决议》将"加强乡村教师队伍建设,提高乡村教师素质能力"作为"建设高质量教育体系""推进基本公共教育均等化"的重要内容。

二、教师是发展优质均衡教育的第一资源

教育是一项公共事业,而"公共事业的关键是有关'人的工程'的问题"(艾森特·奥斯特罗姆,2011)。教育这项公共事业中的"人的工程"可从学与教所涉及的两个主体的角度来体现:①有关教育的所有资源投入最终需要转换为学生的成长与发展,"一切为了学生,为了一切学生,为了学生一切",提升学生的获得感;②为学生服务的教育事业需要通过教师的日常工作得以落实。"国将兴,必贵师而重傅;贵师而重傅,则法度存"是近年来各个国家和地区教育工作的写照,提高教师质量、均衡师资分布成为全球共识,如我国部分实力雄厚的地区和学校纷纷出台各种优惠条件以储备优质师资、实现师资结构的战略性升级;再如,发达国家将教师作为各类教育改革的引擎,逐步建立起师资质量的动态监测机制,经济合作与发展组织(Organization for Economic Co-operation and Development,OECD)等机构发布教师队伍建设专题报告《教师的重要性:吸引、发展与留住有效教师》[①],在全球引起较大的反响。

教师是影响教育产出及其成效的重要投入要素,教育服务质量的差异在很大程度上是由师资水平差异造成的。这样一来,加强师资队伍建设已成为全球的共识(OECD,2005)。与此直接相关的是,师资配备及其均衡分布、教师激励与专业发展是国内外学界长期关注的重要议题。这从国际大型教师专项调查的发展趋势中可窥见一斑。旨在了解教师的工作条件、专业发展和学校环境等的"教师教学国际调查"(teaching and learning international survey,TALIS)于 2008 年在 23 个国家和地区开展第一轮调研,2013 年已有 38 个国家和地区参与,而 2018 年的调查已扩展到 48 个国家和地区[②]。在启动 TALIS 项目之前,OECD 的年度报告《教育概览》

---

① 原书名为 Teachers Matter: Attracting, Developing and Retaining Effective Teachers。

② OECD. TALIS-The OECD Teaching and Learning International Survey. https://www.oecd.org/education/talis/talis-2018-data.htm.

（"Education at a glance"）曾花较大篇幅阐释成员国的师资队伍构成及教师劳动力市场条件等。此外，联合国教科文组织开展"教师发展与培训的专项调查"；美国加利福尼亚州、肯他州和北卡罗来纳州联合开展"教与学环境调查"（Teaching and learning conditions survey）；美国研究院还特设教师发展部门。

"化民成俗，其必由学，建国君民，教学为先。"教师是连接个人发展与社会进步的纽带，将个人发展转化为社会进步必须经过教师的日常教学工作才能达成。从对个人的发展产生的奠基性影响来看，教师职业及其工作对社会发展具有重要价值。优质师资蕴含着巨大的经济价值（Chetty et al.，2014a；2014b；Hanushek，2011a；Hanushek et al.，2019）。教师队伍建设的重要性不言而喻，即优质均衡的基础教育需要以分布均匀的高素质教师队伍为支撑，让优秀教师"下得去、留得住、教得好、发展好"。因此，教师个人的职业选择行为成为影响教育质量及其均衡发展的公共问题（Hanushek，Rivkin，2012；Rothstein，2010）。

"良师善邦，启师致远。"教师劳动力市场建设是推动义务教育均衡发展和城乡一体化发展的重要策略，"努力造就一支素质优良、甘于奉献、扎根乡村的教师队伍，为基本实现教育现代化提供坚强有力的师资保障"[①]，是确保农村教育稳定发展的关键，是我国现阶段通过发展教育的方式促进乡村振兴、解决相对贫困问题的有效策略。

第二节　旨在提升我国区位环境不利地区教师质量的政策

教师是教育事业发展的基础，是提高教育质量、办好人民满意教育的关键。党中央、国务院历来高度重视教师队伍建设。"发展义务教育，重点在农村，关键在教师。"[②]近年来，我国的一系列关于师资队伍建设的具体措施均体现出"兴国必先强师"的战略高度（赵垣可，刘善槐，2019），而农村教师劳动力市场建设的重要性在"教育帮扶""乡村振兴"等战略规划过程中不断得到重视。

这些向农村等相对贫困地区倾斜的教师政策，总体上旨在"加强老少边穷岛等边远贫困地区乡村教师队伍建设，明显缩小城乡师资水平差距，

---

① 乡村教师支持计划（2015—2020 年）. http://country.cnr.cn/gundong/20150608/t20150608_518786403.shtml，2015-06-08.

② 中共湖南省委教育工作委员会湖南省教育厅. 关于在连片特困地区实施乡村教师生活补助答记者问. https://jyt.hunan.gov.cn/jyt/sjyt/xxgk/zcfg/zcjd/201701/t20170119_3906933.html，2013-12-16.

让每个乡村孩子都能接受公平、有质量的教育"①。经过十多年的努力，各地现已基本形成以农村教师岗位增引力、城镇优质师资扩辐射的方式解决农村师资问题的格局：一方面，各级政府通过改善农村教师待遇等方式培育农村教师劳动力市场；另一方面，通过"交流轮岗""县管校聘"等体制机制创新发挥城镇学校优质师资对农村或薄弱学校的带动作用。这些政策文本已逐渐成为研究对象，学者利用挖掘文本的方式对这些政策进行内容分析（许怀雪，秦玉友，2019；赵垣可，刘善槐，2019；郑新蓉等，2019）。本节将简要梳理近年来的有关政策的历史沿革。

一、增加区位环境不利的学校的教职岗位的吸引力

2012 年 8 月 20 日，《国务院关于加强教师队伍建设的意见》指出，"中小学教师队伍建设要以农村教师为重点，采取倾斜政策，切实增强农村教师职业吸引力，激励更多优秀人才到农村从教……对长期在农村基层和艰苦边远地区工作的教师，实行工资倾斜政策……各级人民政府要加大对教师队伍建设的投入力度，新增财政教育经费要把教师队伍建设作为投入重点之一"。

2013 年 9 月 12 日，《教育部 财政部关于落实 2013 年中央 1 号文件要求对在连片特困地区工作的乡村教师给予生活补助的通知》确立"乡村教师生活补助"制度，"各地制定补助标准时，要根据教师工作、生活条件的艰苦程度等因素合理分档确定，重点向村小和教学点倾斜、向条件艰苦地区倾斜"。

2015 年 6 月 1 日，《国务院办公厅关于印发乡村教师支持计划（2015—2020 年）的通知》明确要"逐渐形成'下得去、留得住、教得好的局面'"，让每个乡村孩子都能接受公平、有质量的教育……"全面落实集中连片特困地区乡村教师生活补助政策，依据学校艰苦边远程度实行差别化的补助标准"。②

2018 年 1 月 15 日，《教育部 国务院扶贫办关于印发〈深度贫困地区教育脱贫攻坚实施方案（2018—2020 年）〉的通知》提出，"落实好连片特

---

① 乡村教师支持计划（2015—2020 年）. http://country.cnr.cn/gundong/20150608/t20150608_518786403.shtml，2015-06-08.

② 实际上，在国家正式出台"乡村教师生活补助"政策前，已有部分地区试行了"补偿性工资差异"理念。笔者于 2013 年 11 月在江西省的实地调研过程中获知该省自 2008 年起就设立了 1 亿元的专项资金以用于补助艰苦边远地区农村中小学教师，将学校所在地的艰苦程度分为较边远和最边远两个层次，对应的津贴标准为每人每月 70 元和每人每月 120 元；2011 年，江西省艰苦边远地区农村中小学教师津贴专项总资金增加到 1.5 亿元，较边远地区农村中小学教师每月的津贴标准提高到 150 元，最边远地区农村中小学教师津贴标准提高到每月 180 元；2013 年，江西省财政厅已将艰苦边远地区教师津贴专项资金增加到 3 亿元。

困地区乡村教师生活补助政策，指导'三区三州'所在省份用好中央奖补政策，逐步提高补助标准，自主扩大实施范围，稳定和吸引优秀人才长期在乡村学校任教"。

2018 年 1 月 20 日，《中共中央 国务院关于全面深化新时代教师队伍建设改革的意见》提出，"深入实施乡村教师支持计划，关心乡村教师生活。认真落实艰苦边远地区津贴等政策，全面落实集中连片特困地区乡村教师生活补助政策，依据学校艰苦边远程度实行差别化补助，鼓励有条件的地方提高补助标准，努力惠及更多乡村教师"。2018 年 2 月 11 日，《教育部等五部门关于印发〈教师教育振兴行动计划（2018—2022 年）〉的通知》提出，"改善教师资源供给，促进教育公平发展。加强中西部地区和乡村学校教师培养，重点为边远、贫困、民族地区教育精准扶贫提供师资保障"。

2018 年 9 月 10 日，全国教育大会提出，"把更多教育投入用到加强乡村师资队伍建设上，不折不扣落实现行的补助、奖励和各类保障政策"[①]。

2020 年 7 月 31 日，《教育部等六部门关于加强新时代乡村教师队伍建设的意见》重申，"全面落实集中连片特困地区乡村教师生活补助政策，依据学校艰苦边远程度实行差别化的补助标准"。

2020 年 12 月 16 日，《中共中央 国务院关于实现巩固拓展脱贫攻坚成果同乡村振兴有效衔接的意见》将"继续实施农村义务教育阶段……乡村教师生活补助政策，优先满足脱贫地区对高素质教师的补充需求"作为"做好人才智力支持政策衔接"的重要内容以应对长期的相对贫困问题。

教师生活补助是针对条件艰苦的学校专设的补助，旨在"改善乡村学校教师工作和生活条件，提高乡村教师的职业吸引力"，截至 2017 年，这项措施已惠及 720 多个县 8 万多所学校的约 130 万名教师、年均耗资 40 多亿元（马红梅，2021b）。乡村教师生活补助政策试图通过建设"越往基层、越是艰苦，待遇越高"的梯度补偿和激励机制，弥补偏远农村学校工作环境和生活条件艰苦的缺陷（刘善槐等，2018；王爽，刘善槐，2019），而教师生活补助的本质是通过货币化补偿的形式抵消农村学校不受欢迎的岗位环境给教师职业效用造成的损失，即通过经济激励的方式稳定和壮大农村基础教育阶段的师资队伍。

然而，由于"各地自主实施连片特困地区乡村教师生活补助政策，具体实施时间、补助范围和对象、补助标准和资金来源等，由各地结合实际

---

① 习近平出席全国教育大会并发表重要讲话. https://www.gov.cn/xinwen/2018-09/10/content_5320835.htm?tdsourcetag=s_pctim_aiomsg, 2018-09-10.

情况确定"①，教师生活补助政策在各地的具体实施过程中差异较大，几乎所有地区均面临着"如何补偿"的技术难题，在补偿范围和补偿对象的界定、补偿标准的设定等方面尚未做到进退有据，因而政策落实过程中出现诸多问题（薛正斌，2021）。例如，部分地区以标志性的山河界限为依据确定政策受益范围，并根据本地的财政能力确立一个未经科学测算的模糊生活补助额度，如即使对边远艰苦等级划分最细的区县仍未提供补偿额度的算法依据，且多数地方的教师生活补助均不足以补偿环境的艰苦程度给教师带来的效用损失。一方面，低于个人心理阈限的乡村生活补助起不到鼓励优秀教师到艰苦边远地区终身从教的作用（Clotfelter et al.，2008a；Pugatch，Schroeder，2018）。正如《教育部办公厅关于2016年连片特困地区乡村教师生活补助实施情况的通报》指出的那样，"部分实施县的补助标准相对较低……难以起到稳定和吸引优秀人才在乡村学校任教的作用"；另一方面，以地标为界来确定乡村教师生活补助的做法在交界地带引发新矛盾（马红梅等，2018）。

除了以生活补助的形式对在岗乡村教师进行"后补偿"外，国家还通过"前补偿"的方式，从源头上为相对贫困地区选拔和培养优秀教师。例如，自2007年实施的"免费师范生"且在2018年更名为"公费师范生"②的专项计划已向欠发达地区输送一大批优秀师范专业毕业生。2021年《教育部等九部门关于印发〈中西部欠发达地区优秀教师定向培养计划〉的通知》，"教育部直属师范大学与地方师范院校采取定向方式，每年为832个脱贫县（原集中连片特困地区县、国家扶贫开发工作重点县）和中西部陆地边境县（以下统称定向县）中小学校培养1万名左右师范生，从源头上改善中西部欠发达地区中小学教师队伍质量，培养造就大批优秀教师……优师计划师范生在校学习期间免除学费，免缴住宿费，并补助生活费"。这笔免补费用相当于国家给准教师预支的一笔经济补偿，可吸引一部分家庭经济状况不太好的优秀学生就读师范专业。

这些面向农村、脱贫县等相对贫困地区的政策，一方面说明区位环境劣势不利于教师"下得去、留得住"，否则这些相对偏远和贫困地区的师资配置不会成为一个公共问题；另一方面，面向在职教师的生活补助和面向职前教师的免补费用政策等均说明货币化补偿在弥补区位环境劣势方面的重要作用。

---

① 中华人民共和国教育部.教育部：将以地区为主体实施乡村教师生活补助. http://www.moe.gov.cn/jyb_xwfb/xw_zt/moe_357/s7093/s7777/s7785/201312/t20131217_160918.html，2013-11-19.

② 《教育部等五部门关于印发〈教师教育振兴行动计划（2018—2022年）〉的通知》提出，"将'免费师范生'改称为'公费师范生'"。

二、扩大区位环境优越的学校优质师资的辐射范围

除了加强农村教师劳动力市场自身建设外，国家还积极拓展农村学校师资的外援渠道。各级政府为促进教育均衡发展而颁布一系列扩大区位环境优越的城镇学校优秀教师资源辐射面的政策，包括早期的"交流轮岗"政策与现阶段的"县管校聘"政策。下文简要回顾这两类政策。

（一）交流轮岗

《国务院关于加强教师队伍建设的意见》提出，"建立县（区）域内义务教育学校教师校长轮岗交流机制，促进教师资源合理配置。大力推进城镇教师支持农村教育"。2013年11月，党的十八届三中全会再次确认，"统筹城乡义务教育资源均衡配置，实行公办学校标准化建设，促进义务教育学校校长教师交流轮岗"。

2014年8月13日，《教育部 财政部 人力资源和社会保障部关于推进县（区）域内义务教育学校校长教师交流轮岗的意见》指出，"校长教师交流轮岗是加强农村学校、薄弱学校校长教师补充配备，破解择校难题，促进教育公平，推进义务教育均衡发展的重要举措"。

《国务院办公厅关于印发乡村教师支持计划（2015－2020年）的通知》指出，"县域内重点推动县城学校教师到乡村学校交流轮岗，乡镇范围内重点推动中心学校教师到村小学、教学点交流轮岗。采取有效措施，保持乡村优秀教师相对稳定"。

2016年7月2日，《国务院关于统筹推进县域内城乡义务教育一体化改革发展的若干意见》指出，"通过开展城乡对口帮扶和一体化办学、加强校长教师轮岗交流和乡村校长教师培训、利用信息技术共享优质资源、将优质高中招生分配指标向乡村初中倾斜等方式，补齐乡村教育短板。推动城乡教师交流，城镇学校和优质学校教师每学年到乡村学校交流轮岗的比例不低于符合交流条件教师总数的10%，其中骨干教师不低于交流轮岗教师总数的20%"。

2017年1月19日，《国务院关于印发国家教育事业发展"十三五"规划的通知》关于交流轮岗的提议是，"完善校长教师轮岗交流机制和保障机制，推进城乡校长教师交流轮岗制度化、常态化"。

2018年8月28日，时任教育部部长陈宝生在《国务院关于推动城乡义务教育一体化发展 提高农村义务教育水平工作情况的报告——2018年8月28日在第十三届全国人民代表大会常务委员会第五次会议上》重申"深入

推进县域内教师交流轮岗，推动城镇优秀教师、校长向乡村学校流动"。这个报告提及"实行义务教育教师'县管校聘'，深入推进县域内教师交流轮岗，推动城镇优秀教师、校长向乡村学校流动。实行学区（乡镇）内教师走教制度"。《教育部等六部门印发关于加强新时代乡村教师队伍建设的意见》规定，"完善交流轮岗激励机制，将到农村学校或薄弱学校任教 1 年以上作为申报高级职称的必要条件，3 年以上作为选任中小学校长的优先条件。城镇教师校长在乡村交流轮岗期间，按规定享受当地相关补助政策。村小、教学点新招聘的教师，5 年内须安排到县城学校或乡镇中心校任教至少 1 年"。

教师交流轮岗过程中必然产生工作流动，且交流轮岗过程中的教师流动的驱动因素和表现形式更为复杂（司晓宏，杨令平，2015；邢俊利，葛新斌，2018），调整工作节奏、帮扶有特殊需要的群体、推动农村教育事业发展等是教师参与交流轮岗的主要动机（操太圣，吴蔚，2014）。由此可见，教师参与交流轮岗活动是职业选择的一部分，至少会在短时期内影响教师个人的阶段性职业效用。从现有文献对这个政策的整体评价看，"交流轮岗"存在一些问题，教师的积极性不高，"县管校聘"政策正是在这种背景下产生的。

（二）县管校聘

"县管校聘"政策是区县级行政管理部门和学校用人单位以师资重新配置为目的的互动过程：一方面在"县管"层面，机构编制委员会办公室、人力资源和社会保障部门和财政部门委托教育部门根据办学规模、生师比等标准核定学校教职工的总数以及各级职称的教师人数，区县级教师人事管理部门从宏观上把握教师的遴选与招录、职务评聘、调配与考核等工作；另一方面，在"校聘"层面，学校根据开展教学活动的需要和各科教师人数来组织教师竞聘工作，在额定的岗位编制数范围内自主地做出人事聘用决策。

"县管校聘"于 2020 年在全国范围内推广实施，其工作思路是以区县为单位统筹教师资源，然后以学校为单位开展岗位竞聘工作，实现师资资源区域内共享，它是继教师绩效工资改革后的另一项师资资源盘活措施。教师绩效工资改革重在调动学校内部的师资资源活力，而"县管校聘"政策重在从宏观上整体把握教师资源流向、调配师资分布。"县管校聘"政策虽然是区域层面的教师资源配置与调控，但需要学校作为地方政府的代理人来决定每位教师的去留，这样就最终退化成一个学校执行政策的问题（Ball et al.，2012）。超编的学校一方面为自身更好地发展而策略性地留住优秀教师、淘汰一部分绩效较低的教师；另一方面也想保证组织内部的程序公平和结果公平以保障政策的平稳过渡。在这两股力量的作用下，学校的占优策略是以绩效为基础进行量化评价。换言之，"县管校聘"政策将宏观层面的师资校际分布不均压力转移到学校内部，借助学校的力量促使部分教师流向教育行政管理部门期望教师流往的地方。由此可见，我国的教师劳动力市场的改革整体趋势与国家经济体制改革与建设过程中不断强化"让市场成为配置资源的主体"的方向一致。

"县管校聘"在某种程度上可被视为对校长教师交流轮岗政策的补充，很多地区实施"县管校聘"政策后就不再关注交流轮岗问题，但国家政策文本仍将两者视为不同的制度，在部分官方文件中同时涉及"交流轮岗"和"县管校聘"的表述。以下简要回顾这些文件中关于"县管校聘"的表述。

《教育部 财政部 人力资源和社会保障部关于推进县（区）域内义务教育学校校长教师交流轮岗的意见》指出，全面推进义务教育教师队伍"县管校聘"管理改革，"县级教育行政部门会同有关部门制定本县（区）域内教师岗位结构比例标准、公开招聘和聘用管理办法、培养培训计划、业绩考核和工资待遇方案，规范人事档案管理和退休管理服务。学校依法与教师签订聘用合同，负责教师的使用和日常管理。教师交流轮岗经历纳入其人事档案管理。国家层面推动义务教育教师队伍'县管校聘'示范区建设，总结推广各地成功经验，全面推进'县管校聘'管理改革，为教师交流轮岗工作提供制度保障。各地也要从本地实际情况出发，大胆探索教师队伍管理新机制"。教育部于 2015 年和 2017 年分两批共公布涉及 25 个省（自治市、直辖区）的 49 个"县管校聘"管理改革示范区[①]，以探索教师队伍

---

① 2015 年 6 月 11 日，《教育部关于确定首批义务教育教师队伍"县管校聘"管理改革示范区的通知》在附件中列出了 19 个示范区，即北京市东城区、吉林省长春市南关区、黑龙江省牡丹江市、上海市嘉定区、江苏省淮安市清浦区、江苏省南通如皋市、安徽省马鞍山市博望区、安徽省合肥市肥西县、山东省青岛市、山东省潍坊市、福建省福州市闽侯县、湖北省武穴市、广东省佛山市禅城区、广东省惠州市仲恺高新区、广西壮族自治区柳州市鹿寨县、重庆市巴南区、四川省成都市、云南省曲靖市沾益县（现为沾益区）、陕西省西安市高陵县（现为高陵区）。
2017 年 7 月 27 日，《教育部关于公布第二批义务教育教师队伍"县（区）管校聘"管理体制改革示范区的通知》在附件中列出 30 个示范区，即北京市门头沟区、河北省邯郸市、内蒙古自治区乌兰察布市集宁区、吉林省四平市双辽市、上海市闵行区、江苏省南京市秦淮区、江苏省泰州市高港区、浙江省绍兴市嵊州市、浙江省金华市浦江县、安徽省亳州市、安徽省合肥市庐阳区、福建省泉州市泉港区、江西省宜春市靖安县、山东省淄博市、山东省滨州市、河南省济源市、河南省安阳市汤阴县、湖北省宜昌市当阳市、湖北省荆州市荆州区、湖南省常德市武陵区、湖南省永州市新田县、广东省韶关市、广西壮族自治区防城港市港口区、四川省宜宾市翠屏区、四川省德阳市旌阳区、贵州省黔南州福泉市、云南省怒江州泸水市、西藏自治区日喀则市桑珠孜区、甘肃省兰州市西固区、新疆生产建设兵团第二师。中华人民共和国教育部. 教育部关于公布第二批义务教育教师队伍"县（区）管校聘"管理体制改革示范区的通知. http://www.moe.gov.cn/srcsite/A10/s7151/201708/t20170804_310658.html，2022-10-10.

管理新机制。

《国务院办公厅关于印发乡村教师支持计划（2015—2020年）的通知》指出，"推动城镇优秀教师向乡村学校流动。全面推进义务教育教师队伍'县管校聘'管理体制改革，为组织城市教师到乡村学校任教提供制度保障。各地要采取定期交流、跨校竞聘、学区一体化管理、学校联盟、对口支援、乡镇中心学校教师走教等多种途径和方式，重点引导优秀校长和骨干教师向乡村学校流动。县域内重点推动县城学校教师到乡村学校交流轮岗，乡镇范围内重点推动中心学校教师到村小学、教学点交流轮岗。采取有效措施，保持乡村优秀教师相对稳定"。

《国务院关于统筹推进县域内城乡义务教育一体化改革发展的若干意见》提出，"全面推进教师'县管校聘'改革，按照教师职业特点和岗位要求，完善教师招聘机制，统筹调配编内教师资源，着力解决乡村教师结构性缺员和城镇师资不足问题。严禁在有合格教师来源的情况下'有编不补'、长期聘用编外教师，严禁挤占挪用义务教育学校教职工编制和各种形式'吃空饷'"。

《中共中央　国务院关于全面深化新时代教师队伍建设改革的意见》重申实行义务教育教师"县管校聘"制度，"优化义务教育教师资源配置。实行义务教育教师'县管校聘'。深入推进县域内义务教育学校教师、校长交流轮岗，实行教师聘期制、校长任期制管理，推动城镇优秀教师、校长向乡村学校、薄弱学校流动。实行学区（乡镇）内走教制度，地方政府可根据实际给予相应补贴"。

2020年2月5日，《中共中央　国务院关于抓好"三农"领域重点工作确保如期实现全面小康的意见》将"加强乡村教师队伍建设，全面推行义务教育阶段教师'县管校聘'，有计划安排县城学校教师到乡村支教"作为提高农村教育质量的重要举措。同年，《教育部等六部门印发关于加强新时代乡村教师队伍建设的意见》关于"县管校聘"政策的意见是，"深入推进'县管校聘'改革"。《教育部等八部门关于印发〈新时代基础教育强师计划〉的通知》指出，"深入推进县域内义务教育学校教师'县管校聘'管理改革，加大音体美、劳动教育、信息技术、心理健康教育等紧缺学科教师补充力度，重点加强城镇优秀教师、校长向乡村学校、薄弱学校流动，发挥优秀教师、校长的辐射带动作用，扩大优质资源覆盖面"。

2021年2月23日，《中共中央办公厅　国务院办公厅印发〈关于加快推进乡村人才振兴的意见〉》指出，"（十）加强乡村教师队伍建设……落实好乡村教师生活补助政策……（三十三）建立县域专业人才统筹使用制度……推进义务教育阶段教师'县管校聘'，推广城乡学校共同体、乡村中心校模式"。

"县管校聘"政策实施过程中的教师流动主要体现为两种形式：一是城区超编学校中无法在校内竞聘中获得相对优势的教师的被动流动；二是乡镇学校和农村学校骨干教师通过跨校竞聘的方式主动流动到城区优质学校。

"县管校聘"从表面上看是一项以教师竞聘和分流为表现形式的人事制度改革，但其背后同时反映出我国教育决策权在学校和行政管理部门之间的分配与转移过程。笔者利用"国际学生能力评估项目"（programme for international student assessment，PISA）数据[1]简要说明教师人事决策权在学校和地方教育局之间的分配格局。参与 2012 年 PISA 调查的 155 所上海学校提供的信息显示，66.45%的学校校长有教师录用权，但只有 40.65%的学校校长有权解聘教师，有权决定教师职初工资和工资增长幅度的校长占比分别是 7.10%和 12.3%。教育局在教师人事管理方面的财务决策权较大，但在有权录用教师、解聘教师的占比分别为 34.84%、38.71%。我国参与 PISA2015 的四省（市）268 所学校的数据所呈现的趋势与 2012 年的情况略有不同，校长解聘教师的权利变小，而教育局在教师人事决策权方面更集中，有权录用教师、解聘教师的学校比例分别为 39.93%和 23.13%，而教育局有权录用教师、解聘教师的比例分别为 63.81%、71.27%[2]。综上，学校在教师人事决策方面的自主权变化反映出教育治理方式的转型趋势，"县管校聘"改革正是这种宏观环境下的产物。

总之，将这些文件进行综合对比分析就可以发现，我国偏远山区或农村学校的师资配置问题被置于城乡一体化的框架下，符合《国务院办公厅关于县域创新驱动发展的若干意见》提出的"坚持把人才作为支撑县域创新发展的第一资源"精神。表 1-1 将对上述国家部委关于教师队伍建设的官方文件中涉及的政策措施进行简要总结。

---

[1] OECD. Programme for International Student Assessment. https://www.oecd.org/pisa/data/.

[2] 2012 年的 PISA 数据显示，除我国上海，其他参与国家和地区的校长有权录用教师、解聘教师、决定教师职初工资和工资增长幅度的比例分别为 58.40%（$N=17\,339$）、46.96%（$N=17\,564$）、17.78%（$N=17\,568$）和 20.89%（$N=17\,566$）（注：百分比后面的括号内为提供有效答案的样本量，余同）；地方教育局有权录用教师、解聘教师、决定教师职初工资和工资增长幅度的比例分别为 33.42%（$N=16\,868$）、38.06%（$N=17\,092$）、35.09%（$N=17\,095$）和 35.05%（$N=17\,094$）。在其他国家和地区，教师职初工资和工资增长方面的主要决策权在国家层面，分别占比 50.60%（$N=17\,398$）和 49.74%（$N=17\,366$），而这两个比例在上海分别是 31.6%和 23.2%。在 2015 年的 PISA 调查中，除我国四省（市）外，其他参与国家和地区的校长有权录用教师、解聘教师的比例分别为 60.68%（$N=16\,404$）、51.04%（$N=16\,380$）；地方教育局有权录用教师、解聘教师的比例分别为 31.68%（$N=15\,944$）、34.98%（$N=15\,920$）。

表 1-1 关于农村等相对贫困地区教师队伍建设的主要文件

发文日期	文件名称/会议名称	文件函号	生活补助	交流轮岗	县管校聘
2012年8月20日	《国务院关于加强教师队伍建设的意见》	国发〔2012〕41号	✓	✓	
2013年9月12日	《教育部 财政部关于落实2013年中央1号文件要求对在连片特困地区工作的乡村教师给予生活补助的通知》	教财函〔2013〕106号	✓		
2014年8月13日	《教育部 财政部 人力资源和社会保障部关于推进县（区）域内义务教育学校校长教师交流轮岗的意见》	教师〔2014〕4号		✓	✓
2015年6月1日	《国务院办公厅关于印发乡村教师支持计划（2015—2020年）的通知》	国办发〔2015〕43号	✓	✓	
2016年7月2日	《国务院关于统筹推进县域内城乡义务教育一体化改革发展的若干意见》	国发〔2016〕40号		✓	
2017年1月19日	《国务院关于印发国家教育事业发展"十三五"规划的通知》	国发〔2017〕4号		✓	
2018年1月15日	《教育部 国务院扶贫办关于印发〈深度贫困地区教育脱贫攻坚实施方案（2018—2020年）〉的通知》	教发〔2018〕1号	✓		
2018年1月20日	《中共中央 国务院关于全面深化新时代教师队伍建设改革的意见》	中发〔2018〕4号	✓		✓
2018年2月11日	《教育部等五部门关于印发〈教师教育振兴行动计划（2018—2022年）〉的通知》	教师〔2018〕2号	✓		
2018年8月28日	《国务院关于推动城乡义务教育一体化发展提高农村义务教育水平工作情况的报告——2018年8月28日在第十三届全国人民代表大会常务委员会第五次会议上》	无		✓	✓
2018年9月10日	全国教育大会	无	✓		
2020年2月5日	《中共中央 国务院关于抓好"三农"领域重点工作确保如期实现全面小康的意见》	无			✓
2020年7月31日	《教育部等六部门印发关于加强新时代乡村教师队伍建设的意见》	教师〔2020〕5号	✓	✓	✓
2020年12月16日印发、2021年3月22日发布	《中共中央 国务院关于实现巩固拓展脱贫攻坚成果同乡村振兴有效衔接的意见》	无	✓	✓	
2021年8月3日	《教育部等九部门关于印发〈中西部欠发达地区优秀教师定向培养计划〉的通知》	教师〔2021〕4号	✓		
2022年4月2日	《教育部等八部门关于印发〈新时代基础教育强师计划〉的通知》	教师〔2022〕6号		✓	✓
2023年7月25日	《教育部关于实施国家优秀中小学教师培养计划的意见》	教师〔2023〕5号			

注：表中的"√"表示政策或报告文本中明确涉及某方面的内容，空格表示政策或报告文本中没有提及某方面的内容，如《国务院关于加强教师队伍建设的意见》明确提到教师生活补助和交流轮岗事宜，但未涉及"县管校聘"的内容。

本 章 小 结

教师队伍质量及师资分布情况关系到教育优质均衡发展。因此，教师劳动力市场建设是建设高质量教育体系的内在要求。本章主要论述教师队伍建设对新时期解决相对贫困问题的重要性，笔者按照时间顺序梳理国家在农村等相对贫困地区教师劳动力市场培育与建设方面出台的若干政策。这些政策从内建外援两个方面同时着手解决师资均衡配置问题：一方面以经济激励为主要手段，发展和稳定农村等相对贫困地区现有教师队伍；另一方面，以行政调控的方式增加城镇优质教师的流动性以辐射农村和欠发达地区的学校。

在上述的两种政策工具中，偏远山区或农村等地区的教师劳动力市场培育和建设充分体现出更高货币化补偿在弥补环境劣势对教师职业吸引力不利影响方面的作用，与"补偿型工资差异"理论假说的核心内涵相契合。而与扩大城镇地区学校优质教师资源辐射面相关的政策是通过创设制度环境来改变相对优质教师的劳动供给行为的，这在 2020 年全面推行"县管校聘"政策后表现得更突出，通过改变教师劳动力市场环境来影响教师的择业行为与心理并最终解决教师的供需矛盾，它降低城镇学校中竞争力较差的教师对"偏远山区""农村"等不受欢迎的工作环境的心理保留价格，从而让这部分教师在不增加工资的情况下到农村学校任教，使得偏远农村学校的师资数量得到保障。

综上，通过提供生活补助等方式培育农村教师劳动力市场和通过缩紧师资充裕的城镇学校的教师需求而迫使部分教师向师资稀缺的学校流动，这两种政策的工作逻辑完全相反，但它们均以学校环境为基础而发展出来，前者重在补偿不利的环境，从而增加偏远地区学校的师资供给量，而后者是在供给总量不变的情况下改变部分教师对不利的学校区位环境的心理价格而向期望的方向转移。第四章和第五章将详细论述这两种不同的政策取向下教师职业选择行为和心理的状态。

第二章 教师留任或流动与教师劳动力市场均衡

教师队伍稳定性（流动性）是学界关注的重要议题，它是教师一系列动态职业选择在某个时间点上表现出的静态均衡。教师稳定性本是一个难以名状的"静"的概念，只有通过教师入职后是否流动、在一个岗位上工作多久后流动、今后是否打算更换学校或转行从事其他职业等"动"的指标体现出来。

"教师流动"是教师劳动供给与需求议题下的重要内容（Grissom et al.，2016），因为与教师劳动供给有关的师资短缺或优质师资空间分布不均匀等问题，一方面是由部分学校和地区无法从源头上吸引足够数量的高质量教师造成的，另一方面是由教师入职后主动流动并积聚到更好的学校或地区造成的。因此，只有在师资供需均衡的语境中才能凸显教师留任或教师流动研究的现实价值和学术意义。本章先从教师供需均衡的角度分析教师主动流动，然后以收入和工作环境为立足点铺设解释教师主动流动的理论，最后回顾相关文献。

第一节 教师劳动供给与需求的均衡分析

教师供给充足与否最直观地反映在教师数量是否短缺上，教师数量不足意味着劳动力市场尚未达到饱和状态，因而在教师招聘与选拔过程中无法实现差额录取，即使候选教师质量较差，学校可能还是会因人手紧缺而聘用较低质量的教师，如果这样的教师足够多就会拉低师资队伍的整体质量。师资短缺与否、质量高低是每位教师个人决策累积的结果。从表面上看，教师入职后的职业选择是他们的个体行为决策，但所有教师的职业选择结果汇总到区县等更宏观的空间单元后，就能够体现充足与否或均衡与否等群体特征。因为"每个人跟所在人群的某个统计测度有两方面的联系：每一个人对这一统计测度都有自己的偏好，而他本身又为这些统计测度值的改变做出了自己的贡献"（托马斯·C. 谢林，2012）。从这个意义上说，教师个人的职业选择事关整个教师劳动力市场均衡与师资质量分布特征。

一、教师供给

微观层面的教师个人职业选择行为结果在宏观层面汇总后，再与教师总需求量进行比较，就可判断教师供需均衡状况。教师劳动力市场内部的细分度较高，因为多数国家均采取分学段、分学科的方式组织教学工作，这就可能存在师资的结构性短缺问题。即使按照生师比或班师比等标准配备足够数量的教师，但由于教师能胜任的学科教学任务不同，会出现部分学科教师不足而另一部分学科教师冗余的情况。例如，在欧洲和美国等国家和地区，外部劳动力市场机会多的数学教师、科学教师严重短缺；而我国的艺术课教师、体育课教师、信息技术课教师、心理健康课教师相对短缺。

教师供给与教师需求的相对力量共同决定教师劳动力市场的饱和水平和竞争程度。在宏观层面，若教师的社会地位高、待遇好，则教师供给量相对充足、师资质量更高；在中观层面，若学校待遇好、环境好、声誉高，则愿意前来任教的人多，教师入职后主动流动的概率较低、师资队伍稳定性更强。在微观层面，教师的劳动力供给除了包括选择是否从教、在哪里从教之外，还包括以多大的努力程度工作，文献中常用教师工作时间（或强度）、绩效水平等反映。

一个地区或一所学校的教师需求量通常是在财政负担能力范围内通过生师比或班师比、教师工作强度等来确定的（周兆海，邬志辉，2014）。教师需求包括刚性需求和弹性需求。刚性教师需求是政府按照学校类型和办学规模、基于生师比或班师比等指标控编控岗[①]来测算的，刚性需求范畴内的教师的工资支出在财政性经费中列支（刘善槐等，2014），这部分教师属于有正式编制的财政供养人员[②]。而弹性教师需求主要是学校根据工作需要临时聘请的"编外教师"，国际上通常将之称为合同教师（contract teacher）。对于弹性需求范畴内的教师，学校通常以临时合同等方式与学校建立劳动关系，工作无保障，他们的工资是学校通过自主性支配的非财政性经费方式承担的（邬志辉，陈昌盛，2018）。我国的代课教师就属于这一类，它是师资

[①] "编制"是我国国家机关和公共事业单位特有的人事管理制度，是为完备组织机构的功能，经由被授权的机关或部门批准的机关或单位内部人员的定额、人员结构比例及对职位（岗位）的分配，编制内工作人员的工资由国家或地方财政部门拨款。

[②] 另有一部分公办教师在入职初期可能没有编制，在岗但不在编，因为部分地区在面临教师总量超编、编制数额紧缺时，采用"退一补一"的方式来解决这个问题，即新入职的教师在工作一两年后等到有退休教师空出编制后才能正式进入教师编制系统，滞后入编的教师在职称评定、社保福利等方面都受到一定的不利影响，因为教师评审项目通常有年资要求且部分评审项目可能是每隔几年举行一次。

储备体系中的重要组成部分，他们中的一部分在符合条件的情况下可"转正"。在部分接纳大量外来劳动力的城市，城区学校代课教师逐渐成为解决教师需求量大而编制紧问题的主要途径（赖昀，张学敏，2020）[1]。

由于政府可通过生师比、班师比、编制配额等多种方式确定和控制教师需求量，因此一个国家或地区特定时期内的教师需求是既定的，在这个前提下理解教师供给对教师劳动力市场的影响就更容易。如图 2-1 所示，教师供给可分为潜在供给和实际供给两类。其中，实际供给由当前正在从事教育教学工作的在岗教师构成，主要由两部分人构成：①自首次入职以来一直没有变动过任教学校的教师，即工作稳定性强的教师；②在不止一所学校有执教经历的教师，即变更过任教学校的教师，但他们变更任教学校时可能是主动的，也可能是被动的。这一部分教师既可能在结束上一份教职后就立即来到当前的学校工作，也可能是在退出教师劳动力市场一段时间后再重返学校任教的，但这种情况在我国较少见。

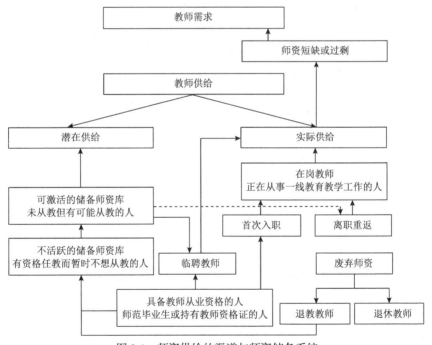

图 2-1　师资供给的渠道与师资储备系统

资料来源：改编自 Dolton，2006

注：图中的实线表示可行的通道；虚线表示不太可行的通道；箭头指向的是事物转换的结果。

---

① 例如，中部地区某市城郊接合部的部分辖区因接收大量外来务工人员子女而对教师需求量增大，但该市在短期内尚无法大规模增加教师编制数量，因此学校需聘用大量临时代课教师，其所需经费先由学校垫付，区教育局年终再给学校报销一部分。

　　潜在教师供给主要是指那些具有教育教学能力或资质，但尚未被吸收到教师队伍中来的人，包括持有教师资格证但暂时不想从教的人、有从教能力但暂未从教的人、退休或退教的人。很多在校期间获得教师资格认证的非师范专业毕业生和师范专业毕业生在有更好就业机会的情况下通常不会选择从教，但这些人中的一部分在就业环境不太好的时期可能会回到教育系统。例如，笔者在鄂西北某县调研时，有校领导提到"双减"政策实施后，教育培训机构的师资需求大幅压缩、教育培训机构的部分优秀教师主动加入学校的事情。再如，整个社会的经济形势受到较大冲击后劳动力市场会随之缩减需求，但教育系统的劳动力需求较少受到外部的影响，起初将从教作为职业替补选项的部分人在感受到这种市场行情变动后会把教职工作调整作为首选①。Nagler 等（2020）基于佛罗里达州教育政务数据的分析结果表明，经济衰退时期因其他行业就业较难而流向教育系统的人才整体上提高了新入职教师的水平，进而提高了师资队伍素质②。Falch 等（2009）基于挪威的数据得到同样的结论。

　　另外，退休后被返聘的教师在一定程度上能起到缓解师资短缺矛盾的作用，是补充师资的可行渠道。例如，《广东省教育厅 广东省机构编制委员会办公室 广东省财政厅 广东省人力资源和社会保障厅〈关于推进中小学教师"县管校聘"管理改革的指导意见〉》提出，"注重发挥退休优秀教师的作用，支持鼓励身体健康、近期退休的优秀教师支教讲学，保障教育教学的实际需要"。退休返聘教师在整个教师队伍中的占比相对较小，在欧美国家教师退休后通常不太可能再重返校园，因此他们常被视为"废弃（waste）师资"。

---

① 笔者 2022 年 7 月 14 日在湖北省罗田县调研时得知某校一名英语教师是从外贸行业转行而来的。他大学期间主修商务英语，毕业后一心想从事国际贸易相关工作，在外贸行业先后换过几家单位。但由于大城市生活成本高且外贸因受国际关系和经济形势等影响，因此业务较少，他感觉到工作压力大且没有经济保障，就在家乡的小镇上当了一年代课教师，在家人的劝说下，于 2022 年春参加教师资格证考试，并在 7 月参加了当地的教师入编考试。

② Nagler 等（2020）利用佛罗里达州教育局提供的 2001—2009 年 33 000 名 K-12 公办学校教师的政务数据，将教师数据和学生在每个教师课上成绩、在州统考中的成绩等匹配起来，将之用于计算成绩增值，然后将其与美国国家经济研究局下属的商业周期测定委员会公布的经济周期数据进行跨库合并，检验教师增值表现与教师入职时是否遭遇经济低谷期之间的关系，发现经济低谷期入职的教师在学生学业增值方面的贡献显著更高。这说明受短期的经济周期波动影响较小且工资黏性更强、稳定性更好的教师工作在经济衰退期有更大的相对优势，从而有利于增加优秀教师供给。因此，Nagler 等（2020）认为，经济衰退时期，教育系统可借机储备大量优质师资。

二、师资短缺

（一）全球师资短缺现状

如果教师的实际供给量大于需求量，则出现师资冗余现象；反之，若教师的实际供给量小于需求量，则存在师资短缺和教师不足的问题（Macdonald，1999）。师资短缺是全球各国共同面临的普遍问题。例如，美国全国广播公司于 2023 年 8 月 13 日刊发的文章《从"危机"到"灾难"：学校再陷教师难寻的困境》（"From 'crisis' to 'catastrophe,' schools scramble once again to find teachers"）提到，美国"教师荒"现象严重，许多地区的学校发起激烈的"教师抢夺战"。学校为解决人手不足的问题而聘用代课教师、没有获得教师资格认证的人或让在岗教师身兼数职，政府已启动向应届大学毕业生发放紧急教学许可证或像英国那样从印度等海外地区引进教师等预案[①]。再如，2023 年 2 月底黑狗研究所（Black Dog Institute）发布的基于澳大利亚全国 4000 多名教师调查的研究结果显示，75%的被访教师表示他们所在的学校目前师资短缺，且约 47%的教师考虑未来一年内离开这个正处在危机中的行业[②]。

笔者利用 PISA 的学校数据，描绘师资短缺现象的全球图景。在全球 20 810 所参与 PISA2018 调查的学校中，明确表示存在教师短缺的学校占比为 52.36%。20 754 名提供有效信息的学校校长中，仅 2.72%的被访者认为学校的教学完全没有受到师资数量不足或质量较低问题的困扰，而 48.55%的学校严重受到师资数量不足或质量较低问题的影响。其中，师资十分紧缺、有点紧缺和不太紧缺的学校比例分别是 4.50%、20.72%和 27.15%。另外，师资比较短缺的学校更多地位于农村或乡镇，在 3295 所农村学校中，教师十分紧缺和有点紧缺的比例分别是 5.40%和 21.64%；在 9322 所乡镇学校中，教师十分紧缺和有点紧缺的比例分别是 4.51%和 21.73%，在 7622 所城区学校中，教师十分紧缺和有点紧缺的比例分别是 4.19%和 19.28%，师资短缺程度在不同区位特征的学校存在显著差异，且农村学校师资短缺问题更严重（$\chi^2 = 41.897$，$p<0.001$）[③]。

---

① Pettypiece S. From "crisis" to "catastrophe," schools scramble once again to find teachers. https://www.nbcnews.com/politics/economics/crisis-catastrophe-schools-scramble-find-teachers-rcna98083, 2023-08-13.

② Costin L. Almost half of all teachers looking to quit: survey. https://citynews.com.au/2023/almost-half-of-all-teachers-looking-to-quit-survey/, 2023-02-25.

③ OECD. Programme for International Student Assessment. https://www.oecd.org/pisa/data/2018database/.

　　参与 2018 年 PISA 调查的 90 408 名教师提供的信息能有效验证以上结果，15.65%的教师在不同程度上兼职。其中，约有 3.24%的教师在学校兼职工作的时间少于正常时间的 50%，兼职工作时间相当于正常时间 50%—70%以及 70%—90%的教师占比分别为 6.08%和 6.33%。教师还被问及他们所在学校多大程度上缺教师的问题，提供有效答案的 62 165 名教师中，明确表示完全不缺的仅占 31.97%，认为"不太紧缺"、"有点紧缺"和"十分紧缺"的占比依次是 28.88%、28.10%和 11.05%。参与 PISA2018 调查的教师也被问及学校缺教师的情况，61 806 名提供有效答案的教师中，勾选"完全不缺"的只有 25.18%，选择"不太紧缺"、"有点紧缺"和"十分紧缺"的比例依次是 27.79%、29.77%和 17.26%。2022 年的 PISA 调查数据没有显示出教师短缺问题有所缓解的趋势，17 416 名提供有效信息的校长在"学校教学人员短缺程度"题项下勾选"十分紧缺"和"有点紧缺"，其占比分别为 11.77%和 27.83%[①]。

　　2012 年的 PISA 学校问卷关于学校师资短缺的问题体现得更加清晰，PISA 项目组要求校长填写各学科教师的短缺程度。如表 2-1 所示，师资短缺的严重程度存在学科差异，数学、科学等学科的师资充裕度较低。

表 2-1　PISA2012 中上海和全球师资短缺程度对比

样本来源地	师资短缺程度	科学		数学		阅读（参与国和地区的母语）		其他科目	
		频数	占比/%	频数	占比/%	频数	占比/%	频数	占比/%
上海样本	完全不缺教师	51	33.12	50	32.47	46	29.87	38	24.68
	偶尔缺教师	47	30.52	48	31.17	57	37.01	53	34.42
	有点紧缺	39	25.32	41	26.62	36	23.38	51	33.12
	十分紧缺	17	11.04	15	9.74	15	9.74	12	7.79
	学校数	154	100	154	100	154	100	154	100[②]
全球样本	完全不缺教师	10 736	61.31	10 836	61.82	11 566	65.98	7 321	41.83
	偶尔缺教师	3 682	21.03	3 659	20.88	3 723	21.24	5 939	33.94
	有点紧缺	2 502	14.29	2 323	13.25	1 772	10.11	3 642	20.81

① OECD. Programme for International Student Assessment. https://www.oecd.org/pisa/data/.其中，2018 年和 2022 年的数据分别出自以下网站：https://www.oecd.org/pisa/data/2018database/和https://www.oecd.org/pisa/data/2022database/.

② 因数据四舍五入导致加和不等于 100%，下同。

续表

样本来源地	师资短缺程度	科学		数学		阅读（参与国和地区的母语）		其他科目	
		频数	占比/%	频数	占比/%	频数	占比/%	频数	占比/%
全球样本	十分紧缺	590	3.37	710	4.05	469	2.68	598	3.42
	学校数	17 510	100	17 528	100	17 530	100	17 500	100

资料来源：OECD. Programme for International Student Assessment. https://www.oecd.org/pisa/data/pisa2012database-downloadabledata.htm.

注：①参与 2012 年 PISA 调查的学校共有 18 139 所；②"全球样本"中含我国上海地区的学校。

全球师资短缺情况在 TALIS2018 调查中同样得到印证。TALIS2018 共调查 15 980 所学校和 26 1426 名教师。在涉及对"学校缺少合格教师"这个说法的认同度时，选择"非常多""较多""一定程度上存在"的学校分别占比为 9.38%、15.13% 和 42.93%，32.56% 的学校根本不存在合格教师短缺的问题。师资短缺程度与学校区位特征有关，农村学校师资缺口更大（$\chi^2=148.333$，$p<0.001$）。在 2415 所农村的学校中，完全不缺合格教师的学校比例仅有 29.81%，位于乡镇（人口规模为 3000—10 万人）的学校和位于城区（人口规模大于 10 万人）的学校的比例分别是 32.30%（$N=6199$）和 34.22%（$N=6263$）；而非常缺合格教师的农村学校、乡镇学校、城区学校的比例分别是 15.49%、8.55% 和 9.36%。[①]

综上，师资短缺常表现为以下两种不同的形式：①数学、物理、化学、生物等在市场上技能通用性较强的 STEM[②]学科的结构性师资紧缺，这种部分学科的结构性师资短缺问题在美国和北欧等国家和地区体现得尤为明显（Levin，1985；White et al.，2006）；②环境不利的地区或薄弱学校无法吸引和留住优秀教师，处于师资质量分布的底端，这种师资空间分布不均衡的情况在发展中国家的偏远贫困地区（Rangel，2018；Vegas，2007）以及欧美国家的大城市中心城区和远离城郊的乡村地区更为常见（Allen et al.，2018；Lankford et al.，2002）。这两种类型的师资短缺在部分极度缺乏吸引力的学校中可能存在交叠。

（二）我国师资短缺现状

参加 PISA2018 的中国四省（市）361 所学校中，师资十分紧缺、有点

---

① OECD. TALIS-The OECD Teaching and Learning International Survey. https://www.oecd.org/education/talis/talis-2018-data.htm.

② STEM 是科学（science）、技术（technology）、工程（engineering）、数学（mathematics）四门学科英文首字母的缩写。

紧缺和不太紧缺的学校比例分别是 8.86%、32.41% 和 22.44%，仅 26.29%的学校完全不缺师资。中国四省（市）的师资短缺状况与学校的地理方位存在显著相关关系，农村学校和城区学校教师短缺程度更严重（χ^2= 12.706，p=0.048），在参与调查的 19 所农村学校中，师资十分紧缺的占比为 26.32%，师资有点紧缺的占比为 26.32%；在 120 所乡镇学校和 222 所城区学校中，师资十分紧缺的占比分别为 3.33% 和 10.36%，师资有点紧缺的乡镇学校和城区学校占比分别为 34.17% 和 31.98%[①]。城区学校师资紧缺跟我国城镇化进程加快有关，城市大量外来务工人员的学龄子女教育问题增加了对师资的需求，而农村学校师资紧缺跟长期以来的教师下不去、留不住等痼疾有关。

参与 2012 年 PISA 调查的 154 所中国上海地区学校的数学、语文和科学均面临更严重的师资短缺问题，其中，长期严重缺教师的学校约占 10%（表 2-1）。我国经济较发达的上海都面临如此严重的师资短缺问题，那么可预期中西部欠发达地区和偏远农村的师资短缺问题将更严峻。

"中国教育追踪调查"（China education panel survey，CEPS）数据可同时反映师资短缺的学科维度和城乡维度。2013—2014 年的 CEPS 基线调查中提供有效信息的 106 名校领导认为，在语文、数学和英语三个科目上，招聘新教师非常困难的学校占比分别为 12.26%、13.21% 和 18.87%；招聘新教师比较困难的学校占比分别为 33.02%、37.74% 和 30.19%；招聘新教师比较容易的学校占比分别为 54.72%、49.06% 和 50.94%。CEPS（2014—2015 年）追访调查证实了以上趋势，提供有效信息的校领导认为在语文、数学和英语三个科目上，招聘新教师非常困难的学校占比分别为 13.89%、14.02% 和 18.69%；招聘新教师比较困难的学校占比分别为 34.26%、42.06%和 28.97%；招聘新教师比较容易的学校占比分别为 51.85%、43.93% 和 52.34%[②]。

不同区位的学校招聘语文、数学和英语三科新教师的难易程度存在显著差异。CEPS 学校问卷中将学校所在的地区类型划分为市/县城的中心城区、市/县城的边缘城区、市/区县的城乡接合部、市/县城区以外的镇、农村。笔者将前三类进行合并称之为"城区"，然后用学校区位与师资短缺程度两个变量做卡方检验，所得结果显示：农村学校和乡镇学校招聘英语教师的难度更大。例如，参与 CEPS（2013—2014 年）调查的 39 所乡镇学校

① OECD. Programme for International Student Assessment. https://www.oecd.org/pisa/data/2018database/.
② CEPS（2013—2014 年）和 CEPS（2014—2015 年）均来自于以下网站：中国人民大学中国调查与数据中心. http://ceps.ruc.edu.cn/index.htm.

和农村学校中，招聘英语新教师难度有点大和非常大的比例分别为 41.03% 和 28.21%，而相应的比例在 67 所城区学校和城郊学校中依次为 23.88% 和 13.43%，$\chi^2 = 10.181$（$p=0.006$）。CEPS（2014—2015 年）追访调查呈现出基本相同的趋势，此处不再赘述。

从上述初步分析结果可以看出，我国的师资短缺问题在空间分布上呈现出不均衡态势。这类结构性的师资短缺通常与学校和地区的区位环境较差、经济与社会发展水平较低、待遇较低有关。如图 2-2 所示，在劳动力价格（W）与供给数量（Q）的平面内，假设某质量标准下的教师劳动力供给曲线（S_1）既定且环境更差的地区和学校对教师的需求线为 D_1，两条线相交后在 E_1 处达到供需均衡，对应的教师供给数量为 Q_1，工资（劳动力价格）水平为 W_1。

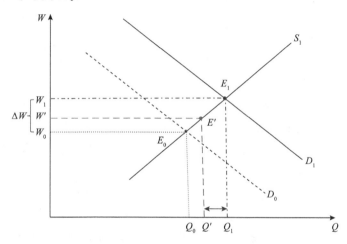

图 2-2 教师劳动力市场供求关系的动态均衡

然而，在"以县为主"的教育财政制度背景下，部分地区的县本级财政支付能力受限或财政支付意愿较差，这些区县可能将教师工资水平确定在低于市场均衡水平 W_1 的 W' 处，此时供给曲线 S_1 与政府提供的教师实际工资水平 W' 相交而形成实际均衡点 E'。E' 与 E_1 中间的工资差值导致教师供需偏离最优均衡，因为当工资水平设定在 W' 处时，教师供给数量仅能达到 Q' 水平，而 Q' 与 Q_1 之间的缺口即为师资配备不充足的程度。Q' 与 Q_1 之间的缺口还因教师的供给曲线的不同而有所差异。如果政府想整体提高教师质量，而高质量的教师在这个局部劳动力市场上的供给曲线通常位于 S_1 的左侧，在这种情况下，Q' 与 Q_1 间的逆差更大，师资短缺程度严重；相反，若当地承担不起优秀教师的人力成本、用具有较低资质水平的教师来代替，则由于较低质量的教师的供给曲线位于 S_1 的右侧，Q' 与 Q_1 间的逆差缩小，甚至可能出现顺差，出现师资充裕的现象。

同理，地方政府可通过改变需求曲线来重新定义教师劳动力市场上的供需均衡。例如，如果教师需求受到压缩，需求曲线向后移动至 D_0 处，则在教师供给短期内缺乏弹性的情况下，均衡点将下移至 E_0，并形成劳动力价格的市场均衡水平 W_0 与总需求量 Q_0，此时 Q_0—Q' 的顺差即为冗余师资。一个地区或学校的教师总需求量在一定时间段内具有较强的稳定性，通常不会突然出现骤增或骤降的情况，但可能在资源重组的过程中出现结构性突变。例如，我国"县管校聘"改革过程中虽然没有减少对教师总量的需求，但既有的师资资源需要在不同空间进行重新布局，部分学校对教师的需求量减少，如果将上述分析缩小到学校范围内，则学校内部出现部分冗余师资，部分教师的心态优势会随之消失。下文将以"县管校聘"改革的案例为基础来简要说明这个机制。

如果要想填补 Q_1—Q' 的师资缺口，政府应在 W' 的基础上再为每位教师补偿 W_1—W' 单位的工资。W_1—W' 与 Q_1—Q' 的乘积即为填补整个地区或学校师资空缺所需的额外财政支出，W_1Q_1 即满足师资充足性的教师成本支出总额。因环境不利而产生的额外教师工资成本（W_1-W'）（Q_1-Q'）理论上应由省级政府或中央政府承担，因为如果区县政府不重视教育质量提升、不愿意再投资教育或者本级政府财政支付能力不足、无力承担这部分成本，则这部分额外成本就会由学校分担，只有那些有额外收入的学校才有能力承担这笔经费，没有额外收入的学校通常会采取权宜之计来应对师资短缺问题。因此，Q' 与 Q_1 之间的缺口在现实中很难被观测到，学校通常不会空缺这部分岗位（Murnane，Steele，2007），从而扩大学校间的师资差异。这种现象已在现实中初见端倪。例如，自 2013 年来实施的"乡村教师生活补助"政策旨在以制度的形式保障这部分额外成本得到分担，最终承担这部分成本的仍然是区县政府。由于各区县的财政支付能力与教育投入努力程度差异较大，各地在补齐 W' 与 W_1 之间差距方面的能力差异较大，中西部地区部分办学大县本不宽裕的财政被这项额外的开支"拖累"，而北京市、上海市等地方财力雄厚的地区纷纷启动郊区教师津贴项目且补贴力度较大，持续提升特大城市基础教育服务的高位均衡水平，师资质量差异的区域间差异可能会加剧。

（三）解决师资短缺问题的常用对策

一个地区或一所学校在受到预算约束的前提下，解决师资短缺问题的常用策略有以下四种。

第一种策略是聘用一些资质较差、保留工资较低、人力成本较小的临时教师作为替代（Crawfurd，Pugatch，2021；Goyal，Pandey，2013）。例如，PISA2018 调查中，在提供有效答案的 20 754 份学校问卷中，51.1%的校长承认在无法保障合格教师充足供给的情况下，会采取用质量较低的教师做临时替补的策略，偶尔、有时、经常采用这种方式来解决师资紧缺问题的学校分别占 33.9%、14.9%和占 2.7%[①]。再如，CEPS 2013—2014 年学校基线调查数据显示，在提供有效信息的 108 所学校中，因教师短缺而降低聘用标准的情况在语文、数学和英语三个学科中的比例分别是 0.93%、2.78%和 7.41%；因招不满而降低教师录用标准的情况在 CEPS 2014—2015 年的追访中有加剧的趋势，降低聘用标准招语文教师、数学教师和英语教师的比例变为 2.73%、5.45%和 7.27%[②]。

"师资不足"既可理解为数量不充足，也可理解为质量达不到预设的标准。这两者间实际上有着内在联系，劳动力质量较低的最直接原因是供给数量不足，在劳动力供给不充足的情况下，用人单位无法做到择优录用，在急需用人的情况下甚至会降低标准聘用。同理，只有在教师供给数量多于需求量时，学校才有可能考虑优中选优的问题。当学校具有足够强的吸引力且教师供给量远远超过需求量时，学校就可以此为契机实现教师队伍的结构性升级。例如，我国北京、上海和深圳等发达城市的部分待遇高、环境好的优质中学引进很多名校博士毕业生，有些学校拥有硕士及以上学位的教师约为 80%，这是因为学校口碑好、实力强，很多优秀候选人申请这些优质中学的岗位，学校在优秀教师供给充足的情况下就顺势提高用人标准，经过若干年的循环与积累，学校就能实现师资队伍的更新换代；但在待遇和工作环境均缺乏吸引力的学校或地区，教师缺口总体大且备选教师少，学校不得不退而求其次，甚至在需要应急的情况下聘用一部分资历不达标的教师，更无法淘汰质量较低的在职教师。我国中西部偏远山区或部分农村学校通常面临这种情况。这凸显出政府在师资分布方面进行宏观调控的重要性——地理位置优越、经济发展水平高、社会福利好的地区对求职者的吸引力强，有着更充足的人才供给，用人单位可优中选优，劳动供给者间的竞争更激烈，劳动力成本更低。这样就可以在较低成本的基础

---

① OECD. Programme for International Student Assessment. https://www.oecd.org/pisa/data/2018database/.

② CEPS（2013—2014 年）和 CEPS（2014—2015 年）均来自于以下网站：中国人民大学中国调查与数据中心. http://ceps.ruc.edu.cn/index.htm.

上聘用到高素质人才，这些优质的人力资源会促进这些地区更好地发展，这样就建立起良性循环机制，为下一轮人才队伍结构性升级打下基础。相对贫困地区的人力资源配置则会越来越困难。

由此可见，在考虑教师质量后，就不存在绝对的师资短缺或过剩问题，即使在教师劳动力市场饱和的地区，教师质量也还有提升的空间，仍然可被认为存在师资短缺的情况；同理，如果一个地区或一所学校聘用的教师超出实际需求量，但若教师质量较低，则不能被视为"师资过剩"，因为从发展高位均衡教育的角度看，现有师资水平还有待提高。基于教师质量来判断师资短缺程度是学术界常见的做法。例如，Falch 等（2009）基于挪威1981—2002 年的面板数据，将"师资短缺"界定为学校为维持正常运转而聘用受教育水平等达不到国家规定的行业准入资格的教师的情形。Falch（2011）将学校聘用非持证上岗教师的情况均视为师资短缺的表现[①]，这是让孩子"上好学"的师资标准，但多数发展中国家在讨论偏远地区或薄弱学校师资短缺问题时还停留在让孩子"有学上"的水平。

综上，"师资短缺"是个弹性较大的概念，而通过对比"教师需求"和"教师供给"来判断师资是否充足时需要参考当地的教育发展目标和实际情况。我国已启动全面提升教师质量的工作。例如，《中共中央 国务院关于全面深化新时代教师队伍建设改革的意见》（2018 年）提出，"推进教师培养供给侧结构性改革，为义务教育学校侧重培养素质全面、业务见长的本科层次教师，为高中阶段教育学校侧重培养专业突出、底蕴深厚的研究生层次教师。大力推动研究生层次教师培养，增加教育硕士招生计划，向中西部地区和农村地区倾斜……分区域规划，分类别指导，结合实际，逐步将幼儿园教师学历提升至专科，小学教师学历提升至师范专业专科和非师范专业本科，初中教师学历提升至本科，有条件的地方将普通高中教师学历提升至研究生"，高于《中华人民共和国教师法》关于各级各类学校教师职业资格的学历要求。《教育部关于实施国家优秀中小学教师培养计划的意见》（2023 年）已将培养一批拥有研究生学历的中小学教师提上议事日程。这些旨在提升师资学历水平的政策预期对未来的师资短缺问题会产生影响。

---

① 挪威优先聘用有资格证的教师，如果持有资格证的教师不足，学校才能聘用没有资格证的临时教师，但这种临聘教师的合同需要每年重新签订，若下一年持有资格证的教师申请了该学校的教职，学校就需按照优先聘用有资格证教师的规定解除与临聘教师的合同。挪威最北部的三县因聘用临时教师的情况较普遍，该国的财政部给临聘教师超过 20%的学校提供约相当于工资 10%的经济补偿。

第二种策略是增加每个在岗教师的工作量。每周或每月工作多长时间等指标也是劳动供给分析的观测指标之一。工作强度一方面可以反映教师供给是否充足；另一方面，是衡量教师工作环境的重要指标，影响教师的职业幸福感，并进而又从整体上影响教师供给的充足性，因为劳动强度大、压力大的行业没有吸引力，人才储备水平总体上较低。例如，笔者基于湖北省等中部地区的调研数据的分析结果显示，因工作量过大而有离职意向的比例高达 65.7%。

中国教师的周均工作时长比其他国家长，这本身就是我国师资短缺的重要表现之一。在月收入或年收入既定的情况下，过长的工作时间意味着教师的时薪过低。笔者基于 TALIS2018 数据做初步统计，不包括上海的其他参与国家和地区的 252 640 名教师中，周均工作约 38.23 小时（标准差是16.69 小时），而 3955 名上海初中教师平均每周工作 45.44 小时，显著高出国际均值水平 0.43 个标准差（$=\dfrac{45.44-38.23}{16.69}$，$t$=30.905，$p$<0.001）[1]，与 TALIS2013 的结果大致一致（王洁，宁波，2018），由此可见，我国教师工作强度较大的事实不随时间而变。

我国教师工作量大的特殊性在于，非教学工作占据教师的大量时间，对教师职业幸福感产生较大的负面影响。本书依托的 G 市教师劳动力市场调查数据显示，教师平均每周工作 51.38 小时，即每个工作日的工作时长超过 10 小时，远高于《中华人民共和国劳动法》第三十六条的规定的"劳动者每日工作时间不超过八小时、平均每周工作时间不超过四十四小时的工时制度"。然而，教师的总工作时间中，用于教学的时间只有 48.94%，不到一半；而用于行政事务、参加教学无关会议或应付检查的时间比例分别是 18.23% 和 13.84%，总共超过 30%，总耗时相当于两个正常工作日（=51.38×32.07%/8）。

第三种策略是扩大班级规模。扩大班级规模本质上可归为增加教师工作量，因为更大规模的班级通常会增加教师的工作时间和与学生管理有关的日常事务，但文献常单独讨论班级规模。TALIS2018 邀请教师填写他们任教的班级学生人数，不包括中国上海样本在内的 208 157 名中学教师所教班级的学生人数均值和标准差分别是 24.88 人和 10.62 人，而上海教师所教班级的平均规模是 34.32 人，比其他国家或地区的班级规模的均值高

---

① OECD. TALIS-The OECD Teaching and Learning International Survey. https://www.oecd.org/education/talis/talis-2018-data.htm.

0.889 个标准差（ $=\dfrac{34.32-24.88}{10.62}$，$t$=44.988，$p$<0.001）。上海教师任教的班级人数最多的高达 98 人，是 TALIS2018 数据库中最大规模的班级[①]。利用 PISA 以及项目组自行收集的数据对我国教师所教班级的规模的分析结果大致相同，笔者不再赘述。

第四种策略是利用竞争机制来增加教师的职业危机感。教师人事制度改革过程中越来越强调"绩效"，行政管理部门通过限定编制数量、引进岗位竞聘机制等来增加每位教师的人均工作量，以缩减整个教育系统对教师的绝对需求量。笔者在实地调研过程中得知，部分地区若干年都没有增加教师编制数量，县城学校大量招收流动人口子女后没有根据新增学生规模标准等比例地增加正式教师的数量，而是采用增加班级规模或聘用临时教师的方法解决在校生人数增加的问题。这相当于压缩教师总需求量，对应到图 2-2 上就是将教师需求曲线内移至 D_0 处，然后与教师劳动力供需曲线 S_1 在 E_0 处实现均衡，教师需求量就缩至 Q_0，此时仍将教师工资水平设定在 E'，就会出现教师供给过剩现象。Q' 与 Q_0 之间差值即为教师冗余量，在教师数量供大于求的情况下，淘汰一部分教师就是顺势而为的事情。"县管校聘"政策正是利用这个思路对城区学校的教师需求进行结构性调整，并突破城乡界限、疏通师资流通渠道，城区的富余师资就可以用来填补农村学校岗位的空缺。

地方政府控编控岗后，局部教师劳动力市场收紧，学校全员满负荷工作。本书所依托的案例来源地——G 市的一所在城镇化进程中衰落的老牌中学的中层领导指出，按照生师比或班师比的标准确定每个学校的教师人数所带来的问题是，一旦出现突发性的教师缺勤（如意外事故或急性病等）情况，学校较难在计划内聘用的教师中进行协调，因为每位教师的工作量都很满。即使能成功协调，这意味着临时顶替缺勤教师的那个人需要承担两个人的工作量。财务状况较好的学校可通过临时聘请代课教师的方式解决这个问题，临聘教师的工资主要由学校承担。而参与 G 市教师劳动力市场调查的 200 多所学校中，71.91%的校领导均表示，"县管校聘"政策实施后因解决人手不足问题而临时聘请教师会增加学校的经济负担，没有稳定的经济收入的学校会难以应对这种情况。

在这种全校上下高度紧张的情况下，很多教师认为能够保住当前的

---

① OECD. TALIS-The OECD Teaching and Learning International Survey. https://www.oecd.org/education/talis/talis-2018-data.htm.

"饭碗"就已感到很满足，对收入和工作环境等方面的要求骤降，倒逼均衡点向 E_0 靠近。这实际上是通过改变教师劳动力市场环境、压缩教师需求量（移至 D_0 处）实现的。笔者的调查结果显示，G 市"县管校聘"政策实施过程中，学校工作量显著增加而校均工资不仅没有增加反而略有下降。根据校领导问卷中的信息，全校教师的周均课时量在"县管校聘"政策前后分别是每周 12.490 节和 13.456 节，平均每周显著增加 0.966 个课时（$t=4.687$, $p<0.001$）；而校均工资从"县管校聘"政策实施前的每月 3155.720元降至"县管校聘"政策实施后的 2853.720 元，略有下降但差异不显著（$t=0.553$，$p=0.583$）。这两个信息从不同侧面体现"县管校聘"政策对教师工作心态的影响。

第二节　通过"教师流动"来理解"教师留任"问题

学术界常通过工作流动性来反映工作稳定性。"工作流动"的本质是职业选择，只不过它不再是首次安置（initial placement），而是在首次职业选择之后的再选择，仍属于劳动力供给主题的一个重要议题（Boyd et al., 2002）。个人的职业选择（劳动供给决策）呈树形结构。个人首先需要决策是否参与劳动力市场活动以及何时参加工作；下一层次的决策是参与劳动的个人选择在哪里和哪个行业工作；再往下一层就是这些已选定工作地点和工种的人以多大的强度（如周均工作小时数）或努力程度（通常体现为业务绩效）在每个岗位上工作多久。不能终身服务于一个工作单位或行业的人面临工作流动的问题。工作流动在各行各业均存在，是一部分人在职业生涯中必将经历的事件，《2017 离职与调薪调研报告》显示，2016 年企业劳动者整体的离职率达 20.1%，一线大城市的离职率为 22.4%（罗卓然，2017）。本节将简要梳理"教师流动"的含义与类型，从"动"的角度揭示"静"的内涵。

一、教师流动的类型

劳动经济学领域中的工作流动包括工作调整（job turnover）、工作搜寻（job search）和迁移（migration）三种形式（陆铭，2007）。本书所提及的"流动"实为工作调整。工作调整包括以下几种情况：①只更换工作单位而不变动专业或技术层次；②更换工作单位的同时变动专业或技术层次；③不变动工作单位而仅更换职位或技术层次，即转岗；④更换职业性质和工种，实际上相当于退出某个子劳动力市场，即转行。本书仅讨论教师在不同学校或不同行业间的转换，不讨论学校组织内部劳动力市场的晋升等岗位流动情况。但为与教育领域的大多数文献中所使用的概念保持一致，本书仍使用"教师流动"一词。本书只讨论教师劳动力供给问题所涉及的最下位概念——工作流动，"工作流动""工作单位变更""工作转换""工作调动""离职"等词汇在本书中可交替使用，不做区分。

英文文献中涉及"工作流动"时常用的词汇包括 mobility，transfer，transition，switch，turnover，shift，move，leave，quit，resign，departure，job separation，job change，job-hopping，attrition 等（Borman，Dowling，2008；Evans，Acosta，2023；Grissom et al.，2016；Macdonald，1999；Nguyen，2020；Rangel，2018；Stinebrickner，2002）。其中，"attrition"意为耗损或流失，其作用对象主要是学校、区县等宏观层面，对作为用人单位的学校而言，教师出于任何理由的离职均意味着人事工作中的耗损；但对整个教师劳动力市场而言，只有教师退教改行或退休才意味着师资的耗损（Sicherman，Galor，1990）。

"流动""流失"等概念之间既有区别又相互联系。"流动"是教师个人层面的行为或意向，包括以下几种情况：①内部劳动力市场所涉工作内容（job dimension）的变动——换岗，"换岗"包括在同一学校内的角色转换，较常见的是部分优秀教师从教学岗位晋升到领导管理岗位；②外部劳动力市场所涉工作地点的变动——换校或退教。换岗和换校可能存在交叉。例如，业务能力强的一线教师被提拔到区县教育局的行政管理岗位或被任命为其他学校的校长，这是教师职业发展的重要途径之一；再如，"县管校聘"政策实施后，乡镇中学化学科目的骨干教师通过跨校竞聘的方式到县城实验小学教数学或者城区超编学校的物理教师被动调剂到农村小学教数学，这同时有岗位和工作地点的变化。本书中的"流动"在大多数情况下指的是工作地点的变动，即换校，但不包含集团化办学形式下在同一学校不同分校任教的情形。如前所述，广义上，教师想换校或退教的主观意愿被学术界视为隐性流动，但学校和教育管理部门更关注教师流动行为。

教师流失主要是站在学校及以上级别的组织或单位的角度来凸显的。对学校而言，任何原因导致的教师离开本校均意味着师资的流失（Grissom et al.，2016），教师退休、辞职等是学校师资流失的常见形式。若教师在同一学校内的不同岗位间转换，如教师从教学岗位提拔到行政领导岗位或九年一贯制学校的教师从小学部调到中学部，则学校不存在名义上的师资流失问题，却可能因为优秀的教师调离教学岗位后不能全力以赴地安心教学而产生实质性的师资损耗问题,严格意义上算是一种师资流失(Mitani et al.,2022)。表 2-2 列出了现有文献中关于"教师流动"或"教师留任"相关变量的代表性操作界定。

表 2-2　"教师流动"或"教师留任"相关变量的代表性操作界定

作者(发表年份)	所用数据	"教师流动"或"教师留任"相关变量的操作界定
Pendola,Fuller (2018)	得克萨斯州教育局提供的 1995—2012 年 12 989 名校长的人事档案数据	校长至少在一所学校停留 5 年,满足这个条件的均被视为有稳定(stability)性的校长,即 5 年内的留任率
Dee 等(2021)	美国哥伦比亚地区"影响力"(IMPACT)项目所涉 3500 名教师的教育政务数据(2010—2014 年)	教师的劳动关系仍然在哥伦比亚地区公立学校系统的被视为留任,而不再在哥伦比亚地区公立学校系统的教师是流动者
Dolton,van der Klaauw(1999)	1980 年毕业且在 1980—1987 年提供工作经历信息的 6089 名英国大学生(代表当年 1/6 毕业生),其中的 923 名毕业生首份工作是在中小学从教	(1)教师退教:一种是退教改行,教师在 1980—1987 年的任何一年离开教职岗位(turnover),包括主动离职与被动离职两种情况;另一种是教师退教后赋闲在家。参照组为一直从教的毕业生 (2)教师首份教职持续时间
Elacqua 等(2022)	智利"优师优派"项目(Asignación a la Excelencia Pedagógica,AEP)所涉 5990 名教师的教育政务数据(2011—2017 年)	教师在获取 APE 奖励后是否会流向学生平均成绩高于中位数的同区域、同层次的同类优质学校。教师在不同学校之间切换的情形被视为流动(move)
Falch,Strøm (2005)	挪威 93 097 名中小学教师的教育政务数据(1992—2000 年)	教师所在学校的组织代码变更后被视为流动,根据教师不同年度所在学校组织代码的差异识别学区内流动、流出学区、流出公办教育系统(流往私立学校或退教改行),参照组为未变更学校组织代码的教师
Falch,Rønning (2007)	挪威劳动部、教育部等提供的政务数据以及学校年报数据、学生标准化考试成绩等多源异构追踪数据,作者仅研究 1998—2001 年 25 363 名 10 年级教师	教师所在学校的组织代码变更后被视为流动,包括四种不同范围的流动:①教师流动到同学区的不同学校间;②教师流动到同一劳动力市场片区的不同学区;③教师流动到不同劳动力市场片区;④教师退出公立教育系统
Falch(2011)	挪威最北部三县 1810 名中小学教师的教育政务数据(1992—2000 年)	教师所在学校的组织代码变更后被视为流动
Feng(2014)	美国"中学会考及以上人群的追踪调查"(baccalaureate and beyond longitudinal study,BBLS)所涉 11 192 名本科及以上的毕业生自 1993 年毕业起 11 年间的 3 次追踪调查数据(1994 年,1997 年,2003 年,其中含 1100 名中小学教师)、全美中小学年报数据	教师所在学校的组织代码变更后被视为流动,包括四种不同范围的流动:①教师流动到同学区的不同学校间;②教师流动到不同学区;③教师流动到其他州或私立学校;④教师退教改行
Feng,Sass (2018)	佛罗里达州 124 058 名公办教师 1995—2012 年的教育政务数据	教师所在学校的组织代码仍未变更被视为留(retention),反之则被视为流动(mobility/departure)
Gritz,Theobald (1996)	华盛顿地区 1981—1990 年入职的 9756 名公办教师教育政务数据	教师自入职后到 1991—1992 学年是否变动工作单位,如果变动工作单位,则计算教师的教职工作持续时间长度(duration)

续表

作者（发表年份）	所用数据	"教师流动"或"教师留任"相关变量的操作界定
Liu（2021）	2007—2008 年中国家庭收入计划（China Household Income Project，CHIP）所涉对象是安徽、北京、重庆、福建等 16 省（市）城镇家庭中在教育类公共事业单位工作的专业技术人员（作者将其视为教师）	工作单位性质发生变动的被视为退教改行（departure）
Mitani et al.（2022）	得克萨斯州教育局提供的教师人事档案数据，作者仅分析 141 706 名新教师的工作变动情况	①教师不再在一线教学（classroom teacher）的情况被视为教师流失（attrition）；②教师不再在初入职的学校从事一线教学工作就视为流动（turnover）
Mont, Rees（1996）	纽约州教育局提供的教师人事档案数据、纽约州教育局面向教师发放的年度调查，最终参与分析的是 1979 年从州外聘用的 525 名新教师	①教师跨学区流动，所在学校代码与 1979 年的不同；②教师退出纽约公办教育系统：教师的人事档案连续两年不在纽约州公办教育系统（job seperation）
Ondrich 等（2008）	纽约州奥尔巴尼、宾汉姆顿、水牛城、罗彻斯特和雪城等地 1985—1998 年在册的教师	①教师区域内跨学区主动流动：教师在纽约州内不同学区更换任教学校，不再在基期数据显示的学区任教。②教师离开区域内公立教育系统：纽约州的教师人事管理系统里不再有某教师的信息，教师可能在纽约州内从事其他行业的工作，也可能到其他州的学校继续从教，还可能辞职赋闲在家
Player 等（2017）	2011—2012 年的学校与人员配备调查（school and staffing survey，SASS）和 2012—2013 年的教师跟踪调查（teacher follow-up survey，TFS）涉及的约 3000 名公办学校教师或特许学校教师	根据教师工作状态区分不同去向的流动：①教师跨校变更工作单位（mover）；②教师离开教育系统（leaver）
Prost（2013）	法国教育部提供的来自 7600 所学校 350 000 名6—9 年级中学教师教育政务数据（1987—1992 年）、学校年报数据等	教师所在学校的组织代码变更后被视为流动，根据教师不同年度所在学校组织代码的差异识别行业内跨校流动、行业外流动（退教改行），参照组为未变更学校组织代码的教师
Ronfeldt 等（2013）	纽约市教育管理部门提供的政务数据（2001—2010 年），作者仅分析能与4—5 年级学生匹配的 10 063 名小学英语教师和小学数学教师	①教师流动到纽约市的其他学校。②学校层面的教师流失率：每所学校每个年级流动到其他学校的教师比例
Stinebrickner（1999）	参与 1972 年美国追踪调查（national longitudinal surveys，NLS）的 22 652 名高中毕业生中，832 名获得教师资格认证，作者分析 NLS 在 1973 年、1974 年、1976 年、1979 年、1986 年追踪数据	教师 11 年间的首份教职工作的持续时间，在追踪调查中首次更换工作单位的时间与入职时间之间的差值
Theobald, Gritz（1996）	华盛顿地区 1981—1990 年入职的 9756 名公办教师教育政务数据	教师自入职后到 1991—1992 学年变动工作单位，包括两种情况：①华盛顿地区区域内跨校调动；②退教改行，在学区内从事其他工作
Wei, Zhou（2019）	"甘肃基础教育调查"项目 2004 年和 2007 年两轮调查所涉的 20 个区县的 2335 名农村教师	（1）教师流动行为：教师回溯他们工作单位的变更史，如每份工作的起始时间、工作地点、变动原因等，凡是教师自陈变更工作单位的情形均被视为流动（2）学校教师离职率：根据学校报告的教师规模、教师去留记录等信息计算教师流动率

续表

作者（发表年份）	所用数据	"教师流动"或"教师留任"相关变量的操作界定
杜屏等（2013）	北京、吉林、云南、辽宁等地4县649名幼儿教师	（1）跨校流动意向：教师被问及未来3年是否打算换幼儿园，做出肯定回答的被视为具有换校意愿 （2）跨行流动意向：教师被问及未来3年是否打算换职业，做出肯定回答的被视为具有退教改行意愿
杜屏，谢瑶（2019）	辽宁、云南、贵州、重庆和广西等地5县29乡镇58所学校的2643名教师（2016年）	（1）跨校流动意向：包含县内换校意愿和跨县换校意愿，做出肯定回答的被视为具有换校意愿，利克特4点量表加总求均值 （2）跨行流动意向：更换收入更高职业、更换工作环境更好的职业。利用利克特4点量表加总求均值
黄斌等（2019）	湖北、山东、北京、江苏、云南、贵州、上海7省市278所学校5611名教师（2015—2016）	教师校际交流轮岗意愿：教师被问及是否愿意参加交流轮岗，做出肯定回答的被视为具有校际交流轮岗意愿
黄斌等（2021）	重庆、宁夏两地的9个县29所农村中小学1283名农村教师的调查数据（2017—2018）	（1）跨校流动意向："未来三年是否有换工作学校的打算"，做出肯定回答的被视为具有换校意愿 （2）跨行流动意向："未来三年是否有换职业的打算"，做出肯定回答的被视为具有退教改行意愿
马红梅，孙丹（2019）	"甘肃基础教育调查"项目（2007年）所涉的20个区县2382名农村教师	（1）主动流动行为：教师因追求更好的工作和生活环境或家庭团聚等至少主动变更过一次工作单位的情形被视为流动（参照组为从未变更工作单位的教师） （2）主动流动前的工作持续月数
马红梅等（2020）	"甘肃基础教育调查"项目（2007年）所涉的20个区县2382名农村教师	（1）首次主动流动行为：教师因追求更好的工作和生活环境或家庭团聚等而产生的第一次主动变更工作单位的情形被视为流动（参照组为从未变更工作单位的教师） （2）首次主动流动前的首份工作持续月数

注：关于"教师流动"或"教师留任"等的相关文献太多，表中无法全部穷尽，笔者选取这些文献仅为代表不同国家的教师劳动力市场情况以及不同作者根据数据结构与质量的特点做出的界定方式。

1. 隐性流动和实际流动

如图 2-3 所示，广义上的工作流动包括隐性流动和实际流动，前者是一种流动意向，没有付诸行为。一部分教师可能不满意当前的工作，主观上有离开当前学校的想法，但受各方面条件的制约而尚未采取行动，这就属于有流动意向的隐性流动。以主动流动意向为主要表现形式的隐性流动与已付出行动的实际流动存在差异，这类隐性流动通常伴随着较消极的心理状态，对劳动生产率、组织氛围或士气等方面均产生明显的不利影响（Lazear，Gibbs，2014）。虽然隐性流动没有从表象上造成教师流失，但对教师工作心态、学校士气①等方面产生消极影响。笔者于 2022 年 7 月在鄂西北某县偏远村小的调研感受到这个问题的严重性，在该村小工作 40 余年、已近退休的资深校长描述过一个现象——那些住在县城但没有打算在村小长久工作的教师每到周五下午就早早地收拾好行李准备回县城的家、无心工作；周末假期结束后等到周一早上踩着点返校上班；工作日期间放学后不会主动加班。正因为如此，"合宜教师"在这些偏远艰苦的农村地区就显得特别重要，之所以强调"合宜教师"，主要原因在于如果农村只是在某一个时点上解决某一区域的教师数量短缺问题，但是招募的教师存在潜在的"流动"倾向，依旧会造成农村师资队伍的不稳定。事实上，在美国因社区康乐设施的缺乏、地理和专业上的隔离、低工资、高贫困率等原因，导致农村学校一直以来面临的挑战是难以招募、保留高质量的教师。中国同样如此（沈伟，2020）。

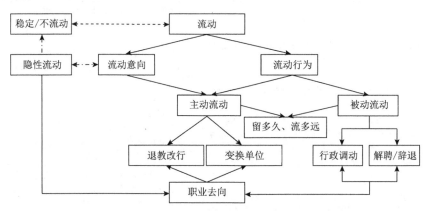

图 2-3　教师入职后的职业生涯选择

注：图中的虚线表示等价关系。

隐性流动仅表现为有流动意向而未付诸行动，基于政务数据的研究无法揭示教师主观流动意向，因为所有没有变更任教学校记录的教师均被视为具有工作稳定性的个体。但利用问卷调查可识别出这部分具有流动意向的隐性流动群体。具有主观流动意向的教师又有两种意向性的去向：①同

---

① "士气有三个组成组分。一是公司认同和公司目标内部化。二是雇员相信其与公司以及其他雇员之间有一种不言自明的相互回报关系；雇员知道自己对公司和同事的帮助最终将得到回报，尽管这是以一种潜移默化的方式进行的。三是有利于完成好工作的氛围……好的士气与一种甘心情愿为企业和同事做出牺牲的心态相关……经理们关心士气，是因为它会影响到劳动力流动、新员工招募和生产率。不满的员工一旦拥有其他就职机会可能就会辞职。公司的员工是最好的招募员，因此重要的是不要让他们到处抱怨他们的公司。"（彼得·戴蒙德，汉努·瓦蒂艾宁，2012）

一地区的其他学校或跨区域的学校，部分教师只想调动到本区县内的其他学校，而另一部分教师则想调动到其他省（市）的学校；②退出教师劳动力市场、从事其他行业的工作，即退教转行。

2. 被动流动和主动流动

实际流动行为又可分为被动流动和主动流动两类（Mont，Rees，1996；柳延恒，2014；马红梅等，2020）。研究者可根据教师入职以来是否变更过任教学校的客观事实来判断他是否有过流动行为，一直在同一所学校工作、从未变动过任教学校的教师具有职业稳定性，而至少在两所学校有执教经历的教师就可被认为发生过工作流动。仅仅根据教师曾有在其他学校任教经历的信息并不能准确描述他们的职业生活和工作状态，研究者需要结合教师变更工作单位的原因才能判断他们是主动流动还是被动流动，因为"选择的理由确实关系重大，而不仅仅是选择的事实"（阿马蒂亚·森，2012a），例如，教师任教学校变更的工作流动记录很可能是当地教育行政管理部门主导的人事调动或优质资源短期外援留下的，也可能是学校辞退或解聘教师后留下的，这两种情形造成的教师流动性质不同、归因有别。

不是由教师主动申请工作单位变更的情形均属于被动流动，包括被教育行政管理部门调动到其他学校或岗位或被学校辞退等情况。被解聘或辞退的教师可能流转到其他学校继续任教或转行从事其他类型的工作。教师劳动力市场化程度高的国家有相对成熟的教师退出标准和程序，美国等国家的教师解聘甚至跟经济周期有关，在经济不景气的时期，政府削减公共支出，教师需求因而受到公共财政缩减的影响。我国的教师劳动力市场需求与经济发展周期之间尚未形成这样的联动机制，未出现因财政负担能力较差而出现教师大规模下岗的问题。这与我国教师需求量整体较大而师资供给相对不足、教师劳动力市场尚未饱和有关，辞退不合格的教师后找不到更好的教师来替代他们，保留次优甚至不合格的教师至少能保证日常教育教学工作的正常运转。因此，在教师队伍清退机制尚未真正建立且总体上存在教师短缺的情况下，我国由学校辞退引起的教师被动流动较少见，只有在教师违法或严重违背职业伦理道德的情况下才会被解聘或辞退。

由行政调动诱发的教师被动流动现象在我国也比较普遍，这种形式的教师被动流动主要包括两种形式：①向上被动流动，即教师人事管理部门将一部分工作表现出色的教师抽调到更好的学校或教育局或教研室等非教学类其他单位工作，这种情况对教师个人而言实际上意味着晋升（沈伟，汪明帅，2021）。例如，中国教育科学研究院（2018）在湖南、云南、甘肃、内蒙古、新疆等中西部五省（区）的调查结果显示，"镇行政机构缺人直接调动县镇教师，县镇学校缺人直接向乡村学校要人"。这是因为地方教育主管部门为在县城打造特色学校，将农村和乡镇学校的优秀教师集中到县城，偏远地区的优秀骨干教师通常面临被动流动，并在这种被动流动中获得更好的发展。②向下被动流动，主要是"县管校聘"背景下对部分教师的跨校安置，这种情况在近十年的教师劳动力市场改革中较为常见，是新时期教育治理工作需要面临的新挑战。第五章将详细描述 G 市执行"县管校聘"政策过程中产生的大量教师被动流动现象。

出于个人意愿而主动申请工作单位变动的情形属于主动流动。主动流动通常由家庭原因①、为追求更高收入和更好的工作环境以及寻求更大的职业发展平台等因素所驱动。部分学者研究发现，适应能力较差或教学绩效末位的部分教师会主动自我淘汰。例如，Dee 等（2021）基于美国哥伦比亚地区"影响力"（IMPACT）项目约 3500 名教师在 2010—2014 年的追踪数据发现，"影响力"项目能够持续地评估教师的教学质量，能促进教师自我优胜劣汰，使得绩效较低的教师迫于工作压力而主动离职。再如，Wei 和 Zhou（2019）基于"甘肃基础教育调查"数据发现，年度考核不合格的农村教师离职的概率更高。这部分教师的主动流动甚至退出教育系统有利于优化师资队伍。因此，研究教师主动流动的影响因素及其作用机制对了解教师职业选择行为、促进师资均衡和教师劳动力市场建设的现实意义较大，这是国内学者重点关注的话题，教师流动被默认为主动流动。

主动流动与被动流动的区别在于，教师任教学校变动背后的原因，这个细致的区分过程建立在信息充分的基础上，即只有在知晓教师工作流动原因的情况下，研究者才能精确地界定是主动流动还是被动流动。例如，部分国家的教师人事档案会记录教师离职原因和离职后的新工作单位等信息，这样就可便捷地识别出教师是主动流动还是被动流动；另有部分调查项目要求教师填写每份工作的离职原因等具体信息，根据这样的细节就可判断教师流动的性质。

---

① 教师职业选择过程中的家庭顾虑主要包括婴幼儿看护、子女教育、夫妻团聚、赡养老人等。笔者基于 G 市的实地调研资料发现，城区学校教师不愿意到乡镇学校或农村学校任教多是因为需在家照顾未成年的子女和上了年纪的老人，乡镇学校和农村学校部分教师主动到城区学校跟岗学习多是为夫妻团聚或孩子的教育等。在暂时不考虑到偏远山区和农村学校任教的教师中，41.6%的教师给出的理由是家人（老人和孩子）需要照顾等，有和没有生活补助以及生活补助有多少没有关系。另有部分教师表示，如果"离家近""离县城近点"，就可去山区或偏远农村任教。

二、教师流动的操作化策略

主动流动与被动流动、隐性流动与实际流动之间存在交叉与重合。我国很多文献中的"教师流动"的操作概念实为教师具有主动流动的意向（周钧，2015），部分学者在研究教师被动流动时同样会采取主观意愿分析法（黄斌等，2019）。"教师流动"概念的界定有以下几种策略。

第一，在教师问卷中设置主观题探寻教师是否有打算离开当前学校的意向，所有勾选"是"的情形被视为具有流动性的群体，而回答"否"的教师具有稳定性倾向。教师的主动流动意向还可被细分为换学校和转行业两种类型，前者即换校意愿，后者即退教意愿（黄斌等，2021）。换校意愿被细分为县内换校意愿和县外换校意愿，退教意愿被细分为想改行从事收入更高的职业或想更换工作环境更好的职业等亚类（杜屏，谢瑶，2019）。

"观念不足以使行为得以实现……观念体现在结果当中。在使得事情得以实现的过程中，观念需要和与观念打交道的经验相伴随"（艾森特·奥斯特罗姆，2011）。由于从意向性的态度到实际的行为还受个人可行能力、教师人事管理政策等诸多客观条件的限制，这种将教师流动意向等同于流动行为的做法可能会高估教师的流动性。

第二，通过问卷收集教师是否曾经在其他学校工作过的信息，将所有做出肯定回答的情形界定为教师流动，而否定这个选项的个体被视为稳定的教师。与此类似的设问方式还有，"您在这所学校任职之前还在____所其他学校教过书"，凡是被访教师填写的数字大于等于1的均被视为有过流动经历。另有学者根据教师总工作年限（教龄）和在当前学校的工作年限信息判断教师是否发生过工作流动，若两者一致则教师没有经历流动，而教龄大于在当前学校工作的时间，教师则有流动经历。比如，TALIS2018的255 464个有效样本中，教龄大于在当前学校工作年限的占74.13%。通过比较教师总教龄和他们在当前学校工作年限的方法来判断教师是否有流动经历时，需要剔除答题有逻辑错误的无效样本，如总教龄小于在当前学校的工作年限则明显不合实际。TALIS2018有效样本中，有5962名教师报告的总教龄少于在当前学校的工作年限，这些样本的答题信息存在自相矛盾之处，不应纳入分析范围。

上述信息获取方式的优势是研究者可从实际行为的角度界定教师流动，但仍无法据此判断教师何以不稳定，即教师流动的性质不清晰。这是因为，在部分国家和地区，优秀教师在行政部门的推动下短期外援薄弱学校或被抽调到其他学校的现象较常见。例如，Prost（2013）利用法国教育政务数据研究偏远艰苦地区的教师稳定性问题时，将所有前后两年度的教师任教学校的组织代码不同的情形记为教师流动，在无法判断教师任教学校的组织代码变动原因的情况下，不能排除教师工作单位的变更是由行政调动引起的可能性。这个问题在法国这样的集权程度较高的国家所引起的概念测量误差较大。Falch 和 Strøm（2005）、Vandenberghe（2000）、Wu（2012）等采用同样的方法识别教师流动行为，因此也存在这类测量误差，但这些基于教师劳动力市场化程度较高的国家数据的分析受测量误差的影响相对较小。

我国中小学教师流动行为的众多文献忽略教师任教学校变动背后的原因，将所有工作单位发生变化的情形均默认为主动流动，这样的操作界定过程可能会产生较大的度量误差。如"甘肃基础教育调查"（2007）数据显示，在全部变更过任教学校的教师中，有一半是由县教育局分配和乡教育办公室分配导致的，这些原因造成的被动流动与那些因追求更好的工作条件和生活环境等引起的主动流动在性质上完全不同，解释这两类流动行为的变量也不同。因此，有必要区分不同类型的教师流动，更精准地研判教师稳定性（流动性）状况。

第三，对有流动行为史的教师而言，无论他们是主动申请调动还是被动服从行政管理部门的人事安排，他们在每一份教职上的停留时间以及两份教职之间的空间距离或方位变化都可提供重要信息。根据教师在一份教职上的起止时间点，研究者可计算教师每份工作的持续时间，进而利用生存分析技术探究哪些因素影响教师在每份教职上"留多久"等问题（Dolton，van der Klaauw，1995）。"留多久"涉及流动的速度或强度，具体包括以下几个方面：①劳动者在单位时间内流动的频次。②劳动者在同一个单位连续工作的时间长度。利用生存分析技术得到的研究结果，一方面可解释教师在一份教职上停留多长时间；另一方面"留多久"的问题可被转化为教师在特定的时间窗口内仍未发生流动的可能性，即在各时间点教师稳定性程度。教师首份工作的持续时间总体上受到的关注度更高，因为职初阶段教师的稳定性较差且较少受个人工作经验、晋升等要素影响，模型设定过程中需要考虑的混淆因素较少（Boyd et al.，2002）。

研究者还可利用两份教职间的距离来刻画教师"流多远"。研究者通常利用教师人事管理方面的政务数据获取教师每份教职工作的具体地点等信息，然后基于地理信息技术等求得教师流动的距离有多远。这类研究大多由数据建设和共享体系更成熟的欧美国家的学者完成，这些文献通常将教师主动流动行为区分为同一学区或同一州内的流动、跨学区或跨州流动等，类似于我国学者区分县域内流动和区域间流动的做法。我国县域内的教师主动流动方向主要是从农村到乡镇、从乡镇到县城；而区域间的师资流动多为小城市往省会等大城市集中、中西部地区向东部沿海地区集聚。教师主动流动的方向与师资资源稀缺方向之间存在空间错位，因此会加剧吸引力较小的地区和学校的师资稀缺问题，部分学者称之为"不合理流动"[①]、"无序流动"或"非正常流动"。

"留多久"和"流多远"是理解教师职业生涯选择的重要指标，但这两个指标对数据质量的要求较高，多数实地调查都没有收集这些信息。因此，国内现有研究较少涉及教师"留多久"和"流多远"的问题。截止到本书截稿之日，教师在单位时间内流动频率多大、在每一份教职上留任多久等问题均尚待继续探索。这种研究现状与我国教师专项数据严重缺乏的事实有关：一方面，我国尚未启动以教师为主体对象的专题劳动力市场调查，大多数关于我国教师流动的研究都由学者分头、小范围收集调研数据，而这些数据因各种原因没有收集教师职业经历的详细信息[②]；另一方面，教师人事管理相关的政务数据没有向学术界开放。因此，当前的教师数据库建设无法支撑更精细的分析。更精细地度量教师流动是本书的边际贡献之一，书中初步涉及教师留多久等问题，但受数据本身限制，笔者关于这些问题的探索只是初步尝试，更深入的研究还有待学术界的共同努力。

三、教师流动的影响

人力资源经济学领域的研究表明，适当的员工流动性可增加人员构成的多样性，为组织发展注入活力，但过于频繁的人员流动会增加企事业单位的人事管理成本，可能扰乱日常工作秩序。教师流动对学校的影响同样具有两面性：一方面，学校需要保持适当的教师流动性以增强师资队伍的鲜活力；另一方面，过高的教师流动率会对学校正常的教育教学秩序造成不良影响，频繁更换任课教师会延长学生适应不同教师的心理调试期，不

---

① 从管理者的角度看，教师从环境更差、待遇更低的学校或地区流向环境更好、待遇更高的学校或地区，是一种增加教育治理成本的不合理的、无序的流动；但从教师个体的角度看，这是一种符合经济理性的合理流动。

② 我国教育专项调查中，含有教师职业经历信息的部分大型调查将教师作为了解学生发展情况的附属样本，抽样过程不能保证教师样本的代表性；另有部分以教师为主要对象的大型调查又缺少职业经历信息，这样的数据无助于学者了解教师流动等职业选择行为与心理。

利于与学生间的情感联结的形成，进而可能对学生的发展造成不利影响（Ronfeldt et al.，2013；常芳等，2021）。而且，一部分教师离职后，学校需要重新招聘新教师来填补这部分师资缺口，增加人事管理工作的成本（Feng，2006）。美国得克萨斯州教育研究中心测算的结果是，学校每招聘一名教师来顶替流出的教师所花的成本相当于一名在职教师工资和福利等总成本的 25%（Ondrich et al.，2008），而美国劳动部、"优质教育联盟"（The Alliance for Excellent Education）也得到基本相同的结论，1999—2000年每名教师的流失意味着学校损失 12 546 美元，相当于当年教师平均工资（41 820 美元）的 30%。因此，优秀教师"下得去"问题基本得到解决后，教师是否留得住、留得久等师资队伍稳定性问题接踵而至，减少相对贫困地区的学校优秀教师主动流动、促进优秀教师留任是师资配置与教育管理工作的重点。

讨论教师流动的潜在影响时，我们需要注意不同质量的教师流动对学校的异质性影响，优秀教师的流失是学校的损失，但低质量教师的流失可以使学校人力资源得到优化（Dee，Wyckoff，2015；Ondrich et al.，2008）。例如，Chetty 等（2014a）分析 760 多万条师生匹配记录发现，当学校损失一名高增值水平的"好教师"后，优质师资流失的不良后果会立刻显现，学生在接下来的考试中的平均成绩会急剧下降。而低增值水平的教师离职后，他曾任教的班级若由更优秀的教师接管，则班级平均成绩后续几年会逐步提高。如美国哥伦比亚地区公立学校在 2009—2010 学年度开始实施"影响力"项目，其具体措施就包括重奖绩优教师和解聘低效教师[①]。"影响力"项目的教学质量压力加速低效教师的主动离职，项目实施后低效教师流动率提高 11 个百分点（Dee，Wyckoff，2015；Dee et al.，2021），伴随着低效教师的离职，学生的阅读成绩和数学成绩分别提高 0.14 个标准差和 0.21 个标准差（Adnot et al.，2017）。由此可见，低质量教师的流失对学生和学校发展均有益，这是教师劳动力市场化程度高的国家和地区引入末位淘汰制的原因之一。

关于教师主动流动的多数研究是基于以下假设，即教师个人的流动行为和意愿对师资输出学校的教学质量和学校发展产生负面影响，不利于教育均衡发展（常亚慧，2021）。这在区位环境不利的学校表现得更加突出，

---

① "影响力"项目的考核指标体系的总分为 400 分，174 分及以下的教师将被解聘。"影响力"项目中对优秀教师的激励包括一次性奖励 25 000 美元和每年在基础工资基础上加薪 27 000 美元，其现值约 185 259 美元，详见 District of Columbia Public Schools. Current IMPACT Guidebooks. https://dcps.dc.gov/node/1555766，2023-08-30.

因为偏远艰苦地区流出去的通常是优秀教师，而留下来的多为流不动的教师（Miller，2012）。由于学校和地区的教育系统是由无数个教师个体组成的，足够多的教师频繁主动流动或表现出较强的流动意向，就势必影响学校和地区的教师人才储备水平。因此，教师个人职业生活中的去留选择最终通过改变学校的师资构成而影响其组织效能和学生发展（Hanushek，2011a；Hanushek，Rivkin，2007）。

综上，教师个人的职业生涯中的"留"与"流"问题之所以引起全球各国和社会各界的关注，是因为相对贫困地区或薄弱学校优秀教师是否留得住以及留多久是影响师资分布均衡性的重要因素，关系到那些吸引力小的学校师资供给数量与整体质量，而师资质量又是影响学生成长和学校发展的关键要素，事关教育公平和社会公正。这从当前与教师流动（或留任）有关的文献的高频词汇可窥见一斑。在劳动力市场动态均衡的背景下，理解教师"留"与"流"对师资质量的影响彰显出教师个人职业决策如何影响宏观层面教育均衡发展。保障学校层面充足的优质师资供给的主要策略有两种：一是从源头上吸引优秀新教师，从应届毕业生劳动力市场聘用有发展潜力的新教师和从其他学校或地区引进有一定资质和经验的优秀教师；二是在防止本校优秀教师流失到其他学校或地区的同时，促使德能勤绩等方面表现均较差的教师向外流动（Borman，Dowling，2008）。这样就可保障学校教师质量和师资队伍活力。

第三节　职业选择的理论分析框架

职业选择贯穿于个人的整个职业生涯的始终。首次进入劳动力市场时需要做出首份职业的选择，其后可能会变动工作单位甚至改变工种，即职业再选择（Feng，2014），笔者为表述方便将其简称为"职业选择"。职业再选择与本书中的"工作流动"的内涵一致。"工作流动"的本质仍是职业选择，即使从不变动工作单位、工作稳定性极强的人也在不断做职业再选择，只不过最终表现为未改变现状的选择结果。因此，理解工作流动（稳定）问题需先回到一般意义上的职业选择情形中。本节先论述职业选择所涉的分析框架，再介绍具体的职业选择理论与模型。需要注意的是，本节中讨论的分析框架和理论模型并不适用于被动流动。

一、个人职业选择的一般分析框架

理论是现象背后体现出来的系统性规律，它对我们认识事物的本质至关重要。正如克利福德·格尔茨（2014a）所言，"一个人若纯粹只是知道一些特殊的事情，他终将只知道一些无关紧要的事情"。解释个人工作稳定性（流动性）的理论很多。例如，推拉理论、人职匹配理论等各自强调的重点不同，但这些理论都旨在说明劳动者为何选择从事某工作或选择离开这份工作。例如，人职匹配理论认为，劳动者和用人单位之间因当初的信息不对称等原因而造成错配，双方在合作过程中逐渐掌握对方更多的信息；或者是劳动者和用人单位之间最初是完美匹配的，但随着时间的推移可能会因为至少一方发生变化而逐渐变得不匹配（Lazear，Gibbs，2014）。如果劳动者感到不满意，主动流动就有可能发生，而变动工作单位至少在短期内可提高个人的工作满意度（Akerlof et al.，1988）；如果雇主不满意，被动流动就有可能发生[①]。推拉理论就可被视为人职匹配理论的组成部分，即个人对曾经的工作单位为什么不满意、哪些方面不匹配个人需求以及对后来的用人单位为什么满意、哪些方面能更好地与自己的喜好相匹配。换言之，各种理论有着内在联系，"面对各种理论，我们需要有一个总体的框架来对它们进行思考、开发和评估"（埃莉诺·奥斯特罗姆等，2010）。下文先确立笔者解释个人职业选择的一般分析框架。

"一个人在任何特定情形中的行为选择取决于他如何了解、看待和评价行为的收益和成本及其与结果的联系，而这些结果也同样有着复杂的收益与成本的关系"（埃莉诺·奥斯特罗姆，2000），职业选择也不例外，正如陆铭（2007）所言，"劳动力流动和人力资本投资都是成本收益相权衡的结果，也正是从这一意义上来说，有经济学家将劳动力流动也作为一种人力资本投资"。劳动者从工作中获得的收益不仅包含经济层面的物质收益（W），还包括由工作环境等带来的心理收益（N），即效用。每种收益在每个劳动者心中的重要性不同，被赋予的权重有差异，个体根据自己的效用偏好来实现职业效用的最大化，如看重工作环境的人宁可牺牲部分经济收入而选择更舒适的岗位，他们在更大力度的经济补偿的情况下才会接受环境较差的工作。这是收入与工作环境交互作用的体现。

物质收益的主要来源是工资、津贴、奖金等货币化收入和可折价的非货币化实物补贴等；心理收益通常源于工作环境特征和工作岗位特性本身。

---

① 个人与岗位间的匹配包括横向匹配和纵向匹配。横向匹配侧重技能方面的一致性，学非所用或用非所学是横向不匹配的典型特征；纵向匹配侧重个人技能水平与胜任工作所需技能水平之间的一致程度，过度教育等问题是纵向不匹配的表现形式之一。无论是哪种不匹配的情况，都会影响个人在工作场所的行为与心理，进而影响其生产率和收入。

例如，作业安全性、时间灵活性以及上下班通勤距离、社区环境[1]、福利（带薪休假等）、成就事业的概率或加薪晋级的速度都属于心理收益。工作场所设施与布置、同事间关系、领导风格等微观环境等也非常重要（Lazear，Gibbs，2014）。"钱多、事少、离家近"的工作备受青睐，就是因为"离家近"是工作环境特征的一个表现性指标，"离家近"表现为上下班路途上非生产性消耗小或者可从容地兼顾家庭和工作[2]。工作环境作为非物质收益的重要组成部分，是学术界讨论最多的内容，本书在"消费型补偿"理论的指导下分析工作环境对教师稳定性（流动性）的影响，以及工资、生活补助等货币化收入对工作环境与教师稳定性关系的调节作用。

"消费型补偿"是相对"投资型补偿"而言的，前者将个人的职业选择视为消费行为，个人在择业过程中看重的若干要素均具有消费价值，降低消费价值的岗位特征造成个人职业效用损失，在这种环境下工作的个人需要得到相应的补偿；而后者将在劳动力市场上产生生产性回报的要素均视为投资，受教育水平高、技能水平过硬、工作经验丰富等优质人力资本特征等均能提升劳动生产率，但这些资质均是个人通过前期投资形成的职业技能，需要得到补偿。"消费型补偿"理论认为，收入和工作环境在一定程度上具有互替性，彼得·戴蒙德和汉努·瓦蒂艾宁（2013）指出，"60%的减薪可以归因于工作环境的改善，例如晚上工作转向白天工作、职业变化，以及年终奖金变化"。因此，在较好地把握劳动者个人特征和劳动力市场饱和程度等方面的因素后，劳动者愿意以较低的收入水平换取良好工作环境；相反，良好的工作环境缺失或艰苦的工作环境不可避免将引起劳动者职业效用损失，这样的情况下若没有等价补偿则无法吸引和留住人才。

教师劳动力市场上的补偿形式多样，包括货币化补偿、职业发展机会补偿和荣誉认可等精神性的非货币化补偿，但货币化补偿是全球各国和地区常用的便捷方式（McEwan，1999；任琳琳，邬志辉，2013）。然而，如何补偿、补偿多少等问题在现实中具有技术难度，且补偿不足的情况较为普遍。在这种情况下，工作流动就成为个人优化职业收益组合的常见方式。

---

[1]　岗位所在地的生活成本、气候、治安秩序、污染物排放和拥挤程度、经济地理特征等都影响生活质量，是个人职业选择过程中看重的要素。例如，教师成本补偿领域的专家 Jay G. Chambers 教授曾告知笔者，他毕业后最初在芝加哥大学工作，但他因不习惯芝加哥严寒的冬季与潮湿的夏季，就回到气候环境更好的家乡——加利福尼亚，在美国研究院加利福尼亚州分院工作。

[2]　家校距离是影响教师学校选择的重要因素（Boyd et al.，2005a；Reininger，2012）。文献中所谓的"家"通常指教师的出生地，教师自己组建的家和学校的距离属于职住分离程度话题讨论的范畴。

"做出选择隐含着评估与挑选（evaluation and selection）"（艾森特·奥斯特罗姆，2011）。如公式 2-1 所示，在个人生产率和劳动力市场供需状况既定的情况下，劳动者将根据自身效用偏好去最大化物质收益（W）和非物质收益（N）组合效用（U）的总收益现值（Chambers，1981，2010；Lucas，1977）。

$$v_{iht} = E_t \int_t^T r_i U_{iht}(W,N,t)dt \approx f(W_{iht},N_{iht}) = v_{iht}(W,C) = \gamma W_{iht} + \rho_k C_{ihtk} \quad （2-1）$$

式中，E 表示期望算子；r 表示在 t 时点上因个人（i）而异的折现率；t 表示退休时间；h 表示是否选择从事某工作及是否继续从事该工作。

工作环境是非物质收益（N）的重要组成部分，它是个人职业效用函数中的重要维度（马红梅等，2018）。Khan 等（2019）基于巴基斯坦旁遮普省 525 名房产税稽查员的实验研究结果表明，改善工作环境本身就是一种有效的激励，将调往环境更好的地区作为一种奖励手段能有效激励税务稽查员更努力地工作。再如，Horng（2009）分析加利福尼亚州一个学区 531 名教师的网络调查数据发现，当教师考虑是否到某学校任教时，校内设施、行政支持、班级规模和工资等被列为最重要的要素，而前三个要素均与工作环境相关。Pope 和 Zuo（2023）基于洛杉矶地区中学进行研究，结果发现，学校放松学生纪律管理后，教师流失率随着工作环境的恶化而大幅增加。笔者先将 N 简化为由 k 个工作环境指标构成的向量（C_k）。为方便论述，笔者假设 C_k 中的变量之一是该岗位是否位于偏远地区，且 $C=1$ 表示位于偏远地区，而 $C=0$ 表示位于非偏远地区。具体研究中的 C 可为 k 个操作指标，既可为像工作地点是否位于偏远地区这样的虚拟变量，也可为连续变量，如工作地点到中心城区或重要城市的距离等。

由于多数人不愿意在条件比较艰苦的偏远地区工作，这种情况下的 C 是会给劳动者造成效用损失的负向指标，即公式 2-1 中的 N 有所损失。为维持总职业效用的平衡，偏远地区的岗位需以更高的工资或提供生活补助等形式来补偿不受欢迎的环境引起的效用损失。因此，只要劳动者同时要求追求高薪和舒适，且用人单位有择优录用的可能，在能够较好地把握劳动者素质和劳动力市场供求状况前提下，收入与工作环境舒适度之间的负相关关系就能够成立（Brown，1980）。换言之，若 C 是不受欢迎的环境，则它与 W 之间正相关；相反，若 C 是更舒适的环境，则它与 W 之间负相关。

W 与 C 之间的关系强度体现的是收入和工作环境的替代率，且收入和工作环境在多大程度上可相互替代，能体现教师在物质收益和非物质收益之间的效用偏好结构，这个偏好结构正是研究者理解教师职业选择微观心理机制的基础，是偏远艰苦地区或相对贫困地区学校的教师成本补偿政策制定的依据。

多少经济补偿才能抵消偏远山区不利环境的负效用需要通过数据检验才能获得。因为补偿的最低额度因个人的资历特征、人生经历、对不良环境的耐受程度等方面的差异而不同。换言之，每个人对各种工作环境的心理保留价格（z）有所不同（马红梅，2021c）。将每个人对"偏远地区"这种工作环境特征的心理保留价格从小到大排列并投射到概率分布图上，每个人都在概率分布图上对应一个点，可得到保留价格（z）的分布曲线及其对应的统计属性，如均值、标准差等（下文将详细论述）。若偏远地区不利环境的负面影响得不到有效补偿，即实际补助 D 低于个人对偏远地区这种环境的心理保留价格（z），那么会出现三种情况：第一，教师不愿意接受这份工作，"下不去"；第二，若他已在这个岗位上工作，当能带来更多效用的新工作机会出现时，则有可能主动离职，"留不住"；第三，教师继续在这个补偿不足的岗位上任教，但他们的工作积极性不高，"发展不好"。主动流动是"人往高处走"的重要途径之一，因为"高处"的岗位通常代表着更好的工作环境或更高的收入，这些都能给教师带来更大的心理满足，使他们的职业效用函数元素得以重组和优化。在多数情况下，主动流动是劳动者在工作场所中学习后重新配置自身人力资源、实现人职匹配的过程（Jovanovic，1979；Rosen，1972；Sicherman，Galor，1990），是个人提高职业效用的机会。Schultz（1961）将"为了获取更好的工作机会而进行的迁徙和流动"视为人力投资的重要方式之一，因此，个人的主动流动是一种人力资本投资行为。

对整个地区而言，偏远地区的津贴应设定在何种水平上，这个问题需要结合本地区劳动力市场供需情况综合考察。若当地劳动力市场未达到饱和状态，合格人才缺口为 10%，则 D 至少应高于 z 的 10 分位。若 D 恰好位于 z 的 10 分位处，则对偏远地区保留价格（z）最低的 10% 的人愿意在这种补偿水平上从事这份工作，而对偏远地区心理保留价格高于 D 的 90% 教师即使不接受这份工作也不会造成师资短缺。换言之，若当地仅想补齐师资缺口而无意于对人才队伍做结构性升级，在不受欢迎环境方面的心理要价更高的那部分人对激励政策无响应的事实不影响这个局部劳动力市场的均衡状态；但若该地区想继续提高师资质量，则需要先根据现有的人才队伍情况确定新的质量标准下的优质劳动力缺口，然后再按照上述思路确定 D 的应然值。

如果 Y_{it} 是第 i 个个体在时点 t 上离职与否的状态，那么 1 表示离职，而 0 表示继续留任。Y_{it}^* 是以概率的形式刻画 Y_{it} 的潜变量（Brewer，1996；Goldhaber et al.，2011；Sicherman，Galor，1990）。个体的职业选择行为可被简化为如公式 2-2 所示的条件函数：如果离职后在新岗位上获得的效用 v_{i1t} 比留任获得的效用 v_{i0t} 更大，他就会选择离职，$Y_{it}=1$，即主动流动会有较大概率发生；反之，若继续在这个岗位上任教，那么得到的效用 v_{i0t} 比新工作得到的效用 v_{i1t} 更大，则工作流动是一项净收益为负的活动，发生的概率较小。这个思路可用于分析一名教师最初是否接受这份教职，即首次职业选择。

$$Y_{it} = \begin{cases} 1, & \text{如果} Y_{it}^* = (v_{i1t} - v_{i0t}) \geqslant 0 \\ 0, & \text{如果} Y_{it}^* = (v_{i1t} - v_{i0t}) < 0 \end{cases} \tag{2-2}$$

需要说明的是，"行为与在行为中表现出来的观念可能存在错位"（艾森特·奥斯特罗姆，2011）。一方面，在 $v_{i1t} - v_{i0t} < 0$ 情况下，主动流动也可能发生，这类净收益为负的、看似非理性的主动流动多因家庭等原因所致；另一方面，由于实际流动行为受制于诸多客观因素，部分人在 $v_{i1t} - v_{i0t} > 0$ 的情况下没有付诸主动流动行动，但他们已在主观上产生离职的想法，即具有离职意向或流向意向。因此，以上思路同样适用于分析主观流动意向。

理解职业生涯选择背后的经济理性后，解释工作流动的若干理论就可统合到这个分析框架中来。例如，推拉理论认为，流动是人才输出单位不利因素的推力和流入单位有利因素的拉力共同作用的结果，它的本质是"推""拉"两方面的合力导致净收益为正，即 $v_{i1t} - v_{i0t} > 0$，个体在这种条件下采取实际的工作流动行为，而不具备客观条件的个体至少已产生主观的流动意向。再如，人职匹配理论认为，工作流动是个人不断地了解自身技能优势和劣势、优化自身人力资源配置的过程，因为"人不仅是能够享受其消费、体验并预期其福利、拥有目标的实体，而且也是一个能够省察其价值和目标，并根据这些价值和目标进行选择的实体"（阿马蒂亚·森，2012a）。劳动者不断优化职业效用的过程也体现在人职磨合与匹配的过程中，因为个人最终接受的那份工作如果与自身技能或性情匹配程度较高或在工作中更得心应手，那么就会带来更大的职业效用。

综上，"消费型补偿"理论可恰当地解释书中的论点，它认为个人收入差异中的一部分是对工作环境等方面非物质收益的平衡，在其他条件相同的情况下，只有更多的收入才能抵消不利工作环境引起的职业效用损失。教育行业遵循同样的逻辑，教师收入差异中的一部分来自教师工作环境的差异，如在学校区位环境劣势不可避免的情况下，同等质量的教师在享受相应的经济补偿的情况下才会前来任教；相反，区位环境优越的学校可在较低的工资水平的条件下实现教师"收入-学校区位环境"效用组合的均衡。因此，教师收入中的一部分发挥着给工作环境定价的功能，在收入方程中体现为不利的工作环境对应着显著为正的估计系数。

"消费型补偿"理论可被稍加改造后用于揭示教师职业选择的规律，体现为教师职业选择方程式右边的收入与工作环境的交互项系数显著，其符号因变量的具体测量方式而有所差异，如果工作环境变量是反向编码的不利情形，被解释变量是教师流动，则交互项系数为负。此外，"消费型补偿"理论还可被反向应用，在"县管校聘"政策执行过程中，地方政府通过改变教师需求的空间格局，降低部分绩效水平较低的城区学校教师对"偏远""远离县城中心"等学校区位环境劣势的心理保留价格，在不增加工资且增加工作量的情况下，让城区超编学校中竞争力位于末端水平的教师接受收入低于他们心理保留价格的偏远农村或乡镇学校的教职。探讨这些问题可为偏远地区或农村等欠发达地区的教师劳动力市场建设提供参考。

二、教师职业选择的微观心理过程

"行动总是与努力获得某种未来的具体利益相联系"（艾森特·奥斯特罗姆，2011）。作为一个提供公共服务的群体，教师的职业选择行为逻辑与普通劳动力市场上具有经济理性的个体相同，他们寻求约束条件下的效用最大化，在权衡成本与收益后做出"流"或"留"的决定（Murnane，Steele，2007；Strøm，Falch，2020）。正如诺贝尔经济学奖获得者贝克尔在《人类行为的经济分析》一书中论述的那样，"如果人们从事学术的、知识的或艺术的工作的货币或心理的收益超过从事其他职业的收益，那么，他们便会选择前者；这里的选择标准同大众化的职业选择标准是一样的，没有显而易见的原因认为，知识分子比其他人较少地关心个人报酬而较多地考虑社会福利或更加诚实"（加里·S. 贝克尔，2015b）。

在多数情况下，当教师在一所学校任教获得的效用大于其他备选学校的效用时，他才会考虑接受这份工作并继续留任。具体到工作流动（或稳定）的情境中，教师根据收入和工作环境等方面的效用满足程度、自身可行能力等方面的综合因素决定其是否变动工作单位，而所有这些因素共同决定教师流动的成本和收益。如果变动任教学校的成本过高而收益较小，或获益时间较短，则主动流动的可能性较小。

　　Hanushek 和 Rivkin（2006）的研究表明，在资历水平、性格气质等教师特征（*TH*）给定的情况下，工资（*W*）、福利（*B*）和工作环境（*C*）共同决定教师职业选择及其效用水平。如公式 2-3 所示，*W*、*B* 和 *C* 共同决定何种素质的教师去哪里从教，以及在那里以何等努力程度从教多长时间等。

$$E（U \mid TH）= f（W, B, C）\qquad (2\text{-}3)$$

　　教师的这一系列个人职业选择行为最终汇聚到宏观层面，影响局部劳动力市场均衡水平，并进而形成师资分布的空间格局。师资质量的空间分布特征与教育服务质量的空间分布特征高度一致。缺乏吸引力的偏远山区或农村学校，以及薄弱学校面临较大的师资配置困难，教师数量不足、质量不高、流动率高等问题突出。而教师所从事行业的公共性和服务的对象的特殊性使得教师职业选择问题不单纯是一个私人去向问题，而是一个事关教育质量与社会公平的公共问题。这是政府通过各种手段引导教师资源流向、积极干预和调节教师劳动力市场的原因所在。

　　福利（*B*）可视其性质和内容被拆并到工资（*W*）或工作环境（*C*）这两个维度中。如交通津贴或住房补贴、带薪休假以及实物补贴、失业保险或退休养老金等形式的福利均能便捷地折算为货币价值（Podgursky，2003）；而学校生源好、离家近、发展平台好或空间大等优越工作环境却较难估价[①]（Eriksson，Kristensen，2014）。经济学家通常将教师职业选择的影响因素简化成经济收入和工作环境两大维度，且认为所有的效用要素都可以以特征工资方程[②]的形式归并到成本函数中进行估价（Goldhaber et al.，2010）。例如，Eberts 和 Stone（1985）利用纽约州教育局提供的 1972 年和

[①]　多数经济学家认为，即使这些难以估计的元素也可被引入特征工资方程，通过检验它们与收入之间的替代关系来进行价值折算。但收入与工作环境对少部分人而言是不能完全互替的要素（Imazeki，2008）。分析 G 市教师劳动力市场调查数据，我们可以发现，31.7%的被访教师明确表示，在任何补助水平的条件下都不愿意去山区或农村学校任教。笔者基于湖北省 2214 个职前教师的调查数据发现，7.2%的被访者在"对前往农村偏远地区学校（教学点）任教的态度"是"无论如何都不愿意"。这意味着，对于一部分人来说，若公式 2-3 中的 *C* 被具体化为"农村"，则千金难买这种不利的工作环境。

[②]　特征工资方程是特征工资理论（hedonic wage theory）的数学表达式。特征工资理论的核心理念是"补偿"，包括对蕴含生产价值的个人资历特征和影响其心理体验的不良工作环境特征的双重补偿。前者与人力资本理论具有内在一致性，即投资型补偿；后者克服传统经济学对决策主体心理活动避而不谈的缺陷，重新审视包括职业选择在内的消费行为心理，强调工作环境对劳动者的消费价值，当舒适的工作环境缺失或不受欢迎的岗位环境不可避免时，更高收入中的一部分实际上用以补偿不良工作环境造成的职业效用损失，即消费型补偿。本书主要通过消费型补偿假说来解释工资或生活补助等货币化收益和学校区位特征是如何相互作用，进而影响教师工作稳定性（流动性）的。

1976 年一直在册的 8000 多名公立学校全职中小学教师数据，基于固定效应模型测算工资、福利、工作环境之间的关系，结果显示，带薪休假天数多、养老金或医疗保险多、班级规模小或工作量小、生源稳定和白人教师比例高等舒适环境都与收入负相关，即更好的工作环境是以更少的工资为代价来换取的。

由于每个人正在从事的工作同时包含经济收入与工作环境等"一揽子"信息，这些信息可被投射到"收入-工作环境"效用曲线的平面内。每个人对应这个平面内的一个坐标点，每个坐标点与原点之间的连线的斜率即为收入与工作环境的相关程度，反映每个个体职业效用函数中工作环境的权重。由于每个人的偏好不同，职业效用函数中各要素权重在个体间有所差异，部分人更关注工作环境的舒适性，工作环境的可被替代性较小；而另一部分人刚好相反，他们或因具有奉献精神或因没有更好的工作机会而对工作环境的要求不高，工作环境的可替代性较大。将这些斜率不同的线段按照从短到长的顺序依次排列而形成的分布，与上文提及的教师对"偏远地区"的心理保留价格（z）的概率分布一致（马红梅等，2018）。实证研究工作的重点是通过数据分析得到 z 的具体统计分布特征，但 z 的均值受到的关注最多，即学校某方面教师工作环境特征的经济（补偿）价值平均有多大。

劳动力市场没有为工作环境明码标价，教师心目中的工作环境的保留价格是一个主观心理价位，无法被直接观测，需要借助偏好探测技术来完成。从技术角度看，"显示性偏好"（revealed preference）和"陈述性偏好"（stated preference）是估算工作环境的经济（补偿）价值的两种常用策略，前者可通过计算教师的实际收入与工作环境间的偏相关关系而间接推断第 k 个工作环境（C_k）所对应的货币化价值；后者通过询问教师到特定环境的学校工作的期望收入来判断。基于"陈述性偏好"的估计法也被称为"条件价值评估法"（contingent valuation method），在环境经济学、健康经济学等领域应用较多（Carson，Hanemann，2005）。教师劳动力市场研究领域的学者常用的方法是"显示性偏好"方法，即通过同时获得实际收入和工作环境的信息来判断两者的替代性，其背后的逻辑是"行为显示偏好"，即从他人的选择中推断其偏好（彼得·戴蒙德，汉努·瓦蒂艾宁，2012），用现成的职业选择结果来推断教师对工作环境的偏好信息。

笔者以"显示性偏好"方法为例加以说明。教师选择在某所学校工作，实际上就意味着附着在这份工作上的环境特征对他的工作甚至生活会产生深远影响。如果将教师职业选择过程中看重的若干要素看做消费品，收入和工作环境则都具有效用权重，且在两者不可兼得的情况下可相互替代，但收入和工作环境各自的权重是多少则是因人而异的。由此观之，工作环境通过与收入的替代作用来间接影响收入水平，工作环境是引起收入差异的重要来源。正如陆铭（2007）所言，"不同的劳动者偏好是不同的，有的人偏好风险，有的人规避风险，有的人喜欢高收入，有的人宁愿收入平平，但比较自由。不同的劳动者偏好和不同的职业特点就造成了人们的收入差距，换句话说，人们的收入差距在一定程度上是人们根据自己的偏好自由选择的结果"。正是在这个意义上，工资等货币化收入兼具为劳动力定价和为工作环境定价的双重功能，从而使得拟合工作环境的经济（补偿）价值的成本函数与明瑟尔收入方程的拓展式没有本质差异，它还被称为"特征工资方程"。

$$\ln W = f(TH; L; R; C_1, C_2, C_3, \cdots, C_k) \qquad (2\text{-}4)$$

笔者遵照学界的研究惯例，将公式 2-4 中的 W 做自然对数处理，方程左边的被解释变量是教师收入的对数 $\ln W$。TH 代表影响教师收入的个人特征向量（包括人口学特征和资历特征等）；L 代表学校基本情况，如学校办学性质、教育质量或声誉、生源水平、师资构成等；R 代表当地教师劳动力市场饱和程度与生活成本信息等。研究者还可通过加入地区固定效应的方式囊括各地区独有的全部变量。

研究者可根据教师收入（W）与第 j 个学校环境变量 C 之间偏相关关系的强度 ρ_k，判断教师对这些环境的心理估价，亦即学校环境特征在教师工资成本函数中对应的"隐形权重"（implicit weight）。学校环境特征 C_k 对应的系数 ρ_k，是研究者重点关注的参数，实证分析的核心工作是求解 ρ_k。根据"消费型补偿"理论的预期，在控制 TH、L、R 等变量后，教师收入与工作环境艰苦程度之间正相关，因此，当 C 为"相对贫困区县"、"农村"或"远离中心城区"等大多数人避而远之的环境特征时，ρ 为正。需要说明的是，C_k 也可被设置为愉悦的工作环境，在这种情况下，ρ_k 为负，即工作环境较好的岗位在较低的工资水平上可聘用同等水平的劳动者，因为这样的岗位吸引力较大，劳动力供给数量更多，但研究者常构造不利环境特征以体现"消费型补偿"的应有之义。

"'环境'一词的所指可能是连续的，也有可能是离散的，而有些活动——比如联合、接触或者居住地——可以是'开/关'式的离散变量，也有可能是在组成、频率和距离上可度量的连续变量"（托马斯·C.谢林，

2012）。ρ_k 的经济含义因教师工作环境变量 C_k 的测量等级不同而略有差异。当 C 为离散变量和连续变量时，ρ_k 效应量的计算方法稍有差别。①若 C 为 0 或 1 取值的虚拟变量时，C 不必先做对数转换，而是直接参与公式 2-4 做半对数回归[①]。为简化论述，笔者先将 C 设定为"偏远山区"这个单一指标，且 $C=1$ 表示位于偏远山区学校，$C=0$ 是位于非偏远山区的学校[②]，在这种情况下，$（e^\rho-1）\times 100\%$，即偏远山区学校较艰苦的环境给教师职业效用造成的心理收益损失，折合成货币价值则相当于平均工资的比例；$（e^\rho-1）\times 100\%$ 对应的效应量被解释为相对于非偏远山区的学校，偏远山区学校聘用一名同等水平近似偏好教师所需付出的额外成本与样本的工资均值的比率。②若 C 为连续变量时，将 C 取对数后加入公式 2-4 进行双对数回归[③]，ρ 即"弹性"。假设研究者用学校到中心城区的距离度量学校的偏远程度，在这种情况下，ρ 的含义是相对于到中心城区的距离为均值的学校，一所学校与中心城区的距离每增加 1%，教师工资则随之增加的幅度为 $\rho \times 100\%$；相反，若学校到中心城区的距离每缩短 1%，聘用同等质量的教师所需的成本随之减少的幅度为 $\rho \times 100\%$（Wooldridge，2013）。其他指标可做类似解释，如 Brunner 和 Imazeki（2010）基于 1999—2000 年的 SASS 数据分析结果认为，美国学校贫困学生比例每增加 1%，则新教师的工资提高 11.6%。这项研究中的 C 为贫困学生的比例，属于连续变量，ρ 的经济意义是将贫困学生比例作为学校工作环境，在新教师群体中的价格弹性是 11.6，是富有弹性的"消费品"。正是在这个意义上，ρ_k 可被视为不良环境特征的补偿系数。

在公式 2-4 中同时加入若干个环境变量 C_k 时，可测算面临多重不利环境的学校每聘用一名教师所需额外成本，即 $\left[\sum_{k=1}^{K}（e^{\rho_k}-1）\right] \times 100\%$，或

---

① 尽管成本函数是解释变量和被解释变量均取对数的双对数函数式，但 C 中取值为 0 的所有样本在做对数转化后，将变为缺失值，因此当 C 为 0 或 1 取值的虚拟变量时，需直接用 C 的原始值而不是 C 的对数值进行分析。

② 这里涉及两个技术细节。第一，从统计学原理的角度看，只有同时在偏远地区和非偏远地区或不同偏远程度的地区获得足够的样本量才能保证模型建构有意义，这涉及抽样技术问题。例如，估计偏远地区学校的环境补偿系数时，需以非偏远地区学校为参照，以确保 C 中含有足够的变异度；而若样本均来自偏远地区，则偏远地区就是一个没有方差的常量，只能作为研究背景而无法参与统计分析，这是我国部分研究的局限性所在。第二，若 W 是期望工资，则需要在 C 的不同水平值上收集期望收入信息，然后将其转置成长型数据后，再调用固定效应估计方法得到 ρ 的估计值。若只假设一种环境情景，C 在这种情况下仍是常量，研究者照样无法进行推断统计分析，而只能做描述性的分析。

③ 当 C 中含有 0 值时，可将 C 的所有值向右平移一个单位再做对数转化（Chambers et al.，2010）。

$\left(\sum_{k=1}^{K}\rho_k\right) \times 100\%$。前一种算法适用于环境特征变量为虚拟变量的情形，而后一种算法适用于作为连续变量的环境特征变量。只要前期收集足够多的有政策意义的学校环境变量的信息，同一个研究可同时估计学校面临"相对贫困区县""农村""远离中心城区"等多重不利环境情景下所需的教师成本总补偿价值（马红梅，2022）。

若利用普通最小二乘法估计公式 2-4 中的环境变量系数，ρ_k 实际上是全体教师对工作环境变量 C_k 的心理估价的均值，可参照 ρ_k 的标准误等推测 ρ_k 的统计分布特征。ρ_k 具有重要的政策含义，它为教师生活补助政策提供参照信息，可作为"如何补偿""补偿多少"的依据，也可作为评估艰苦环境是否得到充足补偿的判断标准。如前所述，如果学校提供的实际补偿值 D 与教师工资的比值 $\left(\dfrac{D}{W}\right)$ 低于 ρ_k，则 D 对多数教师起不到激励作用，但可激励那些对工作环境要求不太高、对不利环境特征的心理保留价格低的教师前往任教。从经费使用效率的角度看，低于教师心理反应阈值的经济补偿已构成一笔沉没成本，但它没有达到激励教师的预期目的。ρ_k 还可用于事后的推算。例如，若政府试图将环境不利的学校或地区的师资质量提升到高于均值半个标准差的水平，则需要对照相应的标准误进行折算，补偿标准与平均工资的比例值至少为 $(e^{\rho_k}-1) \times 100\% + (e^{se}-1) \times 0.5 \times 100\%$，$se$ 表示估计系数 ρ_k 的标准误（雷万鹏，马红梅，2021）。

从职业发展周期的角度看，每个阶段的人关注的重点及其引发的行为模式均有所不同，因为处于不同职业发展阶段的教师为效用函数中各构成要素赋予的权重不同，对同等的激励做出的反应不同。如收入对处于职业选择初期的教师更重要，它决定一个人是否选择从教以及去哪个学校任教（Hanushek，Rivkin，2006）；而工作环境是教师入职后变更任教学校的主要驱动力（Feng，Sass，2017；Raywid，1985）。由此可见，公式 2-4 中的 C_k 与工资等收入项目之间的关系强度 ρ_k 还因教师所处的职业发展阶段而有所差异[①]，研究者可收集不同发展阶段的样本信息进行处理。

需要说明的是，上述是一个纯理论的分析，即市场是资源配置的主体，但政府可通过改变市场环境来改变 C_k 与教师收入之间的关系的性质与强度，第五章即将以"县管校聘"改革为例，论述城区学校教师的需求量被

---

① 这可能与不同职业发展阶段教师抗逆能力差异较大有关。例如，Kukla-Acevedo（2009）发现，学生课堂纪律、学生行为表现、学校管理支持等对教师流动的影响在入职一年的新教师群体和工作年限较长的老教师群体间存在异质性。

压缩后学校区位环境在教师职业效用函数中的价格变化。

三、教师劳动力市场上的补偿实践

经济补偿是劳动力市场中常被使用的重要的激励手段，这种策略同样适用于教师劳动力市场（Glewwe et al.，2010）。从形式上看，激励还包括非经济激励，如职称评定优先权、荣誉等非经济激励在教师劳动力市场建设过程中较为常见（全世文，2018），但由于非经济激励形式较为隐秘、信息收集困难、不容易量化，文献中较少涉及。本书重点讨论经济激励在教师劳动力市场的应用及其效果。

在发展中国家的偏远山区或农村，常用货币化补偿的方式激励优秀教师"下去"并"留下"。McEwan（1999）总结了部分国家和地区教师补偿的各种具体措施，其中，提供丰厚的津贴或更多的职业晋升机会、改善学校工作环境等均得到不同程度的应用（表 2-3），但经济补偿总体上是一种操作性较强的方式。例如，冈比亚共和国等部分发展中国家在教师补助方面的力度较大且对改进教师质量起到了重要的作用（Pugatch，Schroeder，2018）；Bertonia 等（2023）基于秘鲁政务数据结果认为，偏远地区学校工作环境给教师职业效用带来的损失可通过提供更高的工资或补贴等形式得到补偿。再如，我国自 2013 年以来实施的"乡村教师生活补助"政策是全球规模最大的教师补偿实践。

表 2-3　部分国家和地区农村地区的教师补偿措施

作者（年份）	国家和地区	补偿措施
ILO，1991	阿根廷	提供相当于基本工资 80%的津贴
ILO，1991	孟加拉国	提供从事乡村公共服务工作的特殊培训
Carnoy，McEwan，1998	智利	针对农村（公立和大部分私立）学校，按学生人头提供补贴
ILO，1991	埃及	职级晋升时，教龄标准可以降低 2—4 年；长假；教师及家属交通补贴；学校招聘工作优先考虑当地女性
ILO，1991	圭亚拉	职级破格提升；报销日常消费购物所需的交通费用
洪都拉斯教育部，1996	洪都拉斯	在涉及资历累积计算时，在农村任教的 3 年教龄按 5 年计算；提供相当于基本工资 25%的额外奖励
ILO，1991	伊拉克	提供教师免费住房
ILO，1991	牙买加	薪级工资加两级
Dove，1986	墨西哥	减免房租或提供教师周转房；若遭遇恶性破坏后提供损失赔偿；提供有利于职业发展的高端培训
ILO，1991	尼加拉瓜	提供从事乡村公共服务工作的特殊培训

续表

作者（年份）	国家和地区	补偿措施
教育效能提升项目部，1988	尼泊尔	提供相当于基本工资的额外补贴（甚至超过基本工资）
Lockheed，Verspoor，1991	巴基斯坦	提供女教师集体住房
Lockheed，Verspoor，1991	菲律宾	提供相当于基本工资 25%的补贴
ILO，1991	塞内加尔	提供住房津贴
ILO，1991	塞拉利昂	提供住房津贴
ILO，1991	叙利亚	（以预支住房补助的形式）补贴购房款；在农村服务一段时期是教师办理入职手续的必经阶段
ILO，1991	委内瑞拉	凡在农村连续服务满 12 年者，加薪 20%；提供从事乡村公共服务工作的特殊培训
ILO，1991	津巴布韦	购房款预付（以预支房补的形式）
Pugatch，Schroeder，2014	冈比亚共和国[①]	提供相当于当地平均工资水平 30%—40%的艰苦地区津贴
OECD，2005	英国	部分紧缺专业的学科可报销 6000 英镑的培训费、具有研究生学历的紧缺学科教师可享受 4000 英镑的学位津贴
OECD，2005	澳大利亚	昆士兰州提供 1000—5000 澳元的补贴、5—8 天额外休假，长期在农村从教的教师每年获得津贴 2000—5000 澳元；新南威尔士州农村教师的年度最高补助是 5000 澳元。西部的州每年提供的补助为 5000—13 730 澳元
Plowden，1967	英国	普洛登报告，即《儿童及小学》（Children and their primary schools）要求设置"教育优先发展区"。在"教育优先发展区"内任教的教师每年享受 120 英镑的津贴，地方教育局有权在获得教育部许可的情况下根据需要增加教师的津贴金额；每两班设置教师助理一名
Prost，2013	法国	法国"教育优先发展区"的教师享受津贴补助；申请指定专业的师范生在大学入学时可以获得加分；在巴黎郊区任教的教师可以获得相应培训
OECD，2005	德国	勃兰登堡地区开展宣传教师公共形象的活动、报销教师参加校外教育会议的差旅费等
OECD，2005	欧洲其他国家	芬兰、奥地利、瑞典、斯洛伐克等国提高教师待遇，全面提倡尊师重教

① 冈比亚共和国的教师津贴项目由世界银行花费 35 万美元赞助支持，主要措施是向远离该国首都班珠尔市的公办小学教师提供津贴。该项目先按照地理便利性将所有地区分为六类，其中地理便利性等级高于 3 的地区，即偏离主干道 3 公里以上的学校被项目组视为偏远地带，可享受津贴。在实施偏远地区津贴之前，教师的月均工资是 67 美元；项目启动后，教师的月均补贴是 23 美元，三类地区和四类地区的津贴相当于教师工资的 30%；五类地区和六类地区每个月的津贴分别为工资的 35%和 40%。

续表

作者（年份）	国家和地区	补偿措施
Levin, 1985；Fowler, 2003；Clotfelter et al., 2008b；Cowan, Goldhaber，2018	美国	设立师范生奖学金，豁免毕业后从事教育工作的学生在校期间的学费贷款；简化数理学科教师资格认证手续等。此外，类似的地区项目还包括加利福尼亚的州长教学奖、丹佛的 ProComp 项目①、马萨诸塞州的签约奖励计划②、北卡罗来纳州的教师奖励计划③、华盛顿特区的薄弱学校教师奖励项目等
Bertonia et al.，2023	秘鲁	单师学校或复试班教学学校教师的津贴相当于基本工资的 7%；双语学校教师的津贴相当于基本工资的 2.5%，若教师持有双语资格证，另享有 5%的津贴；农村学校教师根据学校的偏远程度依次享受相当于基本工资 3.5%、5%和25%的津贴；边疆地区学校教师享有相当于基本工资 5%的津补；阿普里马克山谷和埃内河等深度贫困地带辖区内，学校教师享有相当于基本工资 15%的津贴

---

① 2004 年春季起，丹佛市教育局与教师联合会共同通过教师职业津贴（Professional Compensation System for Teachers，ProComp）项目，规定教师薪酬的主要来源包括四部分：知识技能、专业认证、市场激励以及学生成长。其中，教师知识技能所占的权重最高，完成教师职业进修课程的教师可报销约 1000 美元的学费；取得国家教师资格认证委员会正式认证的教师则可领取 2967 美元的津贴，且在美国国家专业教学标准委员会（National Board for Professional Teaching Standards，NBPTS）专业认证中表现优异的非实习期教师可享受 1000 美元的加薪；教师所教学生的学业成绩是绩效工资发放的主要依据，最高可获得约 2000 美元的教学绩效奖励。ProComp 先在丹佛市 16 所学校试行，然后由地方纳税人投票表决，从地方财政中增拨了 2500 万美元作为 ProComp 项目基金；美国教育部在 5 年中配套拨付约 2267 万美元的教师奖励基金，用于支持 ProComp 项目在全市约 90%的公立中小学推广（Podgursky，Springer，2007）。2006 年 1 月 1 日前入职的教师可自主选择是否参加 ProComp 项目，但此后入职的教师必须参与。2006 年，教师所教班级的学生达到最低学业要求的，可获得 376 美元的津贴，获得高级学位或通过资格认证的教师可获得 3379 美元的津贴。到 2010 年时，参与 ProComp 项目的教师平均可获得 4409 美元津贴，这笔奖励平摊到每个月后分期发放。而当年丹佛市教育系统新入职的本科应届毕业生的年薪是 37751 美元，全市教师年薪均值是 52 845 美元。

② 马萨诸塞州签约奖励计划分批发放奖励，第一年发 8000 美元，余款每年发 4000 美元。参与这个项目的教师需参加为期 7 周的培训。

③ 北卡罗来纳州的教师奖励计划始于 2001 年秋季学期，项目覆盖了 117 个学区，符合项目参与资格的教师所在学校需满足以下条件之一：第一，80%及以上的学生是享受国家免费午餐或优惠价午餐的贫困生；第二，在北卡罗来纳州学期课程结业统考中，有 50%的学生的代数 I 和生物成绩低于平均水平。除此之外，项目只对持有教师资格证的数学教师、科学教师和特殊教育教师开放。北卡罗来纳州当年的教师劳动力市场行情大致如下：在无补贴的学区，没有获得高级学位（advanced degree）且无工作经验的新教师的年薪是 25 000 美元；在补助多的学区，获得高级学位且工作 30 年及以上的教师年收入约为 60 000 美元；而在补助处于平均水平的学区，硕士毕业且工作 15 年的教师每年平均可挣得 43 000 美元。平均而言，这笔 1800 美元的补助相当于新入职年收入的 7%，相当于工作经验丰富的教师收入的 3%，相当于全体教师平均工资的 4%。在实际操作过程中，由于行政管理机构在政策解读与宣传方面不到位，教师要么不确定自己是否符合申请资格，要么低估成功申请的概率，该项目在试行三年后被迫中止（Clotfelter et al.，2008b）。

续表

作者（年份）	国家和地区	补偿措施
Elacqua et al.，2022	智利	智利教育部于 2002 年开始启动 AEP 项目。第一，AEP 项目设定严格的教师考试程序，选拔出三类优秀教师，分别可享受相当于基本工资 33%（约 300 美元）、22% 和 11% 的奖金；第二，如果学校有超过 60% 的学生家庭经济较差，那么教师可享受相当于基本工资 40% 的津贴

资料来源：①本表呈现的大部分信息源于 McEwan（1999）。②表中的"ILO"是国际劳工组织（International Labour Organization）的缩写，ILO（1991）的数据摘自专题报告《发展中国家的教师：一项教师工作环境的调查》（Teachers in developing countries: a survey of employment conditions）；澳大利亚、英国、德国以及欧洲其他国家的数据摘自专题报告《教师的重要性：吸引、发展与留住好教师》（OECD，2005）；其他国家的数据来自公开发表的论文。③本表中与 ILO 和 OECD 有关的部分参考文献属于转引内容，不列在文末参考文献部分，感兴趣的读者可参阅注释①和②中提及的文献。

发达国家采用货币化补偿的方式来调控师资资源分布的实践经验丰富。例如，法国中央政府在环境比较艰苦的地区实行"优先教育区计划"（zones d'education prioritaire，ZDP），并制订了相应的津贴方案，在 ZDP 所辖地区学校任教的教师每年可享受 300—600 欧元津贴，这笔津贴相当于新教师工资的 2.5% 或资深教师工资的 1%（Bénabou et al.，2009）。ZDP 项目的津贴标准历经数次调整，1982 年项目刚启动时，津贴只有 300 欧元，1992 年调增到 600 欧元，1997 年增至 1050 欧元。2019 年，ZDP 项目增加 1800 个教职岗位，津贴激增至 1000 欧元，之后可能将逐步增至 3000 欧元（卢丽珠，2019）。再如，澳大利亚新南威尔士州农村教师的年度最高补助是 5000 澳元，条件较艰苦的西部州每年提供的补助从 5000 澳元到 13 730 澳元不等。日本、韩国等给边远地区教师发放的津贴相当于他们工资的 25%—50%（薛二勇，2014）。表 2-4 列出在欧美国家哪些情况下教师可享受货币化补偿。

欧美国家在补偿教师方面的有益尝试较多，但关于教师补偿的系统研究更多地分布在美国。表 2-5 所列为学者利用"消费型补偿"理论来刻画工作环境恶劣程度与美国教师收入之间正相关关系的代表性研究。这些研究成果得益于美国 SASS 这项大型教育专项追踪调查。研究者从微观教师个体和学区等不同分析单位入手，采用多种统计方法探讨学校贫困学生比例高、少数民族学生比例高、非白人学生比例高等更具挑战的工作环境对教师职业效用的负面影响及其对应的补偿性工资差异。

表2-4 欧美国家哪些工作环境下的教师能享受经济补偿

作者（发表年份）	实施教师补偿的地区	享受免费①或折价午餐的贫困学生比例	学生学业成绩基础	学科领域	教师资格认证	教师教学增值	师资短缺程度
Clotfelter et al., (2008a, 2008b)	美国北卡罗来纳州	80%及以上	代数和生物统考及格率为50%及以下	数学、科学、特殊教育等等学科的中学教师	在数学、科学、特殊教育等紧缺专业领域获得资格认证		
Cowan, Goldhaber (2018)	美国华盛顿地区	贫困学生比例高于70%的小学，贫困学生比例高于60%的中学			国家教师资格委员认证		
Dee, Wyckoff (2015)	美国哥伦比亚地区	贫困生比例低于60%的学校				奖励绩优教师，终止对教学绩效未达标教师的奖励	
Falch (2010, 2011)	挪威北部三县						师资短缺超过20%—30%的学校
Feng, Sass (2018)	美国佛罗里达州			数学、科学、特殊教育、外语、英语、阅读、教育技术、艺术、新来移民或外国学生特别英语课程（English for speakers of other languages, ESOL）等学科的中学教师	在数学、科学、特殊教育、外语、英语、阅读、教育技术、艺术、ESOL等领域专业紧缺资格认证		所有教育行政管理部门列为师资短缺的学科，不分短缺程度
Protik et al., (2015)	美国各地的10个学区	70%及以上。招收的贫困生的比例高于70%；输送到其他学校的贫困生比例高于55%				教师增值水平占他所在学区和任教年级，主教科目的20%	
Springer, Swain, Rodriguez (2016)	美国田纳西州		综合测试的掌握水平位于联邦成绩分布末端5%			教学效能被评为5级	

① 美国国家营养午餐政策规定，学生所在家庭收入低于联邦贫困线130%的可享受免费午餐。

表 2-5　基于工作环境的补偿性教师工资的代表性研究

作者（发表年份）	所用数据	结果变量	分析单位	主要结论
Levinson (1988)	密西根教育局的教师人事档案数据（1970年）	教师收入的对数	5088 名白人教师和 336 名非白人教师	学区内非白人（non-white）学生比例每增加1%，白人教师的补偿性工资系数为0.0829，但非白人教师没有显著差异
Boyd, Lankford, Loeb, Wyckoff (2013)	纽约州教育局教育管理政务数据（1994/1995—1999/2000学年）	教师周薪的对数	来自 5 个大都会地区 2443 所学校的 5028 名教师	学校少数民族学生每增加1%，教师工资提高 1.37 倍
Harris (2006)	SASS（1999—2000）的密歇根子样本	教师收入的对数	723 名公办教师和468 所特许学校教师	特许学校中，学生群体中有色人种比例每增加1%，教师工资提高0.1%；享受免费或减折午餐的贫困学生比例每增加1%，则教师工资提高0.01%。但公办学校学生生源构成等工作环境与教师工资之间无统计意义上的关系
Brunner, Imazeki (2010)	SASS（1999—2000）	各学区新教师平均工资的对数	4145 个学区，其中有 2615 个学区在核心基础统计区域（core-based statistical area, CBSA）	贫困学生比例每增加1%，全体学区新教师的工资提高11.5%，位于 CBSA 的学区新教师工资提高11.5%，但这个效应量不显著，非白人学生比例每增加1%，全体学区和位于 CBSA 的学区子样本中，新教师工资分别提高7.8%和11.1%
Levinson (1988)	密歇根州教育局提供的政务数据	教师工资的对数	5088 名白人教师和 336 名非白人教师	学区内非白人学生比例每增加1%，聘用一名同等质量的白人教师需要支付 8.29%的补偿性工资，但聘用非白人工资成本没有显著增加
Martin (2010)	SASS（1999—2000）	教师收入的对数	基准回归中，参与分析的是17 959 名在大都会地区工作的教师；固定效应估计中，参与分析的是 11 420 名可跨期追踪的教师	非裔和拉丁裔学生占比比较大的学区才能提供补偿性工资需要提供补偿性工资以抵消更具挑战性的工作环境造成的职业或工作环境造成的职业效应用损失。基于追踪数据（估计中所得的结果，学区黑人学生每增加1%，教师工资提高0.018%；基于追踪数据并调用固定效应估计所得的结果是，学区的黑人学生每增加1%，教师工资提高0.277%

续表

作者（发表年份）	所用数据	结果变量	分析单位	主要结论
Goldhaber, Destler, Player (2010)	SASS（1999—2000）		5465所公办学校的56 354名教师和3558所私立学校的10 706名教师	固定效应估计结果显示，给教师教学带来困难的学生比例每增加1%，公办学校教师工资提高1.1%，私立学校教师工资提高6.7%，而基于OLS的估计结果是2.6%和7.8%，高估了不受欢迎的工作环境的保留价格。这说明存在遗漏变量问题，即教师职业选择过程中存在自选择效应，因此，利用固定效应估计方法能更精准地得到不受欢迎工作环境的经济（补偿）价值
Winters（2011）	SASS（1999—2000）	硕士毕业且有20年教龄的教师的工资的对数；本科毕业且没有任何工作经验的教师的工资对数	4237个学区	利用OLS估计和空间相关模型得到的结果分别是，白人学生比例每增加1%，本科毕业的新教师工资分别提高3.81%和2.94%，而硕士毕业且工作20年的教师工资分别提高1.5%（但不显著）和2.85%
Player（2009）	SASS（1999—2000）	教师总收入的对数	33 285名教师	学校的少数民族学生比例每增加1%，教师收入提高9.87%。若不密制学校所在地区的房产价格，则少数民族生源对教师收入影响的效应量高达14.11%

注：表中的空白单元表示没有对应的内容。

2000 年以来，随着美国教育管理政务数据的开放，关于教师工作环境价值问题的研究更加精细化，且这些研究已用于指导公共政策的制定，如美国中小学教师和医务工作者等公共服务部门人员的劳动力成本均按照各地工作环境或生活条件的艰苦程度进行指数化调整（Chambers et al.，2010）。这一方面说明工作环境这种非货币化收益在教师职业选择和再选择过程中的重要性得到学术界的高度重视，学者尝试用前沿统计与计量分析技术不断优化研究结果，从而为教师资源配置、教育均衡发展提供基于数据的证据；另一方面，数据收集、储存和分析技术的不断改进客观上促进了更科学的研究设计。第三章第二节将详细讨论数据集成与处理技术对完善这方面的研究的重要价值。

对不良工作环境进行补偿是边远艰苦地区或贫困地区学校提高教职岗位吸引力的有效策略，但由于受到地方财政支付能力与支付意愿的限制，边远艰苦地区或贫困地区师资短缺最严重的学校没有得到充足的补偿，其不利环境给教师造成了职业效用损失；相反，财政支付能力与支付意愿较强的富裕学校或地区会更大范围地采取教师补偿策略。例如，美国 34 个州为留下有经验的或优秀的教师实施了相应的激励举措，但只有 5 个州所实施的教师留任激励措施真正惠及到边远艰苦地区或贫困地区的学校（Ondrich et al.，2008）。换言之，只要地方政府愿意且有能力为教师提供补助，任何地方均能调用这种政策工具来优化师资队伍结构、提升教师整体素质。

我国的情况类似，"乡村教师生活补助"政策最初在中西部欠发达地区实施，北京、上海等发达地区从 2017 年开始为辖区内有师资配置困难的学校发放教师生活补助，因为发达地区的远郊地带的教师劳动力市场吸引力低于中心城区，同样存在区域内师资质量的空间分布不均问题。例如，2018 年北京市 12 个区 793 所学校 35 044 名教师的平均生活补助高达 2661元，而同年上海投入 9067 万元以用于 9 区 541 所学校 25 106 名教师的生活补助①。而笔者在中西部地区调研时遇到的情况是，县本级财政不充足，教育行政管理部门无法为偏远山区学校提供足够好的待遇来吸引优秀教师，即使降低录用标准也可能无法补充足够数量或足够稳定的教师。这是一些相对贫困区县教师队伍建设过程中面临的现实难题，它们提供给教师的待遇低、工作环境差，既没有足够的财政能力来用经济补偿的方式抵消

---

① 教育部办公厅. 教育部办公厅关于 2018 年乡村教师生活补助实施情况的通报. http://www. moe.gov.cn/srcsite/A10/s7030/201904/t20190404_376664.html. 2019-03-22.

艰苦环境给教师造成的职业效用损失，又不能在短时期内改善整体的区域环境。这涉及教育财政体制的制度设计，第四章将结合相关研究结果再讨论这个问题。

第四节 收入和工作环境何以影响教师职业选择

收入和工作环境是构成教职岗位特征的重要维度，是影响教师职业选择的重要因素[①]。例如，OCED（2018）发布的报告《有效的教师政策：来自 PISA 的见解》（Effective teacher policies：insights from PISA）基于"教育指标体系"（indicators of education systems，INES）、TALIS、PISA 等大型国际调查，讨论收入和工作环境在劳动力市场培育与建设过程中的重要价值。PISA 学生问卷中设置了一个关于未来从业意向的开放性问题，即参与调查的 15 岁学生希望自己在 30 岁的时候从事什么工作。多数国家和地区将教师作为备选工作的学生比例差异较大（OECD，2018）。相对于其他行业从业人员的工资以及工作环境，教师工资显著影响学生 15 岁时是否将教师作为其 30 岁时的职业的概率（OECD，2018）。教师工资在各行业间排名靠前、教师工作环境整体较好的国家或地区的中学生对教师职业期待更高、从教意向显著更强烈。工作流动作为职业选择过程中呈现出来的一个样态，同样受这两大类因素的影响。学术界广泛地讨论过师资稳定性（流动习惯）的众多影响因素（Vagi，Pivovarova，2017），但本书仅关注工资、生活补助等收入项目以及学校区位环境对教师主动流动的影响。

一、收入对教师职业选择的影响

收入对个人职业选择的影响受到社会各界的广泛关注，是解释劳动力市场行为和心理的关键变量。劳动经济学领域的大量实证研究已确证工资等收入项目作为劳动力市场"均衡器"的价值，它决定具备什么特质或品质的人选择在哪里从事什么样的行业，以及他在这个岗位上以多大的努力程度工作多长时间等一系列职业选择行为（Dal Bó et al.，2013）。教师收入水平一方面对外决定教师职业在全社会所有行业中的吸引力，另一方面对内关系到学校能否留住优秀教师终身从教（Brewer，1996；Jr Charters，1970；Dolton，1990；Dolton，van der Klaauw，1995，1999；Hanushek et al.，

[①] 部分学者将收入视为工作环境的一个构成要素（Billingsley，Bettini，2019），但本书按照多数学者的惯例，将收入和工作环境视为给教师带来不同性质的效用的要素。

2004b；Murnane，1981；Murnane，Olsen，1989，1990；Stinebrickner，2001）。

　　收入在教师职业生活中的重要性已被全球多数国和地区的教师人力资源管理实践所证明（Falch，2010；Falch，Strøm，2005；Falch et al.，2009；Hendricks，2015；Hensvik，2012），提高工资水平或提供补助是很多国家和地区通过相关政策间接干预教师个人职业选择和工作努力程度的主要手段（Loeb，Myung，2010）。例如，英国《卫报》报道，该国教育部于 2022 年 12 月 7 日更新的 2022—2023 学年"新教师培训"（Initial Teacher Training，ITT）调查数据显示，应届毕业的新教师人数已下降到"灾难性"水平，秘书长 Geoff Barton 称其关键原因是教师行业的工资长期停滞不前，自 2010 年以来，英国教师实际工资下降 20%，但教师工作负荷却不断增加，加之英国失业率创历史新低，使得教师行业在应届毕业生就业市场上没有竞争力。因此，英国教育部为 2023 年的实习教师提供 27 000 英镑的助学金，为数学、物理、化学、计算机等紧缺专业的教师提供 29 000 英镑的奖学金①。美国和澳大利亚等国家出现的师资极度短缺的局面均与教师薪资缩减存在一定关系，政府在应对这种局面时主要采取经济补偿的方式。例如，澳大利亚政府启动的"优师计划"，投入 789 万澳元用于解决全澳小学教师短缺问题，鼓励优秀人才从教。项目试运行阶段已为师资最紧缺的维多利亚州和新南威尔士州 105 所学校派遣 1500 名优秀教师，通过该计划入职的教师都能享受专项补贴②。

　　下文将简要归纳收入对教师职业生活的影响。

　　教师收入水平决定师资充足水平与教师队伍质量，更高的工资和补贴可吸引更优质的教师（Ballou，Podgursky，1997）。Evans 和 Acosta（2023）基于满足文献筛选要求的 15 项研究进行元分析后发现，经济激励是拉丁美洲、撒哈拉以南非洲、南亚等地区中低收入国家那些师资配置困难的学校为增加教师供给数量和提高教师质量、减少教师流动性、增加教师队伍稳定性的较为常用的手段。教师收入水平间接反映教师群体的社会地位和整体质量（Bacolod，2007；杜育红等，2013）。收入与教师劳动力市场均衡

---

① Adams R. Number of graduates in teacher training in England at "catastrophic" level. https://www.theguardian.com/education/2022/dec/01/number-graduates-teacher-training-england-catastrophic-level. 2022-12-01.

② 该项目是"全国教师队伍行动计划"（National Teacher Workforce Action Plan）的一部分，委托乐卓博大学来具体实施，详见 The Hon Jason Clare MP. Getting more of our best and brightest to become primary school teachers. https://ministers.education.gov.au/clare/getting-more-our-best-and-brightest-become-primary-school-teachers. 2023-07-24.

状况之间的关系至少体现在以下几个方面。

首先，师资供给充足与否在很大程度上取决于教师工资等经济收入水平。一方面，增加工资和补贴可增加教师劳动力市场有效供给量。例如，Falch（2010）基于挪威北部三县89个师资短缺学区2720名教师1993—2001年的教育政务数据，采用固定效应模型、一阶差分估计等方法考察这些地区相当于教师平均工资5%—10%的补贴[①]对教师供给量的影响，这笔额外收入有利于缓解不受欢迎学校的师资短缺状况，在学校层面计算得到的教师供给的价格弹性约为1.4，但教师供给的价格弹性在不同模型设定下略有差异，总体上为1.0—1.9。另一方面，缩小教师行业相对于其他行业的收入差距可缓解师资短缺状况。例如，Rumberger（1987）将参与1983—1984年"美国教师需求与师资短缺调查"所涉约2300个学区信息与1982年的人口普查数据合并起来，分析教师行业工资水平与其他行业工资水平之间的差距对数学和科学两个科目教师短缺程度、教师主动流动的影响，结果显示，若按1979年的物价水平算，其他行业工资水平每提高1000美元，教师短缺程度将增加1.9个百分点；如果将教师与其他行业的工资差距（10 000美元）消除后，教育系统对新教师需求的短缺状况将得到大幅度缓解，因为当前美国90%的新教师被用来填补教师离职后形成的岗位空缺（Ondrich et al.，2008）。

其次，收入水平是教师质量的有效预测指标。很多研究都检测到更高教师收入与更优教师质量之间的正相关关系。例如，Figlio（1997）对SASS中所涉的在584个学区工作的3944名教师的数据进行分析后发现，工资更高的学区所聘教师毕业于排名靠前重点大学的可能性更大、教师在大学期间主修STEM学科的概率更大。Figlio（2002）以SASS中2672名新教师为研究对象，以1987—1993年提高教师工资的188个学区为"处理组"，采用双重差分估计策略，他发现，学区提高教师工资后，不受工会影响的

---

① 挪威19个县中，有16个县的教师工资由国家统一规定，教师工资的差异主要受教师个人受教育水平和工作年限的影响。该国最北边的3个县因城市稀少、人口稀疏而面临师资补充困难，国会分别于1993年、1995年、1997年三次提案向教师发放津贴以增加这3个县的师资供给，各时期的具体政策规则有较大差异。比如1993—1995年，国会通过的提案规定，在上一年度师资缺口超过20%的学校工作的所有教师可享受一笔津贴。其中，在师资缺口超过30%的学校，这笔津贴相当于校均工资的10%；但在师资缺口为20%—30%的学校，津贴又存在区域差异，北部县将所有师资缺口超过20%的学校无差别对待，而南部县为师资缺口低于30%的学校提供的津贴仅相当于师资缺口超过30%的学校的一半，且个人所得税率最低的地区所辖学校师资缺口率为20%—30%的，其发放的教师津贴也是最低的。1996—1997年，只有上一年度师资缺口率超过30%的学校才有资格自主灵活设定津贴，而到了2002年，只有前4年师资缺口率连续超过20%的学校才能获得津贴。

那些学校的新教师质量显著提高，且教师工资每提高一个标准差，教师质量高 0.3 个标准差。这项研究中的"教师质量"被界定为教师大学入学前的 SAT[①]考试口语测试分数、教师所教科目与主修科目间专业对口程度。部分学者甚至直接将教师工资等价于教师质量（Britton，Propper，2016；Dolton，Marcenaro-Gutierrez，2011；Lazareva，Zakharov，2020；Speakman，Welch，2006）。这种研究设计背后的逻辑是，工资是劳动力价格的表现，而劳动力价格相当于边际生产率，是价值规律在劳动力市场上的体现，因此，工资作为劳动力价值的货币表现传达的是劳动生产率信息。Dolton 和 Marcenaro-Gutierrez（2011）综合利用《教育概览》系列报告中的文本数据以及 PISA 等资料合成跨国面板数据，以此来分析 38 个 OECD 成员国的教师工资的相对水平与教学效果之间的关系，基于固定效应估计的结果，教师工资每提高 10%，学生在 PISA 测试中的成绩便提高 5%—10%；教师行业在一个国家所有行业中的工资排名每提高 5%—10%，学生成绩相应地提高 5%—10%。Loeb 和 Page（2000）利用 1960—1990 年的美国州级面板数据分析教师工资对学生发展的影响，在控制外部劳动力市场上其他可比性行业相对工资以及教师福利等要素后，得到的结论是，教师工资每提高 10%，学生辍学率降低 3%—4%。这些研究都证实高工资吸引高质量教师，从而获得更好的教育产出的假设。

再次，货币化的奖励可激发教师努力工作的热情（Lavy，2007，2009，2020；Podgursky，Springer，2007）。2000 年以后，很多国家和地区开始实施教师绩效工资制度，教师绩效工资制度的理念是将教师教学工作量与教学质量等和货币化奖励挂钩，最终体现为绩优教师获得更高的收入。以教师绩效作为学校内部劳动力市场的激励手段来调动教师工作的积极性[②]。绩效工资对教师教学努力与行为策略的影响在诸多实证研究中得到证实（Burgess et al.，2022），教师与普通劳动力市场的个体一样，能对绩效奖励（或惩罚）做出反应，但全员普遍加薪无助于教师工作努力和教学投入的增

---

① SAT，也称"美国高考"，是由美国大学理事会（College Board）主办的一项标准化的、以笔试形式进行的高中毕业生学术能力水平考试。

② 教师绩效包括以教师个体为基础的绩效（Brehm et al.，2017；Lavy，2020）和以团体为单位的绩效（Imberman，Lovenheim，2014；Lavy，2002）。"教师绩效"在各个国家和地区的计算方式不同，有的以学生成绩的绝对水平值为准（雷万鹏，马红梅，2019），有的以学生成绩增值为准（Chang et al.，2020；Mbiti et al.，2023；常芳等，2018）。增值型的教师绩效评价对提高教师工作积极性和教师评价公平性、鼓舞优秀教师留任具有重要影响。例如，笔者在湖北省宜昌市夷陵区龙镇小学调研时，付某校长介绍该校自 2018 年起实施的教师教学质量提升奖励制度调动了教师改进教学的积极性。

加（de Ree et al.，2018）。

最后，收入是预测教师队伍稳定性的有效指标，更高的工资或提供经济补偿可减少教师工作流动的概率、有更大的可能性留住优秀教师（Brewer，1996；Dolton，van der Klaauw，1995，1999；Murnane，Olsen，1989，1990；Murnane et al.，1989）。全球各国和地区的证据均证实工资对教师流动性（稳定性）的影响。例如，挪威 1993—2002 年对师资短缺地区临聘教师超过一定比例的北部三县所辖学校实施灵活工资制度，挪威政府在固定的结构性工资基础上提供约相当于工资水平 10% 的补助。Falch（2011）使用固定效应模型评估这项"自然实验"对教师主动流动的影响，结果显示，收入提高 10% 后，师资短缺地区的教师流动率降低 6 个百分点，教师所在学校的补助每增加 1%，教师变更工作单位的概率降低 4.8—11.0 个百分点，教师流动的价格弹性约为 3.5，作者由此计算出挪威北部三县学校教师短期内的劳动供给价格弹性为 1.25。再如，Liu（2021）基于 2007—2008 年 CHIP 的城镇家庭两期追踪数据中 258 名城镇学校教师的工作历史信息，并使用固定效应模型和概率回归技术，发现教师的小时工资比他们同地区同等资历专业技术人员每降低 10%，教师退教改行的概率就增加 7.9%。

探讨收入对教师稳定性影响的文献主要集中在美国。例如，Gritz 和 Theobald（1996）基于华盛顿地区 9756 名在 1981—1990 年入职的教师截至 1992 年的职业生涯史的分析发现，相对于学区内的其他行业，教师行业的收入提高能延长女教师的工作持续时间，全州教师工资的整体提升则能延长男教师的工作持续时间。Theobald 和 Gritz（1996）分析同一套数据后发现，全州范围内的教师工资提高后，教师的工作流动主要发生在教育行业内不同学校间和学区间，跨行流动的概率显著降低。Hanushek 等（2004b）分析得克萨斯州公立学校教师数据后发现，工资每提高 10%（每年约 2000—3000 美元）能将教师主动流动概率降低 1—4 个百分点，提高工资对降低教师流动的影响强度因教师性别和工作年限差异而略有不同；工资在本学区排前 25% 的教师主动流动到本学区其他学校的概率降低 3 个百分点；邻近学区的教师工资越高，教师流出本学区的概率越大。Winters（2011）基于 1999—2000 年 SASS 数据以 4237 个学区为分析对象进行空间相关分析所得的结果显示，若某学区的邻近学区教师工资提高 1%，则该学区的新教师职初工资提高 0.66%、工作经验丰富的教师的工资提高 0.52%。Ondrich 等（2008）基于纽约州教育局连续 14 年的教师年报数据和学校年报数据，分析奥尔巴尼等五个大都会地区[①]1985—1998 年 4200 多名公办在职教师的跨校流动和退出公立教育系统等行为受工资影响的原因，基于固定效应模型估计等策略的分析结果与 Hanushek 等（2004b）基于得克萨斯大学达拉斯分校学校改进项目过程中自建多源数据的分析结果基本一致，这项研究的主要发现是：①若学区内教师行业的相对工资[②]较高、非教师行业的工资水平较低，则教师从教的机会成本小、离开州公立教育系统的可能性也越小。具体而言，教师行业相对其他行业的工资每增加 1%，教师退出公立教育系统的概率降低 0.45%。然而，地区层面的工资增长后，教师在州内或学区内不同学校间的流动概率没有显著减少，这是因为同一片区或学区内部各学校间的工作环境差异较大，教师变更工作单位的成本较低但收益却较大，足以诱发教师的主动流动行为。②学区的教师平均工资越高，教师在特定学区从教的机会成本越小[③]，在学区间跨校流动的概率越小。工资水平处于教育行业内收入处于高水平的学区，其所辖学校教师离职的概率较小。邻近学区教师工资每提高 1%，教师流出本学区到工资更高的邻近学区任教的概率增加 0.70%—0.74%。③相对于工作环境，工资对教师流动的影响效应量较小，如家庭贫困或学业基础差的困境儿童集中的学校和学区需要较多的经济补偿才能留住教师，如学校招收的少数民族学生比例每增加 1%，学校需提供相当于平均工资 1.26%的经济补偿才能让教师留任率保持在与其他学校相同的水平。再如，Feng（2010）将佛罗里达州 1997—2003 年的教师人事管理政务数据与 1999—2000 年的 SASS 及其配套的教师追踪调查合并，进行分析后发现，工资每提高一个标准差（10 900 美元），教师从该州公立学校系统中流出的概率降低 5 个百分点、留任率增加 8 个百分点。

从以上这些研究中可推知，若学校工作环境较差而导致教职吸引力不足时，经济补偿可作为劳动力市场均衡的调节工具来降低教师流动的概率。

---

① 这 5 个地区包括奥尔巴尼市（Albany）、布鲁姆镇（Broome）、伊利县（Erie）、门罗县（Monroe）、奥农达加县（Onondaga），然后选取奥尔巴尼、宾汉姆顿（Binghamton）、水牛城（Buffalo）、罗彻斯特和雪城（Syracuse）等地，这些样本地区既有大型城市贫困学区又有富足城郊学区，学校环境差异较大。

② 作者先根据教师的受教育水平与教龄来分性别预测教师工资，然后用预测的工资除以县域内同等受教育水平和工作经验的同性别人群平均工资，得到的比率反映教师行业的相对工资系数，该比率值反映男教师和女教师从教的机会成本。

③ 反映教师在特定学区从教的机会成本的相对工资水平的算法是：教师所在县硕士毕业且工作 10 年的教师的最高工资除以教师所在学区硕士毕业且工作 10 年的教师的最高工资。

例如,美国北卡罗来纳州自 2001 年起为在薄弱中学[①]教数学和科学课程[②]或提供特殊教育服务的持证上岗教师每年提供 1800 美元津贴,这笔津贴相当于当地教师平均收入的 4%,Clotfelter 等(2008b)利用 1999—2004 年在册的 21 万多名教师的人事档案追踪数据并结合三重差分方法估计所得结果显示,每年 1800 美元的津贴至少能将薄弱中学数学教师和科学教师流动概率降低 17%。再如,始于 2006 年的绩效导向的教师薪酬 ProComp 项目减少了教师跨学区流动的可能性,且 ProComp 项目在非贫困学生集中的学校的实施效果更好,将非贫困学生集中的学校教师流动率降低 30%,而在贫困学生集中的学校,这笔津贴只将教师流动率降低 7%(Fulbeck,2014)。又如,华盛顿特区薄弱学校教师奖励项目自 1999 年开始在贫困学生比例为 75% 及以上的学校设立相当于教师平均工资 15% 的津贴,但只有获得国家教师资格认证委员会资格认证的教师才有资格享受,这笔津贴在 2007 年已增至 5000 美元,相当于将获得国家教师资格认证委员会资格认证的教师群体的收入提高近 7.2%。Cowan 和 Goldhaber(2018)利用教育行政管理部门提供的 2001—2012 年的面板数据,基于断点回归技术评估薄弱学校教师奖励计划项目对学生成绩和教师队伍构成的影响,薄弱学校教师奖励项目对吸引和留住优秀教师从教起到重要作用,贫困学生集中的学校聘用的新教师中获得国家教师资格认证委员会认证的教师增加 38%、教师流动率显著降低 3.1—4.1 个百分点、学生成绩因更优质的师资配置而明显提高。

加利福尼亚州于 2000—2002 年提供 1200 个公开竞聘的州长教学奖名额,成功申请州长教学奖项目的新教师可享受 20 000 美元的津贴,但他们需要在薄弱学校服务至少 4 年。基于在 1998—2003 年参加该州教师资格认证的 27 106 名教师的政务数据,州长教学奖将优秀教师到薄弱学校任教的概率提高 28 个百分点(Steele et al.,2010)。

2013 年春季学期,为解决贫困学生集中的学校教师流失率高、数学教师和科学教师稳定性差的问题,田纳西州教育厅和州长办公室联合启动"优秀教师留任奖励"项目,向在符合条件的 82 所薄弱学校任教且在 2012 年度

---

① 基于美国数据的多数文献中的"薄弱学校"通常是办学质量低的学校,各州或地市根据当地的学生表现划出一条最低线,整体表现低于这条线的学校即"薄弱学校"(low-performing school 或 low achievement school)。涉及美国"薄弱学校"时,此处的概念界定整章适用。

② 数学教师和科学教师在教师劳动力市场外有较好的就业机会,但由于教师工资相对其他行业较低,从教的机会成本较高,数学教师和科学教师缺口更大,因此,美国很多教师激励项目只面向这两个科目的教师。

考核中获得五优的教师①提供 5000 美元的奖励，这笔奖励相当于教师平均工资的 10%，或者相当于一个硕士学位毕业的教师教龄达到 10—15 年时的工资增长幅度。得到这笔奖励的前提是 2013—2014 学年不得更换工作单位，且在当年的考核中至少维持在四级。Swain 等（2019）基于田纳西州教育局提供的 2008—2015 年教育管理政务数据，利用双重差分估计得到的结果显示，5000 美元的留任奖励能提高优秀教师在薄弱学校继续任教的概率，并促进教师"教得好"，具体表现为 3—8 年级学生在田纳西州综合评价中的阅读成绩与数学成绩显著提高。Springer 等（2016）基于同一套数据并利用模糊断点回归方法的研究结果基本相同，田纳西州这项旨在为教学质量较低的薄弱学校补充和保留优质师资的经济奖激励达到了较好的效果。

　　发展中国家用经济激励来吸引和留住教师的效果一样明显。例如，2008 年起，巴西圣保罗州实施旨在减少教师主动流动的计划（adicional por local de exercício，ALE）②，参加 ALE 项目的教师可获得相当于他们总收入 24%—34%的额外补助。Camelo 和 Ponczek（2021）利用巴西教育普查数据和圣保罗州 3—11 年级统考的教务管理数据，基于断点回归技术分析 ALE 项目对教师稳定性及其教学绩效的影响，结果显示这笔经济激励将教师主动流动率降低 5.5 个百分点，降幅为 10.4%，相当于参与 ALE 项目的学校每年主动离职的教师平均减少 3 名，且 ALE 项目将这些学校中阅读和数学两科的学困生比例分别降低 5.4 个百分点和 6.8 个百分点。再如，乌拉圭自 2005 年起启动"批判性的社会文化"（contexto socio cultural crítico，CSCC）③项目，CSCC 项目对贫困指数达到阈值的社区内所属学校的教师提供相当于基本工资 26%的补助，Cabrera 和 Webbink（2020）利用 2002—2013 年的乌拉圭全国公立学校教育监测数据，基于断点回归技术进行研究后发现，CSCC 项目显著提高贫困社区所辖学校教师队伍的稳定性，贫困社区学校教师的服务年限平均延长 1 年。

---

① 这 82 所学校是在州统考中学生成绩达标率靠后的，共聘用 2380 名教师，最终只有 56 所学校申请参与该项目（这 56 所学校共聘用 2005 名教师）。五级（Level 5）为最高，全州约 1/3 的教师被评为五级，但这些薄弱学校的五级教师比例只有 18%（共 473 名教师有资格参与项目），但最终只有 321 名教师领取了 5000 美元的奖励。此外，田纳西州还加大从外部引进优秀教师的力度，2013—2014 学年，凡是从非薄弱学校调动到薄弱学校的五级教师，可领取 7000 美元的一次性签约奖励。

② 该计划名称为笔者自行翻译。另外，该政策面向圣保罗 39 个大都会的贫困地区和 14 个人口超过 30 万人的大城市的贫困地区，共有 2746 所学校属于 ALE 项目覆盖的受益范围，但只有 1422 所学校参与 ALE 项目。

③ 该项目为笔者自行翻译。

　　来自冈比亚共和国的证据表明，相当于工资水平 30%—40%的边远艰苦地区的津贴能有效改变教师的职业选择与决策。Pugatch 和 Schroeder（2014）基于冈比亚首都班珠尔市 1175 名教师的数据，并结合双重差分和空间断点回归方法进行分析后发现，这笔津贴能有效地激发教师到相对偏远地区从教的热情、提高合格教师在教师队伍中的占比，学生与合格教师的生师比降低了 27，这个数值相当于样本均值水平的 61%。师资队伍的优化一方面来自非偏远地区教师向偏远地区的转移以及偏远地区学校优秀教师更高的留任率和更长的留任时间；另一方面源于优质教师供给源的扩展，更多优秀新教师加入边远地区学校。

　　智利教育部于 2002 年启动了 AEP 项目，该项目提供两种不同性质的津贴：第一种，根据教师个人在严格的选拔性考试中的成绩确定等级，成绩最好的优秀教师可享受相当于基本工资 33%的奖金（约 300 美元）、次优的二等、三等教师可分别享受 22%、11%的奖金；第二种，如果学生家庭经济条件较差，且已经超过了 60%，那么在此学校任教的教师可享受相当于基本工资 40%的津贴。这两种津贴可叠加发放。Elacqua 等（2022）基于 AEP 所涉的 5990 名教师 2011—2017 年的工作记录和教师人事管理数据，利用断点回归技术考察教师 AEP 对圣地亚哥市教师工作去向的影响，结果显示，就职于薄弱学校的教师中，获得中低档津贴的教师留下来的概率至少提高 16 个百分点，但那些最初在非薄弱学校任教的教师在获取津贴后流向更好的学校的概率也更高，这类津贴在教师劳动力市场上起到"信号"作用。

　　综上，教师是能够对经济激励做出行为决策反应的个体。表 2-6 简要摘录的是经济激励对降低教师主动流动概率影响的代表性研究。

表 2-6　经济激励对降低教师主动流动概率影响的代表性研究

作者（年份）	国家和地区	津贴额度/美元	基本工资/美元	津贴相当于基本工资的比例/%	教师主动流动比例的降低幅度/%	教师劳动供给的收入弹性
Clotfelter et al.，2008a，2008b	美国北卡罗来纳州	1 800	40 000	4.50	17.00	3.78
Cowan，Goldhaber，2018	美国华盛顿地区	5 000	69 374	7.21	31.00	4.30
Dee，Wyckoff，2015	美国哥伦比亚地区	12 500	—	—	—	—
Dee，Wyckoff，2015	美国哥伦比亚地区	25 000	—	—	—	—

续表

作者（年份）	国家和地区	津贴额度/美元	基本工资/美元	津贴相当于基本工资的比例/%	教师主动流动比例的降低幅度/%	教师劳动供给的收入弹性
Elacqua et al.，2022	智利圣地亚哥	364[①]	909	40.00	17—21	
Falch，2010	挪威最北部三县	—	—	10.00		1.02
Falch，2011	挪威最北部三县	—	—	10.00		3.50
Feng，Sass，2018	美国佛罗里达州	1 203	35 000	3.44	10.40	3.03
Feng，Sass，2018	美国佛罗里达州	1 203	35 000	3.44	8.90	2.59
Feng，Sass，2017	美国佛罗里达州	2 000	35 000	5.71	10.00	1.75
Fowler，2003	美国马萨诸塞州（新教师）	20 000[②]	26 565	30.11 15.06		
Springer，Swain，Rodriguez，2016	美国得克萨斯州	5 000	52 414	9.54	21.00	2.20
Protik et al.，2015	美国全境师资补充最困难的10个学区	10 000	50 740	19.71	22.00	1.12

资料来源：Feng，2020

　　研究工资或津贴等是如何对教师主动流动行为产生影响的本土文献较少，这与数据的可获得性较低有关。前文已述，现有的教师专项数据中常缺失工资等收入项目信息，而大型社会调查中的教师样本又较小，如 Liu（2021）基于2007—2008年 CHIP 数据的研究只包含258个教师样本。受数据可获得性的限制，国内学者主要利用自行收集的调查数据分析工资、补助等项目对教师主动流动意向或倾向的影响（杜屏，谢瑶，2019；杜屏等，2013，2015；何树虎，邬志辉，2021；赵忠平，秦玉友，2016；朱秀红，刘善槐，2019）。国内学者常用意向性的隐性流动作为教师稳定性指示器的原因之一是，教师劳动力市场专项数据资料缺乏[③]。大多数研究者均发现，更高的工资或补助可降低教师流动意向、提高工作稳定倾向。

　　关于物质收益对我国教师职业选择影响的重要性，笔者利用2016年在

---

① 笔者根据作者提供的数据进行推算。由于 AEP 项目提供的绩优一等奖约为300美元，而一等奖相当于教师基本工资的33%（Elacqua et al.，2022），由此推知教师的基本工资约为909美元。

② 20 000＝8000＋4000×3。

③ 确定收入与教师流动行为之间的因果关系需要更高质量的数据做支撑。一方面，教师流动行为数据较难获取；另一方面，截面调查数据中通常只收集当期教师工资或补助等收入组成部分的信息，而当前岗位提供的待遇既可能是教师离开上一份工作的原因，又可能是上一次离职的结果，存在双向因果关系的可能性。换言之，在这种情况下，研究者不能确定收入对教师工作稳定性（流动性）的净影响。

湖北省的调查数据做简要补充。2214 名参与调查的在职教师中有 25.15%的人表示，"在给予一定补偿或优惠的前提下愿意去农村偏远地区学校任教"；2226 个职前教师中有 44.38%的人将"薪酬待遇"作为有助于增强教师去农村学校任教意愿的第一重要条件[1]。在 367 名被访校长中，将"薪酬待遇"列为"有助于增强新教师去农村学校的从教意愿"的首要条件的超过80%，将"薪酬待遇"列为第二重要的条件和第三重要的条件的校长分别仅占 15.53%和 2.47%。由此可见，经济补偿能在一定程度上抵消学校区位劣势给教师职业效用造成的负面影响。

除了直接增加在职教师的收入外，很多国家和地区还通过面向师范专业学生设置助学金、减免学费或到岗后一次性退还大学期间的学费等方式吸引优秀人才从教，这相当于提前给教师预付一部分工资（Castro-Zarzur et al.，2022）。我国的"公费师范生"政策借鉴的是这种思路，该项目在提高师范大学生源质量方面起到了重要作用（Han，Xie，2020）。但面向职前教师的经济激励政策是否能解决师资短缺或稳定教师队伍等问题仍有待考察。例如，笔者基于湖北省的调查结果显示，2224 名在职教师中，25.18%的样本认为，"按在农村服务年限对到农村任教的师范生实施补偿大学四年学费的做法能解决大学毕业生不愿意到乡村地区任教的问题"。多数校长对利用到岗退费的方式吸引教师到农村任教的看法更乐观，375 名提供有效信息的校长中，认为到岗退费可解决大学毕业生不愿意到乡村地区任教问题的占 35.20%，只有 13.60%的被访校长认为这种做法没有效果。然而，21.36%的职前教师认为，这种到岗退费的方式不能解决大学毕业生不愿意到农村任教的问题；近 30%的职前教师认为设立师范生专项助学金不能增强师范专业的吸引力、不会提高师范生的从教意愿[2]。

综上，经济激励以何种形式在教师职业选择过程中发挥作用，以及在什么条件下发生作用，这值得我们更细致地分析。

二、工作环境对教师职业选择的影响

前文已述，从微观个体的择业心理的角度看，收入和工作环境构成劳动者职业效用的核心要素，源于工作环境的非物质收益是职业生涯选择的

---

[1] 在职教师对薪酬待遇激励作用的认可度最高，如马玉霞（2012）对河南省郑州市七所中学451位中学教师的数据进行研究后发现，"可观的收入与较好的福利"是"第一激励因素"。

[2] 中小学校长的看法与师范专业学生的看法基本相同，377 名被访校长中约 32%的样本不同意"对师范生设立专门的助学金可增强师范专业的吸引力"的说法，不同意"对师范生设立专门的助学金可增强师范生的从教意愿"这个说法的占 45%。

重要效用维度（Chambers，1981，2010；Jr Lucas，1977）。而且，Bacolod（2007）对 BBLS 数据进行分析后发现，工作环境在决定哪些人选择从教，以及他们去哪里任教方面所起的作用跟收入一样重要。这就是为什么收入不能完全解释教师职业选择行为与心理的原因，因为高收入人群的离职行为就不能纯粹用收入来解释（Groes et al.，2015）。例如，邢春冰（2008）对 CHIP 2002 数据进行分析后发现，换工作对职初工资较高个体的后续收入有负向影响，职初工资高的个人换工作的动力不是增加收入，更可能是改善工作环境。再如，在我国大幅度提高农村教师收入的情况下，边远艰苦地区的师资补充困难仍未得到彻底缓解，偏远山区、经济发展水平相对滞后的县城仍存在骨干教师外流、新教师不愿意前往任教的现象。

这种现象在其他国家的相对贫困地区同样存在。例如，Shifrer 等（2017）基于美国某城区①2009—2010 年教授 3—8 年级学生的 3363 名教师的信息，利用断点回归技术进行分析后发现，奖励没有提高教师稳定性、没有带来学生更高的学业增值水平。再如，马萨诸塞州自 1999 年起为新教师提供20 000 美元的签约奖励以吸引优秀教师，但这笔奖金对留住优秀新教师没有产生实质性作用，如 1999 年参与项目的教师中，一年后有 20%的教师流失，是该国入职一年的新教师平均流失率（9%）的两倍多，而马萨诸塞州有师资补充困难的 13 个学区的教师流失率高达 31%。项目执行后的第二年底，教师的流失率达到 32%，而那 13 个吸引力差的学区的流失率已达 48%，其中，切尔西市签约的新教师在两年后流失掉 91%（Fowler，2003）。欧洲也面临类似的问题。例如，Vandenberghe（2000）利用比利时法语区1973—1996 年 50 041 名中学教师的人事管理政务数据构造教师留任时间长度变量，并基于 Cox 风险模型进行分析后发现，工资对教师留任时长没有显著影响，但工作环境显著影响教师教职的持续时间。

由此观之，除了货币化的收入外，工作环境在教师的职业生涯选择中起着关键作用。学校所在地区的区位环境和学校内部的日常环境对教师招录、续聘和留任等方面的影响在美国受到的关注更高（Boyd et al.，2011）。不受欢迎的工作环境甚至是美国公立学校教师流失的首要原因（Goldhaber et al.，2011；Hanushek et al.，2004b；Hanushek，Rivkin，2007）。

工作环境包括学校层面的日常工作环境和学校周边及其所在地的宏观环境。学校层面的日常工作环境包括教师所在课堂的微观环境、生源质

---

① 这个地区的社会经济水平较低，82%的学生享受国家免费午餐或优惠价午餐、62%的学生是西班牙裔、26%的学生是黑人，且有 30%的学生英语语言能力较差。

量、学生背景特征、学校组织氛围等。生源构成是备受欧美国家学者关注的学校环境指标。例如，Cook（2018）对北卡罗来纳州 1995—2007 年教师人事管理政务数据和每两年开展一次的教师工作环境调查数据进行分析后发现，学校工作环境和生源构成之间存在相关性，学校工作环境包括学校环境安全、教师被信任和尊重、教师免受学生纪律问题干扰、教学工作量适中、教师免受非教学事务干扰、教师高标准要求自己、教师参与学校决策。这些变量均以利克特五点量表的形式进行了测量。

部分研究者发现，学生质量越好，教师主动流动概率越低。例如，Bonesrønning 等（2005）基于挪威 1995—1999 年 15.8 万多名小学教师和初中教师人事管理的政务数据，构造教师供需的联立方程并估计学校生源构成对教师职业选择的影响，得到的结论是，教师在特定范围内挑选这个区域内工作环境更好的学校，少数民族学生比例高、有特殊教育需求的学生集中都给教师的工作带来更大的挑战性，这样的学校面临更大的师资配置困难。Falch 和 Rønning（2007）分析 1998—2001 年挪威劳动与政府管理部、教育部等的政务数据，以及学校年报数据等后发现，25 363 名 10 年级教师主动流动的比例约为 10%，而教师主动流动受学生学业水平的边际影响，其影响约为 1.02 个百分点，学生成绩每提高 1.5 个标准差，教师主动流动到同学区内其他学校的概率降低 0.31 个百分点，教师退出本地公立教育系统的概率降低 0.26 个百分点。再如，瑞典首都斯德哥尔摩市在 2000 年进行高中招生制度改革，Karbownik（2020）利用该国 1991—2004 年的中小学教师管理政务数据和能与教师匹配的学生学籍管理数据，基于双重差分策略的估计结果显示，学生初中毕业前的结业考试成绩绩点每提高 10 个分位点，教师的离职率降低 10 个百分点（约 30%）。又如，Wu（2012）基于 1999—2000 年的 SASS 中 1259 名新教师的数据分析后发现，学校层面的学生行为表现、学校治理和支持等都对师资队伍稳定性产生重要影响。

学校周边及其所在地的外围环境更多地反映社区的宜居性，更好的学校外围环境可给教师的生活带来更多的便利。例如，Boyd 等（2011）将纽约州 2006—2007 两个年度的教师人事管理政务数据与他们所在的 59 个社区的经济地理环境数据匹配，整合成一套含有 1300 多所学校和 76 000 多条教师记录的综合数据，基于这套数据的分析发现，学校周边社区环境特征对教师职业选择产生重要影响，学校附近的居民收入水平以及学校到地铁站的距离等决定教师最终选择到哪里工作以及到那里以后是否会申请调往其他学校。学校若位于人均收入高、公共基础设施便捷的社区，优秀教师愿意去且安心乐教的可能性更大；相反，人居环境较差的社区（学区）

可能会面临教师下不去、留不住的问题。再如，Bertonia 等（2023）匹配秘鲁 2015 年的国家教师选聘数据库中 23 701 名申请人信息和学校年报信息后，利用多项逻辑回归技术进行分析后发现，周边生活设施便利的、富足的城区和学校更受教师青睐，因为教师能够从中获得更多效用的满足。

下文简要梳理工作环境影响师资分布、师资配备的部分文献的研究结果。

第一，工作环境与师资的空间分布存在对应关系。这个规律在发展中国家和发达国家均存在。例如，Greenberg 和 McCall（1974）对智利圣地亚哥 1970—1971 年 3000 多名教师的人事管理政务数据进行分析后发现，优质教师资源的空间集聚性特征明显，表现为受教育水平更高、工作经验更丰富的教师集中在家庭经济基础好的学生就读的学校，这些学校的教师队伍稳定性更强。再如，Clotfelter 等（2007）对北卡罗来纳州 1376 所小学、451 所初中和 408 所高中在 1995—2004 年的教育管理政务数据进行分析后发现，享受免费午餐的贫困学生比例位于前 25% 的学校[①]的专任教师在工作经验、毕业院校质量、资格证考试分数、资格认证机构等级等若干师资质量指标方面都显著更低。这些相对贫困学校的教师和校长在同一学区内更换工作单位或调往其他学区任教的概率更高、师资的流动性大、稳定性较差。另外，Lankford 等（2002）对纽约州 1984—1999 年公立学校约 18 万名教师的人事管理政务数据进行分析后发现，教师质量差异的 35% 可由同一学区内不同学校整体环境所解释，教师质量差异的 45% 来自同一区域的不同学区间。如果一所学校中家庭经济状况较差的学生所占比重高、学业基础薄弱的学生多以及有色人种占比大，那么该所学校可能会面临教师质量低和教师稳定性差等问题。另外，这种情况在工作环境挑战性更大的美国城区学校表现得尤为严重，这些更具挑战性的环境因没有得到应有补偿而导致师资质量差异日益扩大。

若生源质量好的优质学校聚集在一个区域，这个区域内学校教师的整体流动性较小。例如，北卡罗来纳州于 2011 年取消特许学校数量的上限规定，从而使得特定空间范围内的特许学校密度加大，Sorensen 和 Holt（2021）基于工具变量和双重差分进行估计后发现，特许学校集中的学区师资质量整体上升，教师流动性明显降低，但特许学校对周边的其他类型学校师资

---

① 贫困学生比例前 25% 的相对学校中的学生贫困率在不同学段具有较大差异，相对贫困小学中贫困率的最低值和均值分别为 60% 和 73.9%，相对贫困初中的贫困率的最低值和均值分别是 53% 和 66.4%，相对贫困高中的贫困率的最低值和均值分别是 39% 和 51%。

会产生"虹吸效应",加剧优质师资的集聚程度。

第二,工作环境是教师是否继续留任的重要影响因素。例如,Ladd(2011)结合北卡罗来纳州 2006 年的教师人事管理政务数据和全州教师调查数据进行分析后发现,工作环境对教师离职行为和流动意向均具有显著影响。经历过主动流动的教师在新任教学校获得的收入不一定更高,但新的工作环境通常有所改善,这说明,工作环境是导致教师离职的重要原因(Biasi,Sarsons,2022;Feng,2014)。例如,Hanushek 等(2004b)对得克萨斯州的相关数据进行分析后发现,在本学区内变更任教学校的教师的名义工资有小幅下降,但教师调往的新学校招收的贫困学生比例和有色人种学生的比例均明显更低(Hanushek,et al.,2004b);相反,主动流动到其他学区的教师工资有不同程度的涨幅。这种现象的可能解释是,跨学区流动或跨区域流动的动机略有不同,因为不同学区或区域的工资有差异,工作环境也不同,在流动成本(包括心理成本和经济成本)较高的情况下,教师流动的主要原因更可能是为获取更高的货币化收入。若没有明显的收入提升和工作环境改善,教师主动跨区流动的净收益较低、跨区变动工作单位的动力不足。同理,学区内的教师收入大致相同而学校间的具体工作环境存在差异,在收入相同的情况下,教师主动流动的主要原因是改善工作环境。Falch 和 Strøm(2005)对挪威全国中小学 1992—1999 年的教师和学校匹配数据进行分析后发现,如果少数民族学生比例高、有特殊教育需要的学生比例大,那么会增加教师流动到同一学区其他学校的概率,而Buckley 等(2005)对 BBLS 数据进行分析后发现,改善学校工作环境是减少教师跨校流动的有效措施。

诸上事实说明,工作环境对教师职业生活的影响较大(Loeb et al.,2005;Steele et al.,2015)。在我国,工作环境对教师职业生活的影响整体上还没有得到足够重视。我国教师工作环境问题的一个重要表现就是,偏远农村学校或乡镇学校、相对贫困区县的学校环境整体较差。多数本土研究将偏远农村学校或乡镇学校、相对贫困区县的学校不利环境的负面影响视为不证自明的前提,较少花笔墨分析它在教师职业选择过程中的重要作用。所幸的是,这种现象近年来有所改观,国内学者开始探索工作环境对教师主动流动行为的影响。例如,Wei 和 Zhou(2019)对"甘肃基础教育调查"2004—2007 年两期追踪数据进行分析后发现,学校区位显著影响农村教师流动,近城的中心学校教师流动性较小,且这项研究根据教师工作历史回溯性信息区分不同性质的教师流动,能减少"教师流动"的测量误差,可更真实地估计学校区位等宏观工作环境对稳定教师队伍的作用。再如，马红梅等（2020）对"甘肃基础教育调查"（2007 年）数据进行分析后发现，在其他条件相同的情况下，贫困县的农村教师主动流动的概率高于非贫困县的农村教师，在国贫县或集中连片特困地区的学校工作的教师在每份教职上的停留时间更短，且多次主动离职的概率更高。由此观之，工作环境对教师个体的职业选择会产生重要影响，即学校所在地区的整体工作环境越差，教师队伍稳定性也越差。工作环境同样可用于解释我国教师流动意向。例如，黄斌等（2019）对上海、北京、江苏、山东、湖北、贵州、云南 7 省（市）278 所学校 5600 多名教师数据进行分析后发现，受援学校的设施等环境要素影响教师的交流轮岗意愿，且受援学校区位的环境劣势造成的效用损失在教师心目中的估价相当于 30% 的工资。也就是说，地理位置远离中心城区的受援学校只有提供相当于教师当前工资 30% 的补助才能吸引城区教师前去参与交流轮岗。再如，何树虎和邬志辉（2021）对 18 省 35 县 8000 多名教师的相关数据进行分析后发现，学校日常工作条件及其周边环境、学校区位特征对教师留任意愿产生显著影响。

综上，教师是一个看重工作环境的职业群体（Kersaint et al.，2007），工作环境在教师职业生涯选择过程中起着至关重要的作用。环境对我国教师队伍建设的影响主要体现为偏远农村或乡镇以及经济发展水平较低的欠发达地区的优秀教师供给不足、师资队伍稳定性差，这些地区的学校区位劣势明显且教师收入水平不足以弥补区位劣势引起的职业效用损失。国内学者较多地关注偏远农村或欠发达地区的教师收入低等问题，但较少解释这种环境本身对教师职业选择的重要性。因此，有必要考察工作环境对教师稳定性（流动性）等方面的影响。

三、收入和工作环境对教师职业选择的交互影响

工资或补助等收入项目和工作环境除了对教师职业选择产生各自独立的影响外，两者之间还存在交互关系，因为教师工作流动性（稳定性）既受到经济收入的影响还受工作环境的影响，即工资或补助等货币化收入在不同环境下对教师职业选择的影响存在异质性（Borman，Dowling，2008）。换言之，在以留任或流动为被解释变量的教师职业选择方程中，收入和工作环境之间存在交互式作用，具体包括两种情况。

教师收入与工作环境的交互作用的常见的表现形式是：在工作环境不受欢迎的情况下，提高工资或提供补助等可起到保持教师职业选择方程平衡的作用，这正是很多国家和地区平衡师资空间分布的措施得以实现的基础。更高的货币化收入能消除不受欢迎工作环境在教师去留决策中的不利

影响。例如，美国得克萨斯大学达拉斯分校收集 1993—1996 年 37 万多条公立学校师生匹配记录，每年涉及的教师约为 94 000 多人，Hanushek 等（2004b）对这套数据进行分析后发现：一方面，在家庭经济状况较差的学生比例较高或少数民族学生集中以及学生生源质量较低的城区学校，教师主动流动到其他学校或退出教师行业的可能性大，即使工作经验最少的女教师也需要相当于工资 25%—40%的补贴才愿意去工作环境更具挑战性的城区学校任教。另一方面，这些不利的工作环境给教师造成的职业效用损失可通过货币化补偿加以弥补，如黑人学生每增加 10%需为教师提供相当于工资 10%的补助才能留住教师；若将在标准化测试成绩的均值水平以下一个标准差视为后进生，则后进生比例增加 10%，需要相当于工资 10%—15%的补偿才能留住教师。再如，Feng（2009）对佛罗里达州 67 个学区1997—2004 年 47 344 名教师的人事管理政务数据进行模拟分析后发现，在给定工作环境不利的条件下，更高的工资可增加教师留得住的概率，师资配置困难的学校①若想将教师留任率保持在平均水平 81.12%，则需每年为教师提供 10 000 美元的补助；Feng（2010）基于同一套数据的研究结果显示，学校的贫困学生比例每提高一个标准差，享受免费或折价午餐的学生比例从 46%提高到 70%时，教师年均工资增加 20%（约 2521 美元）才能让教师留任率维持在平均水平。

收入与工作环境的交互作用还可能表现为在某些情景下收入的调节作用较小甚至失灵。例如，美国"人才流动计划"项目②为全美有师资补充困难的 10 个薄弱学区的每名教师提供 20 000 美元的补助，以期吸引和留住绩优教师。但由于参与"人才流动计划"项目的绩优教师需要在薄弱学校任教至少两年，教师对此政策的响应度较低，符合条件的学校派出绩优教师支援薄弱学校的只有 10%（Protik et al.，2015）。另外，不充足的经济补偿对吸引和留住教师没有作用。例如，中国教育科学研究院（2018）基于湖南、甘肃、云南、内蒙古、新疆 5623 名教师的分析发现，乡村教师调动工作的最主要原因是待遇偏低。当前乡中心区与偏远村小或教学点补

---

① Feng（2009）按照样本的分布情况确定师资配置有困难的学校，这类学校中贫困学生比例是 69%、黑人学生比例是 47%，而作为参照的中等水平学校中贫困生比例是 48%、黑人学生比例是 26%。

② "人才流动计划"项目的运作类似我国的教师交流轮岗。绩优教师由"人才流动计划"项目负责人根据教师增值分排名来确定，"人才流动计划"项目名单中前 20%的人被确认为绩优教师，他们一年的教学对学生阅读和数学两科的增值水平比中等水平教师分别高 0.13 个标准差和 0.23 个标准差。项目启动前已在薄弱学校任教的绩优教师（即薄弱学校中增值水平排名前 20%的教师）如果在两年内不流动，则可享受 10 000 美元的奖励。

助标准差异在 300—400 元，而距离县城中心区 50 公里以上的乡村教师，一次往返车费就要 70—80 元，补助无法满足其日常需求。上述事实说明，经济激励对教师职业选择的影响具有条件性，工作环境不利的学校只有提供充足的补偿才能实现让教师"下得去、留得住"的目标。

研究收入和工作环境对教师流动性（稳定性）影响的本土文献总体上偏少，主要原因是研究者没有收集足够多样化的样本信息，工作环境在很多研究中只有一个属性值，是无方差的常量，即教师工作环境是研究背景而非解释变量。在工作环境没有差异的情况下，工作环境的主效应、工作环境与收入之间的交互效应就无法得到检验。但国内学者近年来已开始关注收入和工作环境在教师职业选择方程中的交互作用。例如，马红梅等（2020）基于甘肃省 29 区县 2382 名农村教师数据的分析结果发现，更高的职初工资对降低农村教师首次主动流动概率以及延长首份教职的持续时间的作用在贫困地区的效果比非贫困地区更大，贫困地区农村学校教师工资每提高 1.0%，教师主动离职的概率降低 10.8%。再如，黄斌等（2021）基于重庆和宁夏两地 9 县 29 校 1283 名农村教师调研数据的分析发现，提高教师收入能降低在环境艰苦的学校工作的教师的主动流动意向。

需要说明的是，本节讨论的是竞争性的教师劳动力市场上收入和工作环境在教师职业选择过程中的动态均衡关系，若政府通过行政力量改变对教师的总体需求量或教师需求的空间分布，则短期内教师的劳动供给行为和心理可能因受局部劳动力市场上结构性突变的影响而发生较大的变化。第五章第三节将说明这种情况下的教师职业选择行为与心理变化。

第五节　研究创新与分析视角

关于我国偏远农村或乡镇、相对贫困地区的学校教师生存状态的文献很多，这些文献为我们理解具有区位劣势的学校教师资源配置问题奠定了基础。本部分简要论述这些研究对本书的写作启示以及笔者在本领域的边际贡献。

一、已有的研究对本书的写作启示

关于我国中小学教师留任或流动的研究还存在以下几个有待解决的问题。

第一，研究内容有待适度聚焦、解释视角不够清晰。很多研究收集的素材很丰富，作者通常在文中一一罗列影响教师稳定性（流动性）的若干因素，所涉变量面面俱到，但变量之间的因果关系、现象背后的机制等因篇幅限制等而得不到充分的展现。尽管这些研究中涉及工资或补助和工作环境对教师职业选择的影响，但它们与其他变量一样均没有得到充分讨论，工资或补助和工作环境在多大程度上影响教师的职业选择，以及它们通过何种机制影响教师的职业选择等问题还有待更深入的分析。

一方面，尽管关于我国教师劳动力市场的大多数研究都认识到工作环境对教师职业选择及师资均衡分布的重要影响，但它常被视为无须解释的研究背景，人们能从教师的职业选择行为中觉察到学校环境的重要性，但很多文献存在样本来源相对单一、学校区位环境变量测量不够精细、统计分析过程中忽略"空间"维度等研究设计方面的缺陷，仅将"相对贫困区县""农村或乡镇""远离中心城区"等环境设定为投影偏远地区或欠发达地区教育故事的"幕布"，将研究样本局限在单一类型的环境下，缺乏统计分析必备的方差，从而无法估计"相对贫困区县""农村或乡镇""远离中心城区"等学校环境对教师工作稳定性（流动性）的影响。正因为如此，尽管人们都认识到优秀教师工作稳定性差、流动性大是长期困扰中西部相对贫困地区教育优质均衡发展的难题，但学校所在地的区位环境在多大程度上影响当地学校教师是否留任、留多久等问题尚未得到充分论证。

另一方面，尽管教师收入是一个被学术界广泛讨论的话题，但多数研究只将收入作为描述教师待遇的核心指标或比较教育投入地区差异的一个方面。近年来，学者开始关注我国社会制度变迁对教师收入的影响（吴红斌，马莉萍，2015）以及教师工资顶层设计的问题（姜金秋，杜育红，2014；秦玉友，2020），但经济收入在教师职业生活中所产生的工具性价值整体上没有充分体现出来。换言之，教师收入通常是作为结果变量而被解释的，它作为解释变量对教师职业行为和心理的影响还有待廓清。这种研究现状与我国教师劳动力市场调查数据严重缺乏有关，微观层面教师收入数据较难获得，而宏观层面的教师收入数据提供的是"面"上的信息，可用于分析我国中小学教师收入的时间变动趋势或区域空间差异（杜育红等，2013），但无益于以个体为分析单位的"点"的研究。

本书以"教师稳定性（流动性）"为主题，重点解释工资或补助和学校区位环境特征对教师职业选择行为与心理的影响，在理论视角与分析方法、研究内容与数据处理技术等方面有所更新。

第二，与教师"流动与否"这个静态结果同等重要的是，教师在离职前在他曾经服务的学校停留多长时间以及主动更换任教学校的频率多高等动态过程，能为我们理解教师职业生活提供非常有价值的信息，这需要从

"事件史"的角度分析教师流动的过程（Mangan, Trendle, 2017）。据笔者掌握的资料，讨论教师在一个工作岗位上的持续时间长度的文献主要集中在北欧地区和美国（Dolton, van der Klaauw, 1995；Murnane, Olsen, 1989, 1990；Vandenberghe, 2000），这些国家和地区的教师人事管理政务数据、教师劳动力市场专项调查数据建设工作启动早、数据集成技术较先进，教师职业生涯轨迹信息详尽。而关于工作持续时间的本土研究主要集中在普通劳动力市场的个体职业选择上（张世伟，赵亮，2009），教师劳动力市场领域的相关学者因数据缺乏而还没有细致分析教师留多久的问题。

"研究的确建立在其他研究的基础上；但这并不是说它们开始于其他研究的停止之处，而是说由于掌握更多的信息，由于概念更加深化，它们可以更加深入地研讨同样的问题……一项研究，如果比先于它的研究更加深刻——无论这意味着什么——这就是一种进步；但是，与其说它踩在它们的肩膀上，不如说它受到挑战且进行挑战，从它们身旁冲奔而过。"（克利福德·格尔茨，2014b）本书根据研究现状，初步尝试探讨收入与学校区位环境在教师留任（流动）过程中的作用。

二、凸显学校区位环境对教师职业选择的渗透性影响

教师工作环境的覆盖范围很广，从宏观层面的学校所在地经济地理环境到微观层面的课堂教学环境均可被定义为"教师工作环境"，本书重点关注学校所在地的区位环境——学校所在区县是否曾经属于贫困县、学校方位以及到学校中心城区的距离。国际上学者们在考察这类环境对教师职业生活影响时常将之称为学校的"邻里效应"（neighborhood effect）。学校所在地的区位环境是宏观层面的整体环境，是学校不可控且在短时间内无法改变的，它对教师职业生涯选择产生全面的渗透式影响（Dolton, 2006），对区域性教师劳动力市场培育与建设、教育财政制度建设等都具有现实意义。

学校所在地的经济发展水平及其地理位置和偏远程度对教师劳动力市场的影响可归为一个空间经济学的问题，这种差异格局和趋势在世界范围内普遍存在。空间差异既是人类经济活动不均衡的原因，也是人类经济活动聚集的结果[①]。本书基于学校所在地经济地理特征来对教师工作环境进行操作化界定时，主要出于以下几个方面的考虑：①对教师群体而言，

---

① 空间"作为人类生活环境'容器'……在其本身也许是原始赐予的，但空间的组织和意义却是社会变化、社会转型和社会经验的产物"（爱德华·W.苏贾，2004）。

"工作环境"是个很宽泛的概念，包括学校所在社区的宏观层面的整体大环境和日常教学过程中的实时微观环境，如生源构成或办学质量、校长领导支持或教师专业发展条件等外在组织氛围，而一所学校所在地的经济地理特征足以体现它在教师劳动力市场上的受欢迎程度和吸引力，只有把教师吸引到学校后才衍生出让教师在什么环境下生活和教学的问题。因此，从学校所在地更大范围的环境着手，研究对当前教师劳动力市场建设的现实意义和政策启示更大。②从决策过程来看，教师在职业选择过程中通常会先确定就业地点和方位，这个空间范围内的所有学校构成他的备选集合，教师的职业选择实际上只是在这个有限的备选集合中挑选相对合意的学校。综上，学校所在地的区位环境特征值得引起学者们的重视。笔者基于学校所在地的经济地理特征来构造相对贫困县、农村或乡镇、到县城中心的距离等标识学校区位环境劣势的变量，用它们来解释教师留任与否、留任多久和是否愿意留任等方面的差异，所得结果可以为不同区位环境学校储备师资、监测教师存量与流量提供依据。

无论是普通劳动力市场（Hanson，Pratt，1992）还是教师劳动力市场（Jaramillo，2012），与空间有关的不均衡问题受到各国学者的广泛关注。从宏观层面看，空间是塑造劳动力市场吸引力差异的重要因素，各地经济地理环境的差异较大，由此决定局部劳动力市场的相对吸引力的大小，从而影响其聘用同等条件的劳动者所需的工资成本。从微观层面看，空间差异又加速劳动力市场分化，内嵌于特定空间的岗位打上这个空间特有的环境烙印，这种整体环境构成个人职业效用的一部分。一定空间范围内的岗位能吸引何种素质的人取决于这种环境下的收入水平，以及劳动者个人的职业效用偏好结构——经济收入与工作环境各自占多大的比重、两者具有多大的可替代性。下文将简要介绍本书所涉的学校所在地的区位环境。

（一）学校所在区县贫困

学校所在地的经济发展水平在很大程度上决定一个地区的人民生活质量。《中国农村扶贫开发纲要（2011—2020）》中列出的贫困地区多表现出生态环境脆弱、生存条件恶劣、自然灾害频繁、基础设施和社会产业发展明显滞后等特征（王艳慧等，2013）。这些地区因其自然环境和发展条件整体较差而发展滞后，生活水平低。由于多数人偏爱舒适安逸的环境，这些贫困地区在劳动力市场上处于劣势地位，而在这种情况下，个人的效用损失只有在得到等价补偿的情况下，贫困地区的岗位才能与非贫困地区的岗位实现效用无差异化。在补偿个人的效用损失过程中，还会涉及额外的环境补偿成本，因此，这些贫困地区的公共服务所需的人员成本更高。

本书利用G市教师劳动力市场调查数据及政务管理数据分析学校区位环境对教师是否留得住的影响时，将以学校所在区县是否曾经属于国家级贫困县、省级贫困县、山区贫困县等作为当地经济发展水平的替代性度量指标。相对贫困地区的教师劳动力市场整体上处于较为不利的地位，对教师的吸引力较小，师资数量不足、质量不高的问题更突出。这是因为，在相对贫困地区工作的教师自身不一定经济基础差，但地区贫困作为外部环境会直接地或间接地影响教师的生活质量、给教师职业总体效用造成损失，相对贫困地区至少不是教师优先考虑的工作地点。在其他条件相同的情况下，只有更高的物质收益才能抵消相对贫困地区环境劣势对教师职业心理效应产生的负面影响，这样就导致相对贫困地区聘用同等质量的教师需要更高的经济成本（详见第二章第二节的理论分析）。

我国历史上的贫困区县治理策略有利于笔者讨论区位环境对我国教师职业选择的影响，这种优势可通过与其他国家的案例进行对比来呈现。例如，Prost（2013）检验提供津贴对艰苦的ZDP辖区内学校教师留任的影响时，没有分离经济因素和区位因素对教师流动的影响，因为法国政府不仅鉴定出工作环境比较差的ZDP，而且每年给在ZDP内任教的教师发放津贴，但作者没有剥离这项政策中的经济补偿和区位环境对教师去留决策的独立影响。换言之，法国教师流动概率的变化在多大程度上是由独立于区位环境的经济补偿引起的尚不明确，反之亦然。与法国ZDP相比，本书所涉及的学校所在区县贫困这个环境变量具有以下优势，国家根据事先设定的标准将部分区县标记为"贫困县"，但这个政策一方面不是为教育工作者特设的，而ZDP是直接针对教育行业设定的优先发展区；另一方面，尽管我国历史上的贫困县在转移支付和社会捐赠等方面享受优先资助的优惠，但这些相对贫困地区没有为教师提供常规性和制度化的经济补偿，这样就能更清晰地区分收入和区位环境各自的影响。

需要说明的是，尽管我国于2020年底已实现区域性整体脱贫，但历史上的贫困县是"后脱贫攻坚"时期的重点帮扶县，基于这些区县的分析结果仍具有政策启示。为了保持称谓的前后一致性，书中仍称之为"贫困县"或"贫困地区"。

（二）学校的城乡方位

城乡是我国社会差异的主要维度之一。"城"与便利、发达、现代等相联系，而"乡"通常与信息闭塞、生产生活方式落后、传统等相联系，基于城乡差异的社会结构深刻地影响着人们的工作和生活，教师的职业生活也无法免受这种影响。农村学校对教师吸引力小的问题在发展中国家均普遍存在。例如，"吉恩·德勒兹带领一个小组，就印度的教育状况撰写了一份报告，即印度的《基础教育公开报告》（'Public report on basic education revisited'），其中一个发现就是：很多教师非常不愿意到偏远或'落后'的村庄去，一个现实原因就是交通不便或是偏远村庄的生活设施太差……偏远及落后地区常常被看作是教师的耕耘得不到收获的地方"（阿比吉特·班纳吉，埃斯特·迪弗洛，2013）。从这个意义上看，只有将农村建设发展成生活质量与城区没有差异的地方，农村学校师资短缺等由来已久的社会问题才会得到彻底解决。近年来的国家发展战略和思路正在往这个方向努力——大力推进乡村振兴事业，支持相对贫困地区的发展，从而缩小城乡差异。缩小城乡差异对公共事业发展的益处已在很多发达国家得到初步体现。例如，美国的乡村相对宜居，乡村学校师资供给充足且质量较高；相反，拥挤且相对贫困人口集中或少数民族学生占比高的城区的学校师资配置难题较大（Boyd et al., 2011；Guarino et al., 2006）。

学校的城乡方位较好地传达其环境的综合信息，农村学校和乡镇学校的环境整体上比城区学校差，对教师的吸引力较低。正因为如此，部分学者在研究我国农村教师问题时仅在农村学校抽样，将"农村"作为研究背景，重在描述农村教师是怎样的一个群体，以及这个群体内正在发生什么，而较少解释农村对教师产生怎样的影响。笔者基于湖北省2196名职前教师的调查结果显示，愿意到乡镇学校和农村学校任教的样本比例只有3.60%，愿意到县城学校任教的样本比例为11.38%；而愿意到中小城市和大城市的学校任教的人分别占比54.51%和30.51%。笔者对湖北省宜昌市某中学校领导的访谈结果确认了这个事实，有位学校领导表示，"很多农村的大学生希望通过考学改变自己的命运，希望到城市工作。如果回农村的话，很多人今后的职业发展、人生际遇等会受到影响，一般在农村工作几年后也会调到城区学校去"。

第四章将呈现农村学校和乡镇学校相对于城区学校在教师留任概率方面的劣势，笔者还构造教师工资或补助等收入项目与学校城乡方位间的交互项，以检验提高教师收入是否能缓解农村学校和乡镇学校教师主动流动较频繁的问题。

（三）学校偏远程度

"偏远"通常与条件艰苦、交通不便等印象相联系，因此，"偏远"是不受欢迎的环境，这是很多国家和地区均为艰苦边远地区配置津贴的主要原因[①]。即使在交通设施和道路条件取得巨大进展的"时空压缩"时代，学校远离中心城区仍是诱发教师主动流动、阻碍学校发展的重要因素。对教师而言，学校地处偏远位置一方面影响个人生活的便捷性，造成职业效用损失；另一方面，偏远地区学校在空间上的隔离与不便致使这些地区较难吸引和留住优秀师资，只能提供更低质量的教育服务，从而间接地影响当地教育的发展（娄立志，刘文文，2016）。而我国优质教育资源通常集中在中心城区，一些农村教师为自己的子女能在城区接受更优质的教育而调动工作。正如沈伟（2020）所言，"影响教师自主流动的因素多样，他们不仅存在对'更好生活'的向往，也有为子女发展的考虑。在这些原因的驱动之下，大量教师从农村流向城市……向城市流动的多表现为拥有专业资本的优质师资，这就导致城乡教育资源的分野进一步拉大……国家干预下的优质师资辐射作用难以全面发挥，市场驱动下的教师自主流动仍然存在，导致城乡师资队伍统筹在现实中异常艰难"。

"距离"作为两地空间关系的平面特征，能较好地反映地域间的远近。与"距离"有关的学校特征对教师的职业选择行为和心理产生重要影响。

Tobler（1979）提出的"地理学第一定律"表明，"距离更近的事物联系更紧密"，遥远的事物具有"距离威慑效应"（distance deterrent effect）。距离与不确定性和心理陌生感相联系。一些欧美学者研究后发现，教师的劳动力市场半径较小，距离在教师职业生涯选择过程中充分彰显"空间的力量"，而不是"产生美"。以下对相关文献做简要回顾。

距离影响教师的工作地点选择。Boyd 等（2005a）基于纽约州1999—2002 年在公立学校任教的 38 588 名新教师人事管理政务数据的分析结果表明，教师更倾向于选择离家近的学校，85%的教师在以出生地为

[①] 我国的艰苦边远地区津贴制度主要面向国家机关或事业单位的工作人员，这部分津贴基于个人职务技术等级和岗位所在地区的边远艰苦等级内置于工资结构中，最终体现为劳动者获得更高的货币化收入。我国的艰苦边远地区津贴制度最早始于 1956 年，已经经过半个多世纪的完善和修订（马红梅，2021b）。津贴的额度根据个人的职务（技术）等级和地区的艰苦边远等级确定。例如，《人力资源社会保障部 财政部关于完善艰苦边远地区津贴增长机制和调整艰苦边远地区津贴标准的通知》规定，二类地区的县处级机关工作人员或五级至七级专业技术岗位、五级至六级管理岗位的事业单位工作人员每月的津贴是 365 元，同级别的人若在三类地区工作则每月能领取 590 元补贴，而他们若在一类地区工作则每月只有 230 元的津贴。

中心的方圆 40 英里（1 英里=1.609 344 公里）内学校任教，61%的教师在离他们高中毕业学校 15 英里内的地区任教。Goldhaber 等（2014）基于华盛顿州教师培训中心下属六所大学的 8080 名师范专业实习生数据的分析结果显示，教师曾经就读过的中小学或实习学校是他们工作地点备选集合中的要素。Reininger（2012）利用美国"国家教育追踪调查"（National Educational Panel Study，NEPS）数据计算 NEPS 中的所有个体 1990 年所在的高中学校和高中毕业 8 年后的居住地距离，发现 NEPS 最初参与调查且后来从教的被访者在高中毕业学校附近 13 英里内工作，远低于同批次从事其他行业的被访者，其迁徙距离均值为 54 英里。另外，曾在城区高中学校就学的教师 8 年后再受访时，所在学校与高中母校的距离更短，平均只有 4 英里，在城区高中就学且从事其他行业的被访者其平均迁徙距离为 9 英里；而高中毕业于偏远地区高中且从教的被访者，距离高中母校平均 30 英里，其他职业被访者距离高中母校平均 74 英里。60%的教师在高中母校附近 20 英里内工作，而其他职业被访者在高中母校附近 20 英里内工作的人占比为 42%。如果高中母校位于城区，教师在其附近 20 公里内工作的概率是 0.81，而这个概率在从事其他行业的人中是 0.61；而若高中母校位于偏远地区，教师在其高中母校周边 20 英里内任教的概率是 0.39，这个概率在从事其他行业的人中是 0.32。

再如，Boyd 等（2013）基于纽约州奥尔巴尼、水牛城、罗切斯特市、雪城、由提卡等五个地区 1995—2000 年 2000 多所学校中 5000 多名小学教师数据的分析结果显示，新教师首次任职的学校位于大学母校周边的比例高达 36%（Boyd et al.，2013）。教师资格认证所在地与用人单位间的距离同样是职前教师评估一所学校便捷度的重要指标，教师资格认证所在地与学校的距离比均值 8.6 英里每增加一个标准差（8.3 英里），学校对教师的吸引力降低 1.25%。与此同时，Boyd 等（2013）对结构模型模拟教师和学校双向选择过程进行研究后发现，学校领导更倾向于聘用附近区域的申请人。换言之，在教师自身条件和学校办学声誉等相同的情况下，距离是教师和学校双向选择与匹配的重要预测指标。

教师劳动力市场跟普通劳动力市场一样具有"局部性"特征（Moretti，2011），并体现在与"距离"有关的指标方面。例如，Jaramillo（2012）基于秘鲁兰巴耶克省和洛雷托地区两地 513 名教师的调查数据的分析结果显示，教师的首份教职工作确定后，此后的任教学校变动范围不大，新任教学校与首份教职所在地之间的距离相隔不远。Vandenberghe（2000）基于比利时法语区中学教师近 30 年的追踪数据分析结果显示，多数教师都在同一省内的不同学校间流动。

从本书依托的 G 市教师调查可看到同样的趋势，教师填写的最想去的三个意向性县内学校①信息显示，教师劳动力市场的半径较小，体现出典型的"局部性"特征，如表 2-7 所示，G 市中小学教师想去的三所学校均在以当前学校为中心的方圆 10 公里以内，且首选的最想去工作的学校在当前任教学校 5 公里以内。而且，690 名有离职意向且仍有意从教的教师中，69.57%的人想调动到本县其他学校工作，他们意向性的工作调动范围限于县域内，这可能是因为非一线大城市的学校里大多数教师都出生在本区县或周边邻近区县，跨区域流动的经济成本和心理成本太高。以上事实初步反映教师职业选择过程中的"距离威慑效应"，即在其他条件相同的情况下，距离教师所熟悉的地方越远，教师需要克服的障碍和承担的成本越大，进入教师职业选择集的可能性越小。

表 2-7　G 市教师劳动力市场的选择范围　　　　单位：公里

教师当前所在学校与流动范围内学校的距离	均值	标准差	最大值	n
最想去的第一个学校与当前学校的距离	3.296 3	8.623 4	139.376 4	9 000
最想去的第二个学校与当前学校的距离	6.970 0	10.704 4	184.728 9	8 900
最想去的第三个学校与当前学校的距离	7.603 6	11.018 6	239.639 0	8 900
上一所任教学校与当前学校的距离	17.210 0	28.962 5	559.982 9	1 100

资料来源：G 市教师劳动力市场调查，2019

注：①最小值均为 0，即教师最想去的学校仍然是本校；②本表涉及"上一所任学校与当前学校的距离"时，没有剔除两者相距 50 公里以外的情况，与第五章正文中所涉数据略有差异。

我国学者开始关注教师劳动力市场的地缘特征。例如，张源源和邬志辉（2015）基于我国 18 个县 1800 多名 35 岁以下的青年教师的调查数据的分析结果显示，约 20%的青年教师在他们出生的乡镇工作，出生地和任教学校在同一区县的情况占比接近 70%，超过 95%的青年教师在他们出生地所在的省份工作。马红梅和孙丹（2019）基于"甘肃基础教育调查"的分析结果显示，农村教师主要来源于学校所属县域的各乡镇，教师出生地在本村、本乡其他村和本县其他乡的教师分别占比 22.6%、29.8%和 41.3%，省内其他县或其他省的外地教师占比约为 6.0%，且学段越低，本地教师占比越大。刘小强（2019）基于广东省、浙江省、山西省、四川省、贵州省

---

①　教师填写他们当前所在学校、最想去的三所本县学校以及（变动过工作单位教师的）上一所学校的名称等信息。笔者根据学校名称及其具体地址，利用学校地址对应的经纬度计算两地之间的直线距离。

40 所学校的实证研究显示出教师构成的地缘结构。

尽管部分学者对教师来源本地化问题的看法比较悲观，认为"教师地缘构成单一化是地区教育发展水平不高、缺乏诱力的反映。不同区域教师地缘的被动聚合、被动构成是聚集师资数量和区域内教育数量不足、质量不高的体现"（王安全，2011）。但教师来源的本地化是自古就有记载的现象。例如，李景汉（2005）在《定县社会概况调查》一书中记载了 20 世纪 20—30 年代定县东亭乡（今为定州市东亭镇）62 村小学教师来源地，在 78 名教师中，本村出生的占 35.90%，本县出生的占 93.59%。

与"距离"有关的指标影响教师的稳定性。例如，Boyd 等（2005b）研究后发现，教师出生地与任职学校间的距离越短，教师主动流动的概率越低。这个研究结论在欧洲国家得到确认。例如，Barbieri 等（2011）将意大利 2006—2007 年的教师人事管理政务数据与人口普查数据进行匹配，对在 17 815 所学校任教且生于 1940—1980 年的 71 692 名教师申请工作单位变更意向情况[①]进行分析后发现，学校与教师出生地的距离能有效预测教师是否提出工作调动申请以及拟申请调往哪些学校工作，且学校与教师出生地两地的距离对教师主动流动意向概率的影响呈倒 U 型趋势。马红梅和孙丹（2019）基于我国甘肃省农村地区 1300 多名教师的分析结果显示，生于本村的教师的留任概率更高，这可能是部分农村学校偏爱聘用本地人的潜在原因。

距离与空间可达性负相关，而空间可达性与师资质量正相关。远离中心城区的偏远农村通常现代化水平较低或通勤成本高，以及医疗卫生和基础教育等公共服务或设施质量较低，这必然影响到在其中生活与工作的个人。距离中心城区较远的学校"面临天然的劣势，突出表现为教师'引进难、留住难'的问题……对教师而言，'距城远近'所带来的是生活境况乃至人生命运的质的差别"（吴银银，2021）。其他国家和地区的证据支持以上说法，如 Asim 等（2019）基于马拉维 5400 多名教师的数据分析结果显示，学校到集市中心、商业都市圈、主要干道等的距离越远，师资质量就越低。

综上，在教师具有较大的职业选择空间时，地理位置偏远的学校不是多数教师的首选项。正因为如此，学校到县城的距离是部分地区确定乡村教师生活补助的依据之一，如重庆市石柱县的乡村教师生活补助额度将"海

---

① 每位教师每年最多可填报 10 所有意向前往任教的备选学校。

拔高度、通车里程"作为参考指标[①];再如,本书的样本来源地所属省份将学校到县城的距离作为乡村教师生活补助的参考标准[②]。

很多文献均证实地理位置偏远的学校面临着师资配备困难这一事实,这些学校一方面对优秀教师的吸引力不足,很难补充新的优质师资,"下不去"现象普遍;另一方面,在职优秀教师流动性强、稳定性差,"留不住"矛盾突出(Boyd et al.,2009;Boyd et al.,2005b;Hanushek et al.,2004b;Ingersoll,2001;Scafidi et al.,2007)。近年来,学校偏远程度对教师劳动力市场的影响逐渐受到国际学术界的重视,但这种研究设计与分析思路尚未引起国内学者的足够重视,本土文献多将学校偏远程度等区位特征作为铺陈处境不利群体在教育资源分配方面的不均等问题的研究背景,以某一类型的偏远地区为样本来源地的教师队伍建设研究均遵循这样的研究设计思路[③],学校偏远程度以怎样的方式对教师职业选择行为和心理产生影响,我们不得而知。

在不发生学校布局调整的情况下,学校不会发生位移,其地理位置是无法改变的。从公共政策的角度看,只有寻找能弥补远距离学校区位劣势的补偿措施才能解决师资数量不足、质量不高的问题,而提高教师收入或提供教师生活补助在弥补偏远学校的区位劣势方面更具可操作性,如我国"乡村教师生活补助"政策旨在用经济补偿的方式弥补偏远农村学校的区位劣势。下文将简要回顾学校偏远程度与教师收入间的关系。

Chambers 和 Jr Fowler(1995)基于 SASS(1990—1991 年)数据的分

---

① "采取跑面、实地测量的方式,按照海拔高度、通车里程,勘察学校周边环境、交通住宿条件、学校类别等五大类进行量化打分,重点向条件艰苦的边远、高寒地区学校倾斜,形成将教师向边远薄弱学校引导的正确导向。人均月补助标准根据补助总量、各校享受补助人数和各校的量化打分结果核定,依次为 1200、1100、1000、900、800、700、650、600、550、500、450、400、350、300、250、200 十六个标准"。资料来源:教育部办公厅.[2017-09-01].教师队伍建设典型工作案例二:乡村教师生活补助工作优秀案例. http://www.moe.gov.cn/jyb_xwfb/xw_fbh/moe_2069/xwfbh_2017n/xwfb_20170901/sfcl_20170901/201709/t20170901_312874.html。

② X 省财政厅、X 省教育厅、X 省人力资源和社会保障厅《关于 X 省山区和农村边远地区义务教育学校教师岗位津贴实施方案的通知》提出,"在距离县城 10—25 公里的农村学校工作 3 年以上的,发放标准不低于人均标准;在农村学校工作 10 年以上,或在农村学校工作 3 年以上且受聘副高级及以上专业技术岗位,或在距离县城 25 公里以上的农村学校工作 3 年以上的,发放标准不低于人均标准的 160%;其他在农村边远地区学校工作的,发放标准不低于人均标准的 60%"。

③ 国内学者在这方面研究的缺乏与数据获取难度较大有关。国内关于教师职业生涯选择的研究多在单一类型的地区或学校抽样,在这种情况下,学校所在地的区位特征是个常量,它因缺少变异度而不能参与统计分析,因而只能作为叙事背景。另外,学校所在地的经济地理信息尚未被充分利用也是一个重要原因。

析结果显示，距离中心城区 20—40 英里、40—80 英里、80—160 英里的学校分别需要提高教师工资 0.3%、0.8%和 1.7%，只有这样才能抵消学校偏远给教师心理收益所造成的损失，而约 3 个小时车程（约 160 英里以外）地区的教师收入提高 6.3%，400 英里外的学校需要支付相当于教师平均工资 42.6%的经济补偿才能弥补学校偏远的区位劣势（Chambers，1999）。雷万鹏和马红梅（2021）基于 G 市中小学教师数据的研究结果发现，学校到其所属区县人民政府的距离每增加 1%，教师需获得 2.64%的补偿性工资[①]。由此观之，提高工资或提供补助是消除远离县城的偏远乡镇或农村学校区位劣势的可行措施。

笔者以学校距离它所属区县的人民政府里程数作为判断学校偏远程度的操作指标，并据此检验学校与中心城区距离对教师稳定性（流动性）的影响，以及提高经济收入在消除学校偏远对教师职业选择行为和心理不利影响方面的作用，以丰富学术界对教师劳动力市场机制的理解，研究结果可为教师生活补助政策等提供证据，从而为实现教师劳动力市场的"空间正义"奠定基础：一方面，采用激励型政策工具引导教师资源的流动方向，尊重教师职业选择的自由；另一方面，通过市场化的手段提高教师到偏远学校任教的积极性，保障偏远学校充足的高质量师资。

本 章 小 结

本章是本书写作的重点之一，它为第三章的变量界定和第四章的实证结果报告奠定理论基础和构建分析框架。

第一节主要阐释教师劳动供给与需求的均衡发展。先回顾教师供给与师资短缺等问题，以便在劳动力市场供需均衡机制的更广阔背景下讨论教师流动问题的价值和意义。教师个人职业生涯中的去留决定之所以引起学者和教育政策制定者的关注，是因为在宏观层面将教师个体的职业（再）

---

① 以距离为依据来补偿偏远学校教师的做法还需要考虑地形特征，部分位于高山的学校可能到县城的直线距离较近，但路途不平坦、路况不好、路线迂回等会加剧当地环境的艰苦程度。笔者在鄂东地区英山县陶家河乡调研时被告知，镇中心小学到县城虽然只有 50 公里，县客运站到镇中心有直达班车，约 50 分钟车程，但这段路是崎岖的山路，在冬天下雪时会因安全考虑而封路，而夏天若遇到暴雨时，河水上涨后影响班车正常通行就要绕路行驶，增加约 30 分钟行车时间。这给部分住在县城的教师造成极大的不便。陶河镇的教师可享受每月 300 元的生活补助，他们的平均月收入约 5000 元，生活补助相当于月收入的 6%，高于 Chambers 和 Fowler Jr（1995）基于美国数据得到的偏远补偿，但陶家河乡中心学校教师的期望补助是每月 1500 元左右，实际补助只达到教师期望补助的 20%。

选择行为加总后，教师基于经济理性和市场逻辑的主动流动可能加剧环境较艰苦的地区和学校的师资短缺问题，师资短缺最直观地体现在数量不足层面，但教师数量不足会引发更深层次的师资质量偏低问题，不利于"发展公平而有质量的教育"。

第二节主要通过"教师流动"来理解"教师留任"问题。首先梳理不同类型的教师流动，包括主动流动与被动流动、意向性的隐性流动和付诸行动的实际流动。教师"留任"或"流动"是他们在特定时空范围内在岗状态这一事实的两种不同表述，但"教师流动"作为一个可能影响师资分布均衡性的问题而被广泛地关注（Kelchtermans，2017）。没有流动行为或没有流动意向的个体的稳定性强、流动性低。从变量操作界定的便利度看，个体层面的工作稳定或工作流动通常用以工作单位是否发生过变动为判断标准。因此，它在具体的实证研究中是一个取值为 0 或 1 的、处于非此即彼状态的离散变量：如果"1"表示教师留得住，则"留不住"的流动状态取值为"0"；反之亦然。学者通常从留得住的对立面——"留不住"或"流动"角度解读。在无法获取个人流动行为信息的情况下，研究者将有流动意向但尚未实施流动行为的个体归为"留不住"的群体。国内学者更担心相对贫困地区教师的主动流动及其造成的潜在影响。本节内容尚未考虑由政府主导的教师被动流动。被动流动中的一部分在一定程度上可以消除教师主动流动造成的影响，如"县管校聘"背景下的教师被动流动最主要的目的是通过教师需求的空间结构调整来缓解偏远山区和农村学校的师资短缺的问题；被动流动的另一部分是行政管理部门将部分优秀教师调离教学岗位或调离环境不利、师资短缺的学校，这种情况在设计不够精细的研究中较难识别出来，本书不做重点讨论。

第三节介绍职业选择的理论分析框架，解释教师职业选择的理论基础——"消费型补偿"。该理论引入"效用"概念，将个人的职业选择过程视为消费活动，源自工作环境等方面的非物质收益是个人职业选择过程中产生效用的、具有消费价值的要素，那些产生负面效应的要素需要得到补偿，常用的货币化补偿则最终体现为"补偿性工资差异"，这样就拓宽了解释劳动力市场上的个体行为和心理的边界。"消费型补偿"理论体现在经验规律上，即收入方程中工资或补助与工作环境舒适性的偏相关关系为负或职业选择方程右边的工资或补助等收入项目和工作环境之间产生了显著的交互效应。书中的"相对贫困区县""农村或乡镇""远离中心城区"等只是教师所在的地点和空间，研究最终还是要回归到教师职业生活及与之相关的乡村教育振兴战略。笔者主要分析教师收入与学校区位特征的交互效应，即提高教师工资或提供生活补助在多大程度上能消除学校位于相对贫困区县、农村或乡镇、远离县城等不利区位的消极影响。由此观之，本书的研究内容与方法拓展了"消费型补偿"理论在教师劳动力市场领域的应用范围。

第四节主要阐释收入和工作环境何以影响教师职业选择。回顾工资或补助等经济收入项目和工作环境对教师职业选择影响的相关文献。收入和工作环境共同决定教职岗位的吸引力，并最终体现在教师是否下得去、留得住两个方面，收入高、工作环境好的岗位吸引力强，教师队伍素质高、工作稳定性强。根据"消费型补偿"理论，若学校的工作环境较差，则需要提供等价补偿才能与工作环境好的学校保持同等竞争力。全球各国的教师管理实践者都认识到这个规律的应用价值，很多国家在师资配置工作中考虑到补偿那些在工作环境较差的学校工作的教师，但如何充足而有效地补偿在各种环境条件下工作的教师，仍是一项具有挑战性的任务。因为学校工作环境本身具有复杂性和多样性，全球没有统一的标准可参照，即使在同一国家，不同地区的情况也不同，需因地制宜。这间接地说明为什么关于教师工作环境补偿的文献通常是基于某个地区的个案式研究。

第五节主要基于研究创新与分析视角，总结已有研究的贡献和局限，并阐明本书的写作视角和学术创新性。

第三章　研究设计与分析方法

　　"方法和理论都不是独立的王国；方法是针对一定问题的方法；理论是针对一定现象的理论；它们好比是你所生活的国家的语言，你会说它，这并不值得夸耀，但要是你不会说，那么这是件憾事，还会带来很多不便。"（C. 赖特·米尔斯，2016）本章主要介绍本书的研究设计与分析方法。

　　数据来源、数据收集过程和分析技术等是实证研究中需要重点交代的内容，这些信息有利于读者明确作者的研究设计框架、深入理解研究成果，并建立文献述评与成果阐释之间的联系。本章先简要介绍样本来源地及其作为个案的典型性，然后呈现数据收集过程，最后根据数据的结构和测量等级设定模型并陈述相应的估计方法。

　　第一，从研究设计层面看，本书是个案式的写作。笔者以 X 省 G 市所辖区县为数据采集点，综合利用问卷调查、深度访谈、政务数据等多源异构信息来探讨工资或补助等货币化收入、学校区位环境在教师职业选择过程中的作用及其交互影响，这种变量作用机制对教师队伍建设具有重要启示。

　　以区域性数据为基础的研究本质上属于个案研究。笔者引用费孝通（2013）在回应埃德蒙·利奇（Edmund Leach）"江村何以代表中国"时提及的个案典型性观点："'中国这样广大的国家，个别社区的微型研究能否概括中国国情？'……一切事物都在一定条件下存在的，如果条件相同就会发生相同的事物。相同条件形成的相同事物就是一个类型……它虽然不能代表中国所有的农村，但是确有许多中国的农村由于所处条件的相同，在社会结构上和所具文化方式上和江村基本上是相同的，所以江村固然不是中国全部农村的'典型'，但不失为许多中国农村所共同的'类型'或'模式'。"

　　同样，本书所用数据库依托的信息采集点仅代表一种特殊的类型，G 市虽然地处沿海发达地区 X 省，但它代表的是省域内差异较大的发达地区所辖的欠发达山区，在相对贫困治理、教育帮扶等方面具有典型性。而且，基于历时十多年的政务数据考察样本地区教师劳动力市场建设情况，能反映相对贫困地区不受欢迎的学校环境对能否留住教师的影响，并具体提出可行的解决策略。本书尝试应用政务数据研究区域层面的教师队伍建设，这个尝试有助于推进其他地区有条件地开放政务数据，并将之用于服务教育决策。

　　第二，从方法体系的角度看，本书的写作范式是以定量研究为主、定性研究为辅。笔者综合利用问卷调查、深度访谈、政务数据等方式收集反映同一现象的不同来源信息，并根据数据的结构特性和变量的测量等级选择恰当的统计分析技术，探讨收入与学校区位环境对教师入职后的工作流动情况的影响，以及提高货币化收入在弥补不受欢迎学校区位环境劣势方面的作用。其中，定量分析过程中因数据结构和变量测量等级的差异而涉及多种不同的具体分析技术，笔者将在模型设定部分根据本书拟回答的相关问题进行逐一说明。定性分析的数据主要来自访谈资料和政策文本，它作为佐证资料用来辅助说明定量分析结论，为量化分析结果提供更立体的支撑，还原教师职业选择过程中的若干细节。

第三，从资料收集层面看，本书综合利用不同来源的多种形式的数据。书中涉及不同类型的数据，且每一种数据各有优点和缺点，但它们之间又可以相互补充。例如，G市教师劳动力市场调查是单期截面数据，项目组利用问卷调查这种研究工具主要收集教师的主观流动意向等信息，可用于探索教师是否想留的问题。而且，该调查在"县管校聘"背景下展开，能反映教师劳动力市场环境发生结构性变化的情况下的被动流动问题。政务数据跨度大、可反复观测等特性使其适用于固定效应模型等高级计量分析技术，更精准地估计工资或补助等货币化收入和学校区位环境对教师是否留得住、留多久的影响，笔者还可借此初步评估"乡村教师生活补助"政策对教师留任或流动的作用。另外，项目组定期跟踪部分参与访谈的教师，这些资料可用于辅助说明收入和学校区位环境对教师留任或流动影响的多样态。

第四，从分析技术层面看，本书根据数据的性质和特征来选用多种资料处理技术。对于问卷调查和政务数据等量化资料，笔者根据变量的测量等级以及数据结构特征，分别利用 Cox 风险模型、固定效应估计、双重差分、基于二值响应的概率回归等技术探讨所研究的问题。

第一节　样本来源地及其典型性

本书在实地调研的基础上，结合教育政务数据分析工资或补助等货币化收入和学校区位环境对 G 市教师留任或流动的影响。其中，实地调研是项目组受当地教育行政主管部门委托来开展的。在该市教育行政部门的鼎力支持下，样本信息的真实性和调查程序的可操作性得到了最大限度的保障。调研数据主要通过问卷和深度访谈两种形式收集，调查问卷还涉及教师基本信息和职业生活等方面信息。在正式发放问卷和深度访谈前，团队成员先后数次前往 G 市走访当地教育局和中小学，现场了解当地的教师人事制度改革进展以及改革过程中的人和事,本书主要呈现正式调查的资料。政务管理数据与实地调研数据之间有一定关联,但它们承载的信息及其数据结构具有独特性。

一、样本来源地的基本情况

尽管 G 市隶属于发达的 X 省,但 G 市地处 X 省北部山区,经济发展水平与中西部欠发达地区大致相当,于 2019 年入选"国家第二批产业转型升级示范区"。

G 市属于 X 省的直辖市,下辖 5 县 3 区,并代管 2 个县级市。G 市下辖的 10 个区县之间差异较大,且同一区县内部差异较大。辖区内的一半区县均处于欠发达状态。其中,B 县曾是国家级贫困县;F 县是 X 省重点扶贫特困县;J 县、E 县和 D 市是 X 省省级山区贫困县。这三类相对贫困地区依次被记为 RP_3、RP_2 和 RP_1。第四章第一、二节中会呈现将这三类相对贫困地区综合为一个类别的情况,记为 RP。无论是细分各种相对贫困区县还是将其综合为一个类别,其参照组均是非贫困区县。基于该市的研究能为新时期的教育帮扶、教育相对贫困治理、欠发达地区师资队伍建设等问题提供借鉴。

二、样本来源地的教师劳动力市场建设情况

G 市积极探索教师劳动力市场改革与建设,具有以下两方面的典型性。

第一,G 市所在的 X 省贯彻与落实教师生活补助政策方面的力度较大,较有代表性。例如,该市财政局于 2022 年 12 月 26 日转发的《X 省财政厅关于提前下达 2023 年山区和农村边远地区教师生活补助资金的通知》提及,全省教师生活补助的绩效目标是"进一步完善保障山区和农村边远地区义务教育学校教师工资福利待遇的长效机制,建立促进义务教育均衡优质发展的农村教师生活补助制度""吸引和鼓励优秀人才到山区、农村边远地区长期从教、终身从教,稳定山区、农村边远地区骨干教师队伍,促进山区、农村边远地区学校教师整体素质提高……2023 年省定补助标准为每人每月 1000 元,预计 2023 年约有省补助的 71 个县(市、区)共有在编在岗农村中小学教职工 30 万人"。

第二,G 市教师队伍规模较大且教师劳动力市场建设经验丰富。G 市各级各类教育系统的教师规模高达 4 万多人,该市于 2016 年 4 月启动中小学教师"县管校聘"管理改革,是 X 省第一个以市为单位全面推进改革的地区;2017 年 6 月被教育部列为第二批义务教育学校教师队伍"县管校聘"管理体制改革国家级示范区,2018 年获评 X 省人民政府治理创新优秀案

例：2019 年 8 月底全市 10 个区县全面完成"县管校聘"管理改革工作。为更全面地刻画本书所依托的个案的一般性和特殊性，下文将简要描述 G 市的具体社会经济面貌。

G 市的个案具有以下典型性：一方面，G 市面临发达地区的落后区县共有的困境，对解决相对贫困地区的师资配置问题具有借鉴意义；另一方面，G 市又受到与教育资源匮乏的中西部地区同样的约束。以 G 市为观测点的个案研究可以为中西部地区及经济与社会发展水平类似的地区提供参考；G 市大刀阔斧的教师劳动力市场改革后沉淀的数据还呈现出"县管校聘"背景下的新现象和新特点，为我们理解教师职业效用偏好变化的过程提供新素材，第五章第三节将论述教师在面临劳动力市场环境突变的情况下如何改变自己职业效用函数中各要素的相对权重，部分教师压低初始的"收入-工作环境"效用曲线，接受自己原本不愿意接受的偏远山区学校的工作岗位，这个现象反映的是"消费型补偿"理论的复杂性。

笔者援引费孝通（2013）关于个案研究的论述略作补充，"为了对人们的生活进行深入细致的研究，研究人员有必要把自己的调查限定在一个小的社会单位内来进行。这是出于实际的考虑。调查者必须容易接近被调查者，以便能够亲自进行密切的观察……被研究的社会单位也不宜太小，它应能提供人们社会生活的较完整的切片……对这样一个小的社会单位进行深入研究而得出的结论并不一定适用于其他单位。但是，这样的结论却可以用作假设，也可以作为在其他地方进行调查时的比较材料。这就是获得真正科学结论的最好方法"。

第二节　数据集成过程及主要变量

数据之于实证研究的重要性无异于米之于炊。为回答教师是否留得住以及"留多久"等问题，笔者在团队自行收集的调研数据的基础上启用政务数据。每个数据库均有自身的独特优势和缺陷，任何一套数据都不足以回答本书关于教师留任（流动）的所有问题，但综合利用多套不同来源的数据可以呈现教师劳动力市场更完整的图景。

本团队自 2016 年起受 X 省 G 市的委托和邀请，合作开展综合评价改革、教育政策效果评估等项目研究，其间于 2019 年 12 月底收集教师劳动力市场专项调查数据，包括对近万名教师进行问卷调查和对 239 名教师进行一对一深度访谈。数据在该市第一轮"县管校聘"试点政策实施结束时收集，这套数据可用于探索"县管校聘"背景下的教师流动问题。教育管理政务数据中包括在册教师多年来的人事变更记录等，且这些个人层面的政务数据可通过独特的识别码进行合并，这样就可将若干独立的工作表进行纵向关联和横向贯通。政务数据记录的是少量关键信息，需要结合近年来的教师政策才可用于回答精细的研究问题。

一、问卷调查过程及主要变量

项目组利用问卷在 G 市下辖 10 个区县收集了近万名教师的信息。根据 G 市教育行政部门提供的中小学信息、教师名册等，项目组采用分层抽样和整群抽样相结合的方式确立被抽样学校名单，以确保能覆盖不同层次、地区、类别和学段的教师和学校。具体的抽样过程是，首先在每个区县选择 1 个县城、2 个乡镇作为调查区域，入样的 43 个乡镇包括近城乡镇与远城乡镇两种不同类型，远城乡镇和近城乡镇的参考依据是 G 市"山区和农村边远地区教师生活补助政策"的"边远"等级分类标准；然后在入样的县城和乡镇中随机选择若干所不同学段的学校进行调查。其中，在各区县的县城抽取高中一所、初中两所（实验初中和普通初中各一所）、小学两所（实验小学和普通小学各一所）、幼儿园一所。在各区县的远城乡镇和近城乡镇的抽样方案大致相同，均含初中一所、小学两所（中心小学一所、村小或教学点一所）、幼儿园一所，但由于多数乡镇没有高中，所以不抽取高中。具体抽样思路与过程详见图 3-1。

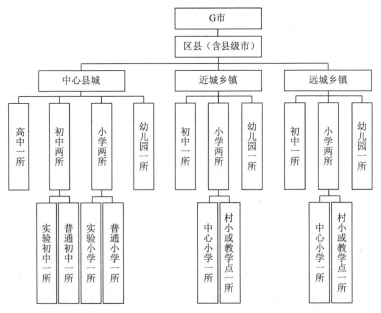

图 3-1　G 市教师劳动力市场调查的量化资料抽样过程

教师问卷和学校问卷的题项设计均借鉴国内大型教育调查，并加入反映新时期教师劳动力市场变化形势的若干模块。问卷由教育局通过网络链接推送到各抽样学校，教师和学校负责人网上填写，入样学校的所有教师原则上全员填写问卷。共 203 所学校的校长和 9037 名教师完成网上答题，有 1 名教师所在区县无法识别而不予以分析，因此，表 3-1 中的教师样本为 9036 个。由于部分教师和学校填写的问卷在关键信息方面存在缺失，最终可与学校匹配的教师样本量只有 7064 个。其中，73 所学校提供了校情数据，但因有效教师样本太少或没有教师参与问卷填写而被剔除；另有 45 所学校的教师填答了问卷，但校长或其他负责人没有填答问卷而导致他们没有对应的学校信息，这 45 所学校的教师不予以分析。最终能与教师数据实现匹配的学校数为 90 所，教师数据和学校信息的匹配过程中损失 1973 个教师样本。回归分析中所需全部变量均无缺失，且答题在正常范围的样本仅剩 4000 多个，详见第四章第二节表中的统计量"n"。

表 3-1　G 市教师劳动力市场调查样本的区域分布

抽样区县	历史上的区县贫困程度	教师样本		学校样本	
		n	占比/%	n	占比/%
A 市	非贫困县	817	9.04	15	7.39
B 县	国家级贫困县（RP_3）	1 063	11.76	17	8.37
C 县	非贫困县	890	9.85	23	11.33
D 市	省级山区贫困县（RP_1）	1 167	12.92	21	10.34
E 县	省级山区贫困县（RP_1）	789	8.73	19	9.36
F 县	省重点扶贫特困县（RP_2）	1 262	13.97	33	16.26
G 区	非贫困县	595	6.58	17	8.37
H 区	非贫困县	604	6.68	15	7.39
I 区	非贫困县，市政府驻地	571	6.32	11	5.42
J 县	省级山区贫困县（RP_1）	1 278	14.14	32	15.76
总计	10	9 036	99.99	203	99.99

资料来源：G 市教师劳动力市场调查，2019

注：①本表数据是未经筛选的所有被访教师和被访学校；②第四章等处提及的"相对贫困区县"或"欠发达区县"是历史上的国家级贫困县、省级山区贫困县、省重点扶贫特困县三类区县的统称，它们的参照组是非贫困的区县。

与教师数据能实现匹配的学校，其所在区县的城镇常住居民年均可支配收入为 2.83 万元[①]，比 2019 年全国同期城镇居民年均可支配收入 4.24 万元低很多（$t=-10.387$，$p<0.001$）；抽样地区的农村居民年均可支配收入 1.61 万元，略高于 2019 年全国农村居民年均可支配均值 1.60 万元[②]，但两者之间的差异没有通过显著性检验，抽样地区农村居民年均可支配收入高出的 0.01 万元无统计意义（$t=0.069$，$p=0.946$）。

提供有效信息的教师的平均教龄是 20.52 年，标准差为 10.60 年；平均受教育年限是 15.73 年，标准差为 0.83 年，小学、初中和高中教师的平均受教育年限分别是 15.54 年、15.84 年和 16.08 年。参照国家关于各学段教师行业准入的最低学历要求，被访教师的学历达标率为 98.93%，且这些教师的受教育年限整体上比行业准入的最低水平多 2.56 年（$t=112.211$，$p<0.001$）。

在任教学科题项上填写有效答案的 8852 名教师中，主要任教科目为语文、数学和英语等核心课程的约占 65.56%，主授科目为历史、地理、政治、物理、化学和生物的教师共占 19.27%，主教其他学科的教师占 15.17%。全体教师中，师范专业毕业的占 81.58%；小学、初中和高中教师分别占 50.00%、32.78% 和 17.22%；在学校担任中层领导的占 10.37%；身兼班主任工作的占 39.53%；骨干教师的比例为 28.08%。

第四章涉及的 G 市教师劳动力市场调查的主要变量包括以下几个方面，笔者对关键变量进行描述性分析，从而揭示项目所涉地区的区域性教师劳动力市场的基本现状。

（一）"县管校聘"实施后的教师流动意向

G 市教师劳动力市场调查问卷中设置了可识别教师流动意向的若干题项，包括换校意愿和退教改行意愿。这两类指标是国内文献常用来标识教师主动流动的操作定义，基于这类被解释变量的研究结果可与本土文献进行比较和对照。

---

① 根据《G 市 2019 年统计年鉴》相关数据计算得到的。

② 2019 年的全国城镇居民和农村居民可支配收入分别是 42 358.8 元和 16 020.7 元。资料来源：在国家统计局官网依次点击"年度数据""人民生活"，然后在左侧"人民生活"的下拉窗口中点击"农村居民人均收入情况"或"城镇居民人均收入情况"，即可在"指标"栏下查看 2019 年对应的"农村居民人均可支配收入（元）""城镇居民人均可支配收入（元）"。

1. 换校意愿

教师的换校意愿包括两种测量方式。

第一，问卷问及教师最希望任职的三所本县学校名称，如果教师想要去的学校中没有一所是当前任教的学校，笔者就将其视为具有流动意向的个体，$MOVE_1=1$[1]，在这种度量方式下具有主动流动意向的教师占17.92%。这种操作界定策略的逻辑是，教师可任意填写他们想去的县内学校，在如此宽松的条件下，教师仍然将当前任教学校列为备选之一，则稳定性强；相反，若三所意向性的学校中没有一所包括当前任教的学校，则教师流动意向强烈。以上提问方式较委婉，是对教师稳定倾向（流动意向）的间接测量。

第二，教师问卷含有直接问"您有离开现在学校的打算吗？"的题项，所有选择"否"的被访者被视为具有稳定意向，即无流动意向，$MOVE_2=0$；反之亦然。通过测量这种方式，我们发现教师稳定倾向较强，8864名填写答案的教师中，超过90%的人没有更换工作单位的意向，仅有9.42%的教师明确表露出流动意向。若在学校层面统计教师流动倾向，校均比例值是12.29%，标准差是19.59%，有流动意向的教师比例在10%以下的学校占61.95%。部分学校的所有教师都有离职的打算，另有33.50%的学校没有教师打算离开。

打算离开当前学校的教师比例较低，这与G市第一轮"县管校聘"政策刚执行完毕有关，此前有流动意向的教师已充分利用这个机会实现变更工作单位的目的，没有流动意向的教师可能被迫更换过任教学校，劳动力市场刚恢复稳态,刚稳定下来的教师在短期内想继续变动工作单位的较少。在这种情况下，产生流动意向可能属于以下几种情况：①那些经历跨校竞聘或组织调剂等被动流动形式的教师，人职匹配程度较低，可能产生离职想法。在"县管校聘"过程中，变更过任教学校的3085名教师中，有打算离开当前学校想法的占10.24%，而在"县管校聘"过程中没有变更任教学校的5779名教师中，打算离开当前学校的教师仅占8.98%，明显更低，因为卡方检验结果是$\chi^2=3.756$，$p=0.053$。尽管接受组织调剂的教师对当前学校不满意的可能性更大，接受组织调剂的教师中，约3.74%的被访者明确

---

[1] 同一含义的变量的不同度量方式用脚标标记，如 $MOVE_1$ 是 $MOVE$ 的第一种度量方式，而 $MOVE_2$ 是 $MOVE$ 的第二种度量方式。字符相同的变量名在书中表示相同含义的变量，如 $MOVE$ 均表示教师有打算更换任教学校的想法，即换校意愿；而 $EXIT$ 均表示教师有改行的想法，即退教改行意愿。

表示不满意，但他们在劳动力市场上可行能力较低、可选择范围狭小，不太可能在刚安顿后不久就产生离开当前学校的想法；而那些通过跨校竞聘获得职位的教师，一方面具备一定的竞争力，另一方面可能对曾经工作的学校或理想中的学校还抱有希望，产生离开当前学校的想法的可能性更大。在 1528 名被组织调剂的教师中，打算离开当前学校的仅有 7.53%，而在 1407 名经历跨校竞聘的教师中，打算离开当前学校的占 10.87%。接受组织调剂和跨校竞聘的教师在流动（稳定）意向方面存在显著的差异，χ^2=9.896，p=0.002。②在通过校内竞聘方式保住现有教职岗位的教师中，有一部分人可能是为保险起见才选择继续在原来学校任教，在条件成熟的情况下，他们可能还会继续调动，表现出流动意向。总体而言，G 市参与调查的教师中，具有流动意向的教师的比例比国内多数文献中呈现的比例低。

在被继续追问流动意向性方位时，教师整体上呈现出"离乡进城"的趋势，农村学校不受教师欢迎的事实再次得到确证。在 690 名有离职意向且仍有意从教的教师中，想调动到县城的教师占 66.52%，仅 7.39%的人想调往其他农村学校。在 236 名想流动的乡镇学校教师中，8.90%的人想去农村学校；而在 266 名想流动的城区学校教师中，仅 4.89%的人想去农村学校；在 9 名想流动的农村学校教师中，没有一人选择农村学校，6 人想去县城学校，余下的 3 名想去乡镇学校。

2. 退教改行意愿

如果教师有离开当前学校的打算，则我们会继续追问教师的具体去向。笔者将选择其他行业的教师归为具有退教改行意愿的类型中，$EXIT$=1；而所有选择教育系统的人以及没有打算变更任教学校的教师均被视为无退教意愿，$EXIT$=0。有退教意愿的教师占全部样本比例为 1.64%，在"县管校聘"政策推行过程中，变更过任教学校的教师和留在原校的教师的退教改行意愿无显著的组间差异，因为卡方检验得到的结果是 χ^2=0.066，p=0.797。

将教师退教改行意愿加总到学校层面，平均每所学校有 1.39%的教师有退教改行意愿。若在县市层面加总教师退教改行意愿，则教师职业忠诚度最高的 A 市平均只有 0.10%的教师想要退教改行，而教师职业忠诚度最低的 B 县有退教改行意愿的教师比例高达 2.40%。如果仅在有被动流动经历的教师中计算，则有退教改行意愿的教师比例最低的地区和最高的地区分别是 0.07%和 3.15%。

（二）"县管校聘"背景下的教师流动行为

G市教师流动形式较复杂，从已发生的事实性流动行为来看，主要包括"县管校聘"政策执行过程中劳动力市场"重新洗牌"所致的城区学校落聘教师的被动流动、偏远山区和农村学校骨干教师通过跨校竞聘的方式向城区学校的主动流动，以及"县管校聘"前已推行的"交流轮岗"。在全体4522名有流动经历的被访教师中，1534名教师参与的是交流轮岗，占比33.92%[①]；而其余的教师在"县管校聘"政策推行后变更任教学校。有极少数年轻教师为享受乡村教师生活补助、减轻家庭经济困难而主动申请到偏远山区和农村学校工作；另有部分教师申请到偏远地区的学校工作，这些教师多为曾经有过在农村生活的经历或者是想回农村老家，以便于赡养父母。这种逆向的主动流动案例较少，不予以分析。

G市"县管校聘"改革是基于当地教师劳动力市场的现状而做出的改革尝试，旨在将城区学校剩余教师劳动力转移到偏远乡镇和农村的学校，以推进城乡教育一体化和均衡发展。在"县管校聘"政策的具体实施过程中，宏观层面的师资空间分布不均的压力又被转移到学校内部，因此教育部门以学校为单位开展教师考核工作，并以此为基础决定教师的工作去向。自2016年4月起，G市开始探索构建"三级竞聘"机制，通过以岗定编、优进劣退等方式收紧城区学校的教师劳动力市场，以解决教师资源不均衡、结构性缺编、职业倦怠等问题。"县管校聘"政策于2017年在该市三个地区试点推行[②]，2019年底已在全市范围内全面铺开。

"县管校聘"过程中，各学校的编制数量按照生师比或班师比等标准分学科[③]进行分配，超编学校所涉相关科目的教师就面临着强制退出与重新安置的问题，"县管校聘"政策执行过程中阻力最大的来自这部分超编学

---

① 1534名提供有效信息的参与交流轮岗的教师中，跟岗学习、对口交流、支教交流、挂职交流和其他形式分别占23.27%、19.17%、43.42%、3.85%和10.30%。

② 2017年4月，G市印发《关于推进全市基础教育学校公办教师"县管校聘"管理改革的工作意见（试行）》，"县管校聘"改革从编制和岗位使用与管理、岗位竞聘、教师交流、补充与退出等方面进行，旨在建立"编制和岗位总量控制，动态管理"机制，其核心理念是将教师资源从单位所有变为区域共享，实现教师无校籍管理，教师由"学校人"向"系统人"转变，从而有利于教师人事管理部门从宏观上配置区域内的师资资源，以期推动城乡教育均衡。

③ 教师总量不足但部分学科教师超编的学校面临着教师队伍学科结构调整的问题，需要将超编学科的冗余教师识别出来并"清理"出去，然后通过组织跨校竞聘的方式筛选外校相关学科教师来补充缺编学科的教师缺口。换言之，即使一所学校的教师总量符合生师比要求，但若某个学科多出一名教师而另一个学科少一名教师，则超编的那个学科中的那名教师仍需调动到其他缺该科教师的学校，而缺编学科中的那名教师需另行招聘。

校①的教师。各学校制定相对客观的量化考核指标体系②，根据这个考核体系核算校内每位教师的得分，排名靠前的教师通常在第一轮的校内竞聘③中保住职位，但排名靠后的落聘教师需要参加其他缺编学校组织的跨校竞聘，而如果教师在前两轮竞聘中均落选，则只能接受组织调剂。与之相对应的是，需要通过组织调剂的方式填补岗位空缺的学校通常竞争力不足、吸引力较小。

9036 名参与调查的教师中，在"县管校聘"政策实施过程中变更任教学校的共 3156 名，约占 34.93%，但有效填答任教学校变动方式信息的教师只有 2988 名，其中逾一半（51.97%）的情况属于组织调剂，余下 48.03% 是通过跨校竞聘的方式获得的当前职位。通过组织调剂的方式获得教职实际上是被动流动，"县管校聘"中的被动流动在很多教师眼中属于"被贬"。"被贬"有两重含义：第一，相对于声誉好、层次高的"中心"圈层学校，接收这些被动流动教师的学校通常相对偏远，更加"外围"。这可以从体现"越往基层、越是艰苦，待遇越高"梯度补偿原则的教师生活补助中得到佐证，跨校竞聘的教师领取的生活补助均值是 307 元，而接受组织调剂的教师领取的生活补助均值是 357 元，后者在 1%的水平显著高于前者（$t=2.893$，$p=0.004$），这是因为组织调剂名单上的学校普遍更艰苦边远，它们不太可能是教师主动想去的地方。第二，在"县管校聘"政策执行过

---

① 这类学校通常有非常辉煌的历史，曾经生源质量高且有保障、办学声誉好，对教师有较强的吸引力，但由于人口外流或出生率降低以及产业结构的升级等社会变化，学校的生源萎缩，但这类学校的办学声誉仍在、教职仍然有吸引力。在没有实现师资统一规划时期，这些学校能吸引较多教师，而按照当前的生师比等编制核定规则，则出现师资相对过剩问题。例如，某集团的附属中学的教师和校领导均提及，该校的前身是 G 市某大型国有企业的职工子弟学校，该企业因近年的产业结构调整而大幅缩小规模，职工人数随之锐减，因此，这所职工子弟学校面临生源不足、师资过剩的问题。这所学校在"县管校聘"政策实施过程中遭受重创，师资损失较多，因为在这所学校工作的很多教师都需要重新落实工作。相反，对于所有的缺编学校，即使学校制定竞争性的考核指标体系，但由于教师需求量尚未饱和，尚需要接收其他学校转岗而来的新教师，因此，在这些学校工作的教师几乎感受不到"裁员"的压力，这类学校的重点任务是根据缺岗情况开展跨校竞聘工作、择优录用。例如，某百年老牌小学的学生规模近 4000 人，师资严重缺乏，该校校长在接受笔者的访谈时提到，"县管校聘"政策解决了长期困扰该校发展的人手不足问题。

② 70.79%的校长提及，校内竞聘的方式是"量化评分"，另有 20.22%的校长采用"量化评分+面试"的方式。因此，根据这两种情况加总的结果，采用量化考核方式开展校内竞聘工作的学校总共占 91.01%，只有 4 所学校（4.49%）没有任何形式的考核，另外 4 所学校采用其他形式考核。

③ 为确保教师队伍的稳定性，G 市教育局规定各校内部聘用的教师不少于核定岗位总量的 90%（包括校内直聘教师在内）。其中，校内直聘教师是可以不参与考核而直接聘用的需要特殊关照的群体，他们是临近退休的老教师、受孕或处于哺乳期的女教师、身患重疾或残疾的教师等，这类教师的比例通常控制在 10%。

程中经历被动流动的教师通常面临"跨段降级"和"教非所学"的技能错配问题。①跨段"降级"是从小学降到幼儿园、从中学降到小学、从高中降到初中，约 9.59%的教师在"县管校聘"政策实施后的任教学段低于此前的任教学段，其中有 3.46%的教师连降两级——从高中降到小学或从初中降到幼儿园。②"教非所学"是教师所教科目并非他自己所学的对口专业下属学科，如主修地理的教师被安排到小学教数学等。尽管 G 市教育局规定，英语、计算机、美术、音乐、体育这五个学科的教师所学专业必须与竞聘学科岗位一致，其他学科的教师所学专业与竞聘学科对口的情况下优先聘用，但在能识别出"县管校聘"前后主教学科信息的 3147 名教师中，所学专业和所教学科不一致的比例高达 81.72%，且流动前后所教科目不同的比例达 11.91%。由此推知，超过 10%的教师在"县管校聘"政策实施后找不到合适的任教学科，而改教其他科目。

"县管校聘"政策将"被动流动"的问题凸显出来，它既不同于 20 世纪 90 年代的国有企业职工下岗，又不同于近年来的教师交流轮岗。"县管校聘"政策推动下的被动流动与学术界高度关注的教师主动流动的性质完全不同。通过组织调剂的方式被动流动到更偏远艰苦的学校和地区的教师通常是城区超编学校未能主动竞聘成功的教师，他们的生活和工作等各方面都在不同程度上受到"县管校聘"政策的影响，但这些教师又被寄期望于补充缺编学校师资、提高薄弱学校教育质量。

G 市实施"县管校聘"政策后，教师流动行为的动因很容易被识别出来，但 G 市教师在"县管校聘"过程中的被动流动是"消费型补偿"理论的反向应用，因此，第五章将单独讨论 G 市教师劳动力市场改革后的被动流动行为。

（三）教师工资与生活补助

项目组邀请教师填写收入信息，包括年均工资（W）、山区和农村边远地区教师月均生活补助（S）。

8676 个非零工资的教师样本均值是 6.98 万元，标准差是 2.04 万元；而在可与学校信息精确匹配且有非零工资的 6780 名教师中，年均工资及其标准差分别是 7.12 万元和 2.08 万元。最终参与回归分析的有效样本中，教师的年均工资及其标准差分别是 7.08 万元和 2.05 万元。年均工资低于全国居民可支配收入均值水平的教师总比例是 8.69%。其中，6.13%分布在城区学校，而 2.56%分布在乡镇学校和农村学校，工资较低的教师在城乡间分布差异显著（$\chi^2=26.646$，$p<0.001$）。在城区学校教师中，10.08%的样本收

入低于全国城镇居民可支配收入水平；而在乡镇学校或农村学校任教的教师中，低于全国农村居民可支配收入的比例为 6.54%。由此可见，城区学校的低工资教师应该引起我们的关注[1]。

68.58%的被访教师没有享受山区和农村边远地区教师生活补助，余下31.42%的（共 2839 名）领取生活补助的被访教师中，生活补助不为零的教师平均每月享受 892 元，标准差是 288 元。可与学校信息匹配且生活补助不为零的 2321 名领取生活补助的教师中，生活补助均值及其标准差分别是 865元和 292 元[2]。第四章第二节中，没有领取生活补助的教师填补缺失值"0"。

在具体的数据处理过程中，笔者根据教师是否有资格享受生活补助的信息填补缺失值。笔者将教师收入、生活补助作为两个不同变量加入模型，且将与货币有关的变量做自然对数处理，分别考察 $\ln W$ 和 $\ln S$ 对教师职后职业再选择的心理与行为的影响。

（四）学校区位特征

能与教师样本匹配的 90 所学校的方位特征表现如下。①位于乡村、乡镇和城区的学校分别占 5.56%、52.22%和 42.22%[3]。②学校距离当地乡镇政府或街道办平均约 2.95 公里（标准差为 5.34 公里），最远的学校在离乡镇政府或街道办 43.30 公里处；学校到县城中心（即区县人民政府所在地）距离的均值和标准差分别是 13.73 公里和 16.46 公里[4]，最偏远的学校距离县城 65.30 公里。

学校到县城中心的距离能较精确地反映学校的偏远程度。能与教师样本匹配的 90 所学校到县城中心距离的均值和标准差分别是 13.77 公里和16.49 公里，最偏远的学校距离县城 65.30 公里。"学校—区县政府"距离

---

① 从名义收入绝对值的角度看，这部分城区学校教师的收入比农村学校教师更高，尚不足以构成社会问题，但由于城区的生活成本更高，因此其实际收入相对低。这部分群体在以往的教育政策和学术研究中均没有引起足够重视。

② 学校问卷问及"贵校教师的山区和农村边远地区生活补助是_____元/月"。90 所参与分析的学校中，56.67%的学校没有被教师生活补助政策覆盖，在可享受生活补助的 39 所学校中，补助金额的月均值是 904 元（标准差为 3267 元），最少的只有 300 元/月，最多的 1600 元/月。学校问卷中，关于教师生活补助的信息可作为教师个人生活补助信息三角互证的依据，教师自己报告的生活补助水平过高或者部分教师将测量单位和统计周期看错误填的情况下，学校负责人填写的补助额度信息为数据勘误提供了矫正依据。

③ 在所有提供有效答案的 163 所学校中，位于乡村、乡镇和城区的学校数分别是 11 所、72 所和 80 所。位于平原、丘陵和山区及其他类型地区的学校数分别为 44 所、16 所、93 所和 10所，笔者无法判断其他类型的地形是什么，因此，"其他"被视为缺失值。

④ 全体 203 所可精确定位的学校离其所属乡镇政府或街道办和区县政府的距离均值分别为 4.46公里（标准差为 6.11 公里）、18.60 公里（标准差为 18.40 公里）。

是一个连续变量且作对数转换后（lnD）参与分析。

如前所述，距离本县城中心遥远的学校可能到邻县县城较近，这类学校通常位于区县边界线附近。笔者测算每所学校到周边邻近区县（含本县）政府的距离，然后取最近的距离，即所有距离中求最小值，最后取自然对数得到 lnND。第四章表 4-7 中的距离变量替换成 lnND，然后重复表 4-5 和表 4-6 的分析，以检验估计结果的稳健性。G 市教师劳动力市场调查项目所涉的主要变量的基本信息，如表 3-2 所示。

表 3-2　G 市教师劳动力市场调查项目所涉的主要变量的基本信息

变量名	变量的界定与含义	均值	标准差	最小值	最大值
$MOVE_1$	教师想去的三个学校中没有一个是当前学校	0.179 1	0.383 5	0.000 0	1.000 0
$MOVE_2$	教师想离开当前学校	0.094 2	0.292 1	0.000 0	1.000 0
$EXIT$	教师想退教转行	0.016 4	0.126 8	0.000 0	1.000 0
W	教师年总收入/万元[①]	6.944 3	2.352 6	0.240 0	19.364 2
$\ln W$	教师年总收入的对数	11.122 3	0.386 9	8.476 4	12.173 8
S	月均生活补助/元	280.230 5	444.356 1	0.000 0	1 800.000 0
$\ln S$	月均生活补助的对数	0.224 1	0.344 7	0.000 0	1.150 6
VLG	位于农村的学校	0.008 4	0.091 5	0.000 0	1.000 0
$TOWN$	位于乡镇的学校	0.383 0	0.486 1	0.000 0	1.000 0
$URBAN$	位于城区的学校	0.608 6	0.488 1	0.000 0	1.000 0
RP_1	位于省级山区贫困县的学校	0.351 2	0.478 5	0.000 0	1.000 0
RP_2	位于省重点扶贫特困县的学校	0.161 0	0.368 4	0.000 0	1.000 0
RP_3	位于国家级贫困县的学校	0.082 9	0.276 4	0.000 0	1.000 0
RP	位于省级山区贫困县、省重点扶贫特困县或国家级贫困县的学校	0.595 1	0.492 0	0.000 0	1.000 0
DC	学校到区县政府的距离/公里	14.554 7	18.595 9	0.470 0	65.300 0
$\ln DC$	学校到区县政府的距离的对数	1.769 7	1.420 8	−0.755 0	4.179 0
ND	学校到最近的区县政府的距离/公里	10.273 8	10.928 7	0.470 0	32.979 2
$\ln ND$	学校到最近的区县政府的距离的对数	1.635 8	1.262 3	−0.755 0	3.495 7

资料来源：G 市教师劳动力市场调查，2019

注：①为节省篇幅，本表仅报告主要变量，省略在第四章不详细讨论的所有控制变量的分布信息。②变量 VLG—$\ln ND$ 是以学校为单位进行统计的，样本量是 205 名；$MOVE_1$—$\ln S$ 是以教师为单位进行统计的，样本量是 9036 名。

---

① 关于教师收入这个变量的原始数据处理，笔者做以下修正：部分教师看错收入的单位，没有注意到原始问卷中的单位为"万元"，如某教师填写的年收入是"74 400"，笔者先手动纠正这样的填答错误，替换为"7.44"后再分析；另有部分教师将年收入误填为月收入，笔者将小于等于 1.2 的数值均乘 12 个月后记为年收入（2019 年政府在 X 省设置的最低月工资为 2000 元）。

二、半结构式访谈资料

现场调研主要采用半结构式访谈的形式收集质性数据。访谈资料是本研究的辅证材料，用于补充说明量化分析所得结论。访谈对象的选择采用目的抽样的方式确定，首先锁定最能提供饱和信息的典型区县。访谈工作开展的案例区县包括 D 市、F 县、G 区、C 县四地，选择这四个区县做实地走访的主要依据如下。

一类是 D 市、F 县等在教育帮扶、相对贫困治理等问题方面具有优先性的地区。其中，D 市是 G 市"县管校聘"政策推广前的先行试点，它曾是 X 省的 12 个山区贫困县之一。D 市位于 G 市 X 省东北端，辖区内不同乡镇间以及同一乡镇不同村庄间的经济发展水平和教育资源分布有较大的差异。F 县在 X 省中部偏北，地处 G 市南部，是距离 G 市区最远的县城。F 县曾是 X 省重点扶贫特困县，当地基础教育发展长期受困于师资总体短缺且结构分布不均等问题，2019 年 12 月 12 日，教育部教师管理处领导一行曾特地到 F 县调研教师队伍建设和管理改革有关工作情况。

另一类是 C 县、G 区等优质教育资源相对充足、治理经验丰富的地区。其中，C 县位于 G 市最北部，临近 D 市，该县历来注重教育，是 X 省教育强县，入选首批"全国义务教育优质均衡先行创建县（市、区、旗）"试点，是"X 省推进教育现代化先进县"。G 区地处 X 省北部的正中位置，其经济发展水平在 G 市内领先，是"X 省推进教育现代化先进区"，被认定为"全国义务教育发展基本均衡区"。

在每个入样的区县内选择 1 个县城、2 个乡镇作为访谈调查的具体区域。其中，入样乡镇的依据是其所在区县"山区和农村边远地区教师生活补助政策"的"边远"分类标准，分别选定一个近城乡镇和一个远城乡镇。在入样的每个县城和乡镇内，选择 1 所初中、1 所小学参与访谈调查，每个区县参与实地调查的学校 6 所。在每所学校选取跨校竞聘教师、组织调剂教师、校内竞聘教师与校内直聘教师至少各一名，且各校参与访谈的教师总数不少于 10 人。另外，入样学校 1—2 名校领导参与访谈工作，且参与访谈的校领导应对教师人事管理工作较熟悉或参与过"县管校聘"改革工作。

2019 年 12 月 23—26 日，笔者所在的单位——华中师范大学教育学院和 G 市属大学的经济与管理学院、数学与统计学院、G 市教育科学研究院教师发展中心等多家单位联合组成访问团，共计 12 人，分队前往四区县下辖 24 所不同方位的学校开展访谈工作，共访谈 239 名各学科一线教师、52

名校长或学校中层领导、24 名教育局和机构编制委员会办公室的工作人员。教育局或机构编制委员会办公室等机构工作人员的访谈主要采取小组访谈的形式，主要原因包括以下几个。①这些机构的分工相对精细，负责具体业务的工作人员才能提供有价值的详细信息。例如，笔者在机构编制委员会办公室访谈时，两位工作人员参与访谈，其中的一位是主管国家机关/公共事业单位编制的领导，另一位是负责落实日常具体工作的办事人员。②这些机构的人事变动和工作交接等问题更复杂，一对一的访谈形式不适用。如我们在 G 区教育局访谈时，三名工作人员参与访谈，其中的两位全程参与"县管校聘"政策实施，而另一位中途接管该项工作，他们之间可以相互补充信息。

三、教育管理政务数据及主要变量

（一）政务数据用于人文社会科学研究的优点和缺点

政务数据自 20 世纪八九十年代就被广泛地用于科学研究，对教育研究与决策有重要的贡献。在美国等数据建设工作经验丰富的国家，个人从出生那天起的终生所有信息均与社保号码绑定，从而得以贯通，这种综合数据表中包括个人的生物学信息、家庭背景、学校教育状况、劳动力市场表现、医疗和社会保险、婚育与子女信息、财产与税务、空间位置信息等任何可记录的要素。在这样的数据意识和规约的影响下，美国在教育数据生成、整合、使用、共享等方面的优势显而易见。各州和各学区在美国联邦政府的指导下全面铺开教育政务数据库建设。例如，北卡罗来纳州几十年的学生学籍档案及标准化考试信息、教师人事档案、学校校情和财务数据等综合业务数据存放在杜克大学"儿童与家庭政策中心"；普林斯顿大学成立"国家教育追踪数据分析中心"；各州或地方教育研究机构都设立对应的分支机构，如华盛顿大学成立"教育数据与研究中心"、美国研究院下设"教育追踪数据分析中心"。佛罗里达、华盛顿、得克萨斯、纽约、芝加哥、丹佛等地大体量数据频繁地出现在美国教育财政、教育评价等领域的文献中（Figlio et al.，2016，2017）。

美国的政务管理数据还可与大型追踪调查数据兼容起来，实现跨平台兼容和跨情境整合。例如，美国"国家教育统计中心"资助的常规性 SASS 及与此配套的 TFS 不仅可将学生与教他的任课教授、师生所在的学校和所属的学区经济地理等信息关联起来，而且还可与各州政务管理数据无缝衔接。教师个人层面的数据可在不同年份之间纵向合并，通过不同年份教师所属学校的组织代码是否相同就能判断教师是留任在最初的学校，还是流动到新学校，抑或是流出教育系统（Boe et al.，2008）。同时，学生、教师等主体的数据还可通过社保号码与劳动力市场调查等实现跨库合并①。这样纵横贯通的综合性多源异构数据将家庭和学校对个人的终生影响均完整记录下来，并被编织到相互衔接的信息网络中，以供用户端根据需要和权限来调用各节点上的有效信息。

这样的全域大规模跟踪数据具有结构优势，统计也比较便利，在欧美国家的教育质量监测与评估研究中得到广泛应用。例如，关于教师劳动力市场的研究常用政务数据考察师资队伍质量的发展趋势、评估旨在提升师资质量的相关政策的效果（Clotfelter et al.，2008a，2008b，2011）。政务数据长年累月地客观记录政府工作或事务管理过程中的各种信息。各地政府需记录的事项类目和元素、统计口径等具有跨时期的稳定性，因此，很容易在时间的长河中沉淀海量具有良好结构属性的追踪数据②。这种数据可适用于固定效应估计等高级计量方法，以减少模型设定偏误，得到更加精准的估计。笔者将在模型设定部分再细数基于追踪数据的技术应用优势。

政务数据因信息安全之需等，需要严格保密，确保数据被准确解读，因此，开放性低、获取难度大。张楠等（2019）指出，"我国目前公共数据开放程度较低，处于起步阶段的初端"，存在"数据量少、价值低、可机读比例低；缺乏高质量的数据应用"等问题。截至目前，国内管理过程中的伴随式数据总体上尚没有被充分用于研究，只有少数学者在部分地区或个别学校开展过个案研究。我国行政管理过程数据的垄断与封闭现象不仅限于教育领域，经济学家发出过同样的呼吁，感兴趣的读者可参见甘犁和冯帅章（2019）关于第二届"微观经济数据与经济学理论创新论坛"的综述。

G 市自 2008 年起对全市 2 万—3 万各级各类学校教师的所有人事信息进行记录，包括教师的人口学特征、毕业院校、入职时间、所在学校名称、在每所学校服务的起止时间、工作调动原因备注、基本工资和补助、职称晋升、培训与竞赛、获奖纪录等。所有数据的记录周期是自然年度，即每

---

① 文献中常见的是将 SASS 与"全国青年追踪调查"（national longitudinal survey of youth）、"收入追踪调查"（panel study of income）等数据库合并，以考察教师对学生发展的长期影响。

② 经济学文献称之为"面板数据"（panel data），书中将这两种说法作为等价概念，可交替使用。

年阳历1月1日至12月31日。这样的长周期追踪数据适用于考察教师"留"与"流"问题，能提供教师职业生涯较完整的画像。

本书仅保留那些在参与调查的中小学任教过的教师信息，教师曾任或现任学校没有参与前期问卷调查的情况均不予以分析。笔者根据问卷数据中教师的个人信息，成功匹配6804名教师，无法匹配的教师不参与分析。第四章的具体分析样本远少于理论样本，这是因为部分教师在模型中所用到的变量中存在信息缺损问题。基于政务数据可构造以下关键变量。

（二）政务数据中的教师从教经历

1. 教师是否留

根据不同学年度教师所在学校的名称是否相同，笔者可判断教师是否发生流动，如果教师服务的学校一直没有变动，则教师一直留任在同一所学校；如果教师的工作单位在某个时间点发生变化，则被视为流动[①]。根据教师工作单位变动的文字备注，笔者可判断教师流动是主动的还是被动的。

前文已述，由行政管理部门师资调配引起的教师任教学校变化和由教师个人主动发起的工作单位变动都会留下"流动"的印记，但这两种流动的性质截然不同，前者为被动流动，后者为主动流动。G市政务数据的初步分析结果显示，首次任教学校变化由非自愿原因所致的比例近40%。这意味着研究者有必要关注教师流动行为背后的动机和心理机制，对"教师流动"这个核心概念做更准确的界定和度量。本书依托的教育管理政务数据在备注栏简略地记录了教师工作单位变动的具体原因，使得更精细地度量"教师流动"成为可能。

第四章第一节的实证分析结果呈现的均是以从未流动的教师为参照组的教师主动流动的情况。笔者根据教师每一次工作单位变动的原因备注信息，剔除学校合并、借调、人才引进、推荐等原因导致的教师任教学校变动的情况，仅保留没有备注工作调动原因的样本和从未变动任教学校的教师来开展研究工作。

政务数据中全体教师的初步分析结果显示，67.4%的教师至少有一次

---

① 需要说明的是，政务数据中的"备注"栏还有"退休""去向不明"等字样，本书暂不关注退休等情况，无法判断流动去向的教师不是本书的研究对象。另外，退教改行的教师所占比例整体上不足1%，尚不足以构成有统计意义的亚组，不予以分析。

工作单位变更的经历，且 2000 年后入职的教师的工作单位变动更频繁。在 2016 年实施"县管校聘"政策前，G 市教师的任教学校变更记录中，"撤点并校""借调"等原因导致的被动流动占 38.7%，其余的教师均主动流动到其他学校。能与参与调查的学校相匹配的教师中，从未流动、主动流动、被动流动的教师分别为 2293 人、2749 人和 1762 人，从未流动的教师在有效总样本中占 33.7%。在从未流动和主动流动的 5042 个教师样本中，流动率为 54.52%。

2. 教师留多久

笔者根据教师代码、学年、学校名称三个变量计算教师在每所学校任职的时长，以月为计数单位。①教师服务的学校一直没有变更的情况包括两种可能性：一种是教师自始至终在同一所学校任教，直到退休，在这种情况下，教师在一所学校的停留时间即为退休年月与入职年月之间的时间差；另一种是教师自入职以来一直在最初的学校工作但尚未退休，这类教师在首职学校的工作时间依据的是数据的获取年月与教师的入职年月的时间差，但这种数据具有右删失（right-censored）的性质，因为这些个体在退休前可能会经历一次或更多次工作单位变更。②教师服务学校代码变更过包括两种可能性：一种是教师已退休，笔者能较完整地观察到教师在其职业生涯期间在不同学校间的转换记录，教师的每份教职持续时间即离职年月与入职年月之差；另一种是截至数据获取时间，教师尚未退休，笔者不能确定教师当时所在学校是否为他退休前的最后目的地，这些教师在数据库能追踪到的最后那所学校的持续时间可能存在右删失的问题。数据删失问题的本质是测量误差，Cox 比例风险模型可较好地处理具有删失性质的数据。

对教师每份教职停留时间进行初步分析后，我们得出以下基本结论。

第一，相对贫困区县和非贫困区县所辖学校的教师变更工作单位的频次分别约为 1.67 次和 1.68 次，两者之间没有明显的组间差异，但相对贫困区县和非贫困区县学校教师每份教职的平均持续时间有显著的组间差异，分别是 78.14 个月和 86.65 个月，均差 8.51 个月，具有统计意义（$t=-7.835$，$p<0.001$）。

不同贫困程度的区县所辖学校教师的教职持续时间有差异，相对贫困区县共发生 1729 次教师主动流动，发生在历史上的省级山区贫困县、省重点扶贫特困县、国家级贫困县的分别为 1006 次、393 次和 330 次，教师主动流动前的教职平均持续月数依次为 80.23 个月（标准差 32.24 个月）、

76.06 个月（标准差 29.97 个月）和 74.27 个月（标准差 24.47 个月）。在没有排除其他因素影响的情况下，单因素方差分析结果显示，在不同贫困深度的区县工作的教师，其每份教职的持续时间在 1%的水平呈现组间差异，$F_{(2, 1726)}$ = 11.953。多重事后比较所得的结果显示，就教师每份教职的持续时间而言，省级山区贫困县显著长于省重点扶贫特困县（t=2.217，p=0.027），省级山区贫困县显著长于国家级贫困县（t=3.079，p=0.002），但省重点扶贫特困县与国家级贫困县之间的差异不显著（t=0.869，p=0.385）。

贫困深度与教师流动次数（CNT）之间关系呈现出类似的趋势。主动离职的次数越多，教师流动性越强、稳定性越低。省级山区贫困县、省重点扶贫特困县、国家级贫困县教师平均流动 1.60 次（标准差 0.99 次）、1.67 次（标准差 0.95 次）、1.89 次（标准差 1.16 次），不同贫困深度的区县所辖学校的教师流动频次在 0.1%水平上具有显著差异，$F_{(2, 1726)}$=20.248。其中，省级山区贫困县学校和省重点扶贫特困县学校教师的流动次数差异没有通过显著性检验（t=-1.202，p=0.230），但省级山区贫困县学校教师流动频次显著低于国家级贫困县学校教师（t=-4.419，p<0.001），省重点扶贫特困县学校教师单位时间内的流动速度显著低于国家级贫困县（t=-2.803，p=0.005）。但以上描述性的分析是在没有控制其他任何条件下的组间均值比较，存在严重的遗漏变量的问题，第四章将用更精确的统计分析技术来考察区县贫困程度与教师流动频次之间的关系。

第二，教师所有教职上的平均停留时间约 81.40 个月，但每次工作单位变动的时间间隔差异较大。例如，如表 3-3 所示，相对贫困区县学校教师第一份教职的平均持续时间为 88.31 个月，约 7.36 年，但后来的工作变动间隔周期越来越短，第 4 次工作变更时的间隔只有 48.57 个月，约 4.05 年，而到第 8 次缩短到 19.06 个月。非贫困区县学校呈现出类似的趋势，教师的首份教职长达 97.45 个月，但第 8 份教职的持续时间只有 25.98 个月，前者是后者的 3.75 倍。笔者利用 CEPS 数据对中学教师每份教职的时长进行比较分析，886 名教师的第一份工作平均持续时间是 108.88 个月（标准差是 82.96 个月），约 9.07 年，第二、三、四份工作的持续月数均值分别是 99.93 个月、46.72 个月和 23.22 个月，标准差依次是 80.24 个月、66.10 个月和 41.11 个月。需要注意的是，由于 CEPS 没有收集教师变换工作单位原因的信息，以上结果同时包括主动流动与被动流动两种情况，因此，这个比较结果仅作为辅助依据。但这两套性质和结构完全不同的数据均呈现出教师教职持续时间随着流动次数的增加而变短的趋势。

表 3-3 教师的教职持续时间、流动次数等的区县间差异

变量名	变量的界定与含义	全样本			相对贫困区县			非贫困区县			相对发达区县-相对贫困区县
		n	均值	标准差	n	均值	标准差	n	均值	标准差	
DUR_1	第一次主动流动前的工作持续时间/月	1 638	91.78	33.72	1016	88.31	31.47	622	97.45	36.42	9.14***
DUR_2	第二次主动流动前的工作持续时间/月	695	71.74	22.30	428	68.92	20.84	267	76.25	23.81	7.33***
DUR_3	第三次主动流动前的工作持续时间/月	312	66.01	22.58	179	62.40	21.09	133	70.88	23.66	8.48***
DUR_4	第四次主动流动前的工作持续时间/月	105	51.86	16.83	68	48.57	17.15	37	57.92	14.58	9.35***
DUR_5	第五次主动流动前的工作持续时间/月	35	43.58	12.83	24	40.14	12.12	11	51.09	11.48	10.95***
DUR_6	第六次主动流动前的工作持续时间/月	11	38.66	8.81	7	35.73	9.41	4	43.79	5.12	8.06+
DUR_7	第七次主动流动前的工作持续时间/月	7	32.39	5.61	5	30.29	4.94	2	37.64	3.75	-7.35*
DUR_8	第八次主动流动前的工作持续时间/月	4	22.52	4.58	2	19.06	3.21	2	25.98	2.17	-6.92**
DUR	八次主动流动的平均工作持续时间/月	2 807	81.49	32.21	1 729	78.14	30.47	1 078	86.85	34.15	-8.51***
CNT	主动流动次数/次	2 807	1.67	1.01	1 729	1.67	1.02	1 078	1.68	1.00	-0.01

续表

变量名	变量的界定与含义	全样本			相对贫困区县			非贫困区县			相对发达区县−相对贫困区县
		n	均值	标准差	n	均值	标准差	n	均值	标准差	
W	教师月工资/元	6 804	4 831.19	2 406.67	4 186	4 342.09	2 455.92	2 618	5 613.21	2 101.63	1 271.92***
S	教师月生活补助/元	6 804	246.57	237.89	4 186	267.74	254.47	2 618	212.72	204.18	−55.02***
D	学校到区县政府距离/公里	90	18.06	12.31	54	19.84	13.01	36	15.39	10.82	−4.45+
$MOVE$	主动流动的概率（以从未流动的教师为参照组）	6 804	0.55	0.50	4 186	0.56	0.50	1 078	0.52	0.50	−0.04*

注：①相对贫困区县包括历史上的省重点扶贫困县、省级山区贫困县和国家级贫困县，其他地区均为非贫困区县，余同；②表中的减数组是相对贫困区县，余同；③字符"DUR"后面的数字脚标表示主动流动次数，如 DUR_1 即教师第一次主动离职前在首份教职上的停留时间（单位：月）；④+、*、**、***分别表示在10%、5%、1%和0.1%的水平显著，没有标记的表示达不到约定俗成的显著性，余同；⑤变量"D"对应的"n"是有效学校样本量，其他变量对应的"n"是有效教师样本量；⑥教师月工资和生活补助中均做对数处理，即 $\ln W$ 和 $\ln S$；⑦为节省篇幅，本表省略其对数形式；此表为向读者提供直观的量感，未报告其详细讨论的控制变量的信息。

第三，从学校的城乡区位看，G市教师的主要流向是从农村到乡镇以及从乡镇到城区。以教师前两次主动流动为例，从农村学校流向乡镇学校的教师分别占48.63%、41.94%；而从乡镇流向城区的教师分别占32.37%、30.28%；从农村直接流向城区的比例更小，而从城区流向乡镇和农村的比例不到1%。这个现象反映的问题是，县域内的乡镇学校和农村学校在让教师留得住方面处于不利地位，即以往本土文献归纳出的我国教师主动流动"向城性"趋势。超过一半的教师从位于农村的学校主动申请调往乡镇或城区的事实说明，"农村"这个宏观环境对教师职业效用的负面影响较大。值得注意的是，尽管多数教师遵循从农村学校到乡镇学校再到城区学校的方位顺序变换工作单位，但有少量教师的主动流动是从一所农村学校到另一所农村学校。这说明农村学校的内部差异较大，一部分农村学校因地理位置更有利或基础设施建设更完善或办学质量更高等，能为教师提供的职业效用比另一部分农村学校更大。

如表3-4第II组结果所示，有效样本中共计2807次流动（含同一教师的多次流动），发生在乡镇学校和农村学校分别为1227次和899次，占所有流动频次中的75.74%。乡镇学校和农村学校教师在每所学校的教职持续月数均值分别是82.59个月和75.77个月，标准差依次为32.09个月和29.74个月；而681次发生在城区学校的主动流动占总流动次数的24.26%，远低于城区学校教师有效样本（占比40.70%）。城区学校教师变动工作单位前在辞去的那些学校平均停留87.04个月，标准差是34.34个月。在没有控制其他变量的情况下，得到的单因素方差分析结果是 $F_{(2,2804)}=25.44$（$p<0.001$），城区、乡镇和农村学校教师教职持续的时长均值差异在0.1%水平显著。多重事后比较分析结果显示，城区学校教师比乡镇学校教师在每所学校停留的时间多4.45个月（$t=2.830$，$p=0.005$），城区学校教师每份教职的持续时间比农村学校教师显著长11.27个月（$t=6.980$，$p<0.001$），乡镇学校教师的教职持续月数比农村学校教师的长6.82个月（$t=4.992$，$p<0.001$）。

城区学校、乡镇学校和农村学校教师在单位时间内的流动速度有显著差异，三类学校教师的平均流动次数依次是1.25、1.73和1.92，对应的标准差分别是0.75、0.90和1.21，各类学校教师流动次数的组间差异在0.1%的水平显著，$F_{(2,2804)}=94.02$（$p<0.001$）。而对三类学校教师流动次数均值的两两比较结果显示，城区学校与乡镇学校（$t=-11.826$，$p<0.001$）、城区学校与农村学校（$t=-12.712$，$p<0.001$）、乡镇学校与农村学校（$t=-4.146$，$p<0.001$）的教师在主动流动频率方面均呈现显著的组间差异。

表 3-4 不同区位特征的学校教师的关键变量分布

I：学校所在区县贫困深度

	省级山区贫困县			省重点扶贫困县			国家级贫困县		
	n	均值	标准差	n	均值	标准差	n	均值	标准差
八次主动流动的平均工作持续时间/月	1 006	80.23	32.24	393	76.06	29.97	330	74.27	24.47
主动流动次数	1 006	1.60	0.99	393	1.67	0.95	330	1.89	1.16
教师月工资/元	2 522	4 438.80	2 517.80	969	4 263.31	2 439.31	695	4 101.02	2 223.40
教师每月生活补助/元	2 522	264.47	252.40	969	270.19	256.85	695	276.16	258.73
学校到区县政府距离/公里	38	21.21	19.29	10	20.48	18.82	11	21.45	17.06
主动流动的概率（以从未流动的教师为参照组）	2 522	0.55	0.50	969	0.56	0.50	695	0.59	0.49

II：学校的城乡方位

	城区			乡镇			农村		
	n	均值	标准差	n	均值	标准差	n	均值	标准差
八次主动流动的平均工作持续时间/月	681	87.04	34.34	1 227	82.59	32.09	899	75.77	29.74
主动流动次数	681	1.25	0.75	1 227	1.73	0.90	899	1.92	1.21
教师月工资/元	2 864	5 549.87	2 707.22	3 213	4 396.39	1 734.81	727	3 921.54	2 890.39
教师每月生活补助/元	2 864	109.29	82.79	3 213	316.10	224.70	727	480.10	359.87
学校到区县政府距离/公里	38	13.92	12.07	43	17.64	15.87	9	24.35	11.05
主动流动的概率（以从未流动的教师为参照组）	2 864	0.52	0.50	3 213	0.55	0.50	727	0.63	0.48

第四，从队列趋势看，20 世纪 90 年代后入职的教师主动流动更频繁，他们在前两份主动离职的工作上停留时间更短，而此前入职的教师的前两份工作时间间隔更长，这可能跟 20 世纪 90 年代开始的经济体制改革有关，也可能是一种全球普遍存在的现象。例如，Vandenberghe（2000）对比利时的数据进行分析后发现，入职年份晚的教师离职概率整体上大于入职年份早的教师。值得注意的是，如图 3-2 所示，在 2008 年前后，第一份教职的持续时间和第二份教职的持续时间整体上呈现延长趋势，这与当时金融危机导致经济形势不稳定、劳动力市场需求不足有关。通常而言，在整体劳动力市场收紧的情况下，新入职的教师质量更高、已在职的教师主动流动的概率更小（Nagler et al.，2020）。

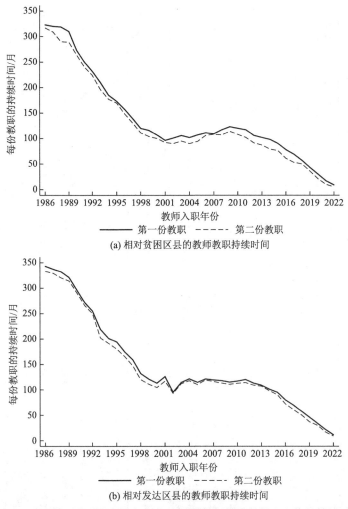

(a) 相对贫困区县的教师教职持续时间

(b) 相对发达区县的教师教职持续时间

图 3-2   相对贫困区县教师和相对发达区县教师前两份教职工作的持续时间

在有主动流动经历的教师中，他们每份教职工作所对应的学校名称可转换成城乡区位信息、经纬度信息等。笔者根据教师所在不同学校的经纬度信息计算教师在上一所学校的基础上流动多远，即两校间的欧氏距离[①]。空间距离在一定程度上反映教师流动的成本，两校间的距离越远，教师流动过程中承担的成本越多、获得的收益越少。G 市教育管理政务数据初步显示，多数教师主动流动前后的两所学校相隔在 20 公里以内，且教师跨县主动流动的比例不足 2%，这是教师劳动力市场半径较小的例证。其他国家的教师主动流动呈现出相同的趋势，当教师首份教职的地点确定后，此后的工作单位通常离他们首次任教的学校不远，较少出现远距离迁移的情况（Jaramillo，2012；Vandenberghe，2000）。因此，本书不分析跨县流动的情况[②]。

相对贫困区县与相对发达区县所辖学校的教师主动离职后，两所学校之间距离在多数情况下没有显著差异，尤其是第三次工作单位变更及此后，两类区县内教师空间移动距离已无差异。然而，由于相对贫困区县教师前两次流动的距离显著更远且前两次流动的频次多、权重大，将若干次流动的距离加总平均后，再比较相对贫困区县与非贫困区县就呈现出显著差异，相对贫困区县教师 1729 次主动流动的距离显著远（1.17公里），平均达 21.13 公里（$t=3.199$，$p<0.01$）。相对贫困区县的版图面积更大，学校空间布局更稀疏，这可能是教师前两次流动距离较远的主要原因（表 3-5）。

---

① 利用 Stata 软件的外部命令"cngcode"获取学校及其所在区县人民政府的经纬度，然后用"goedist"命令计算两地直线距离。这个程序基于 WGS84 椭球参数编写地理坐标、转换与投影处理，再将地表上每个点的精确位置的 WGS84 大地坐标转换为空间直角坐标。因笔者没有查阅学校及区县政府办公地的大地高的信息，程序默认大地高为 0。

② 本书将教师主动流动行为限于行业内跨学校调动的情形，不涉及跨县区变更工作单位和跨行业流动（退教）的情形，因为这部分样本较少，不足以支撑有意义的统计分析。这可能与多数教师生于本县有关。在所有有效分析样本中，本区县的人占 78.93%，本省其他区县的人占 12.18%，仅有 8.89% 的教师来自外省。第二章的文献回顾部分已述，一方面，出生地影响教师的职业选择，任教学校通常在他们出生地附近几十公里内；另一方面，出生地与教师任教学校间的距离远近在一定程度上决定教师是否主动申请更换任教学校（Barbieri et al.，2011；Boyd et al.，2005b）。此外，在模型中加入区县固定效应后再讨论教师流动到其他县的概率问题已没有意义。在样本量较大的情况下，研究者可尝试考察不同范围的教师流动。如 Hanushek 等（2004b）利用得克萨斯州公办学校教师人事档案数据做研究时，将教师离职后的去向细分为流动到本学区的其他学校、跨学区流动或跨县流动，以及调离得克萨斯州到州外任教或退教改行等不同情况。部分以欧美国家政务数据为基础做研究的文献甚至还区分教师流动到公办学校还是私立学校，这是因为欧美国家的私立学校通常被视为质量更高、对师生吸引力均更强的学校。

表 3-5　教师流动的距离　　　　　　　　单位：公里

变量名	相对贫困区县			相对发达区县			均差
	n	均值	标准差	n	均值	标准差	
第一次主动流动	1 016	21.89	20.75	622	19.31	17.79	2.58***
第二次主动流动	428	21.04	14.98	267	19.04	15.02	2.00+
第三次主动流动	179	19.63	15.16	133	18.18	16.83	1.45
第四次主动流动	68	17.59	12.27	37	17.71	13.11	−0.12
第五次主动流动	24	16.12	13.48	11	16.09	11.11	0.03
第六次主动流动	7	15.82	10.24	4	14.67	10.62	1.15
第七次主动流动	5	12.26	8.04	2	11.80	7.33	0.46
第八次主动流动	2	11.91	5.69	2	10.61	6.86	1.30
八次主动流动平均距离	1 729	21.13	18.51	1 078	18.97	16.76	2.17**

注：表中最后一行"八次主动流动平均距离"所对应的数据是将所有教师的主动流动（最多的有 8 次）的距离进行加总平均，而"第一次主动流动"至"第八次主动流动"考察的仅仅是某些教师当次主动流动距离的分布情况。

笔者按照同样的思路计算教师所在的每所学校到其所属乡镇和所属区县的政府所在地距离①。教师主动流动后，新任学校到县乡两级政府的距离更短，亦即教师总体上从更加偏远的学校流动到更加便捷的学校。

3. 教师收入

笔者按照 2022 年的物价水平将所有与货币有关的变量进行平减处理，本小节所提及的教师工资、生活补助均是以 2022 年为基期的货币价值。表

---

① 笔者选取乡镇政府或街道办以及区县政府作为参照点计算学校距离的理由是，政府办公所在地通常位于通达便捷的地方，是一个地区的经济、政治和文化中心。这种度量方法可能存在偏误。例如，一所学校可能远离它所属乡镇或区县的中心地带，但与邻近乡镇或区县的中心地带相隔不远，这种情况在位于行政边界上的学校更常见。最稳妥的做法是分别测出学校到周边各乡镇或区县的距离，然后在若干距离中取最小值，但笔者在计算学校所到乡镇政府或街道办距离时不考虑邻近乡镇或街道办，因为学校到乡镇政府的距离对教师职业选择的影响权重较低。笔者在调研过程中发现，某乡镇中心小学就在乡政府旁边，两地距离不到 150 米，但这所小学距离县城中心约有一小时的车程且多为蜿蜒的盘山公路，难以吸引和留住优秀教师。这所学校的校长在接受笔者的访谈时提到，教师多住在县城而非镇上，来回一两个小时的车程，路不好走，冬天下雪后路面结冰时还封路，教师通常刚在业务方面熟练后就会考到县城去，这样就导致学校几乎没有 35—45 岁的中青年骨干教师。这位校长曾是镇上初级中学的物理骨干教师，他是这所学校唯一的一位 35—45 岁的教师，他的妻子因家庭原因才留在这个镇上的初级中学教英语。相反，学校到区县政府的距离能更好地反映其通达性和便捷度，部分地区在制定教师生活补助政策时，将学校与县政府的距离作为参考指标之一。因此，笔者在计算学校到区县政府距离时，考虑它到本区县政府的距离以及邻近区县最近距离两种情况。第四章第一节和第二节将讨论学校到区县政府的距离对教师劳动力市场的影响，同时将学校到乡镇政府或街道办的距离作为控制变量。

3-3 显示，全体有效样本的月工资均值是 4831.19 元，标准差是 2406.67 元，离散系数是 49.82%。

　　表 3-3 和表 3-4 均显示，G 市教师工资在不同区位的学校有差异。在不考虑其他情况下，相对贫困区县学校的教师月均工资显著比非贫困区县学校教师的月均工资低 1271.12 元（$t=-21.932$，$p<0.001$）。城区学校、乡镇学校和农村学校教师的月均工资分别是 5549.87 元、4396.39 元和 3921.54 元。城区学校比乡镇学校教师和农村学校教师的月均工资分别显著高 1153.48 元（$t=19.983$，$p<0.001$）和 1628.33 元（$t=14.283$，$p<0.001$）；而乡镇学校比农村学校的教师的月均工资显著高 474.85 元（$t=5.785$，$p<0.001$）。以上初步结果仅供参考，因为这是在没有控制其他任何条件下得到的组间均值比较，职称、受教育程度、工作年限、任教学段、业务绩效、工作努力程度等影响教师工资的因素均没有排除在外。而且，不同地区的有效教师样本分布可能不均匀，诸如此类的因素都可能改变教师收入空间差异格局。因此，第四章利用多变量回归的方式控制可观测变量的影响，而利用双向固定效应等方法消除不可观测的遗漏变量的影响。

　　全体教师的生活补助的均值和标准差是 246.57 元和 237.89 元，教师生活补助的离散系数高达 0.96。教师每月的生活补助在不同区位的学校初步显示出显著的组间差异。相对贫困区县比非贫困区县的教师月均生活补助显著多 55.02 元（$t=9.341$，$p<0.001$）。教师生活补助的城乡差异显著，城区学校的极少教师才有资格领取生活补助，分别比乡镇学校教师和农村学校教师的月均生活补助显著少 206.81 元（$t=-46.520$，$p<0.001$）和 370.81 元（$t=-50.177$，$p<0.001$），乡镇学校比农村学校的教师领取的月均生活补助显著少 164.00 元（$t=-15.656$，$p<0.001$）。

　　教师生活补助尚未与教师个人的资历特征等相关联，更多地由学校区位特征决定，因此，这部分额外的货币化收益的意义和作用不同。笔者将其视为两个不同的变量，以此考察它们各自的独立作用，而没有将两部分合并在一起。另外需要说明的是，"乡村教师生活补助"政策从 2013 年开始推行，且只有在边远艰苦地区学校工作的部分教师才有资格享受，凡涉及生活补助的部分，笔者根据政策覆盖范围将那些不在生活补助发放之列的赋值为"0"。

　　根据以往的研究惯例，笔者将与货币相关的变量均做自然对数转换。在将教师生活补助进行对数转换的过程中，补助为 0 的那部分样本会变为缺失值，笔者参照多数学者的做法，在教师生活补助初始值的基础上加 1 后再做对数处理。

第三节　模型设定和分析技术

本书主要用到 Cox 比例风险模型、固定效应模型和双重差分模型、二值响应模型，前两种方法主要用于回答教师是否留得住、留多久等问题，对应第四章第一节的研究结果；最后一种方法用于回答教师是否想继续留的问题，对应第四章第二节的内容。

一、Cox 比例风险模型

教师的每份教职持续时间是取值非负的计数型变量，这类变量作为被解释变量时所适用的分析技术略受限制，属于受限的因变量回归中的一种，常用于生存分析或泊松回归。基于这样的受限因变量的模型也被称为"离散选择模型"或"定性反应模型"（qualitative response model）[1]。

笔者遵照以往的研究惯例，采用生存分析技术常用的 Cox 比例风险模型。Cox 比例风险模型是由英国统计学家 D.R.考克斯（David Roxbee Cox）提出的一种半参数回归模型，其被解释变量通常是以是否存活的结局来推算的存活时间或留存时间，可像多变量线性回归那样纳入若干因素进行控制，能较好地适用于具有删失性质的资料。Cox 比例风险模型最初用于临床医学，刻画的是某个时间点 t 的病患生存（或死亡）的概率。劳动经济学家将 Cox 比例风险模型用来分析个体更换工作单位前的工作持续时间或找到下一份工作前的失业持续时间等情形（Filiz，2017；林李月，朱宇，2014；张世伟，赵亮，2009）[2]。人口经济学领域的学者还将生存分析技术用于考察婚姻等事件的持续时间（Lillard，1993），大幅扩展了生存分析技术的适用范围。笔者在本书中对 Cox 初始模型设定做技术层面的反向操作——在 Stata 软件中，可通过 stcox…，failure（）[3]代码组合设定，括号中的自定义变量替换为表示教师仍未离职（"生存"）而非离职（"死亡"）的变量即可。如公式 3-1 所示，经过这种反向操作处理后的结果可解释为，在控制教师人口学变量和决定劳动力市场选择范围的人力资本特征（TH）

---

[1]　被解释变量为离散型变量的概率回归的统计学原理，参见 J.M.伍德里奇（2003）第 17 章，第472—510 页。

[2]　在劳动力市场研究领域，Cox 风险模型可用于考察不同时间点上的离职概率差异，且不用设定基准离职（风险）函数形式。

[3]　Stata 软件命令符均为半角状态。为与书中其他符号的输入状态保持一致，笔者用全角状态的括号表示 Stata 软件命令中的括号、逗号等。"…"部分由研究者填写数据库中参与分析的具体变量名。余同。

等因素后，教师主动流动前已持续的工作时间长度（DUR）。

第 i 名农村教师第 j 份教职的持续时间（DUR）与学校区位环境之间的关系可用公式 3-1 表示。笔者遵循学界惯例，将 DUR 做自然对数转化得到 lnDUR，方程左边的被解释变量为 lnDUR。

$$\ln DUR_{ij} = \alpha_0 + \beta C_{ik} + \gamma TH_{ij} + \sigma_{ij} \qquad (3\text{-}1)$$

公式 3-1 中，C_k 代表构成学校区位环境的 k 个指标，k 因不同模型设定情景而异。C_k 在笔者回答不同研究问题时所对应的测量指标不同，包括学校所在区县历史上的贫困等级、学校的城乡方位特征、学校到区县政府的直线距离等；TH 向量中包括决定教师劳动力市场选择可行能力的人力资本特征和制度环境，以及性别和出生地等人口学变量，但在利用固定效应估计时，性别、出生地、职初受教育年限等不随时间而变的变量或者在相同时间区间内所有个体发生等量变化的变量（年龄和工作年限等）将在差分的过程中被消项，而不参与分析。

将公式 3-1 等式两边取指数（exp）[①]后可得到公式 3-2，即第 k 个环境变量 C_k 对每份工作持续时间的影响性质与强度。记公式 3-2 中 $\exp(\alpha_0 + \sigma_{ij})$ 为 θ，通过对 θ 的参数设定可估计不同的生存模型。如对数正态分布（log-normal）中的 θ 取对数后服从正态分布。笔者按照学术界惯例，假设 θ 服从对数正态分布[②]。

$$DUR_{ij} = \exp(\beta C_{ik})\exp(\gamma TH_{ij})\exp(\alpha_0 + \sigma_{ij}) \qquad (3\text{-}2)$$

如果同一个体被多次反复观测到离职等"失败事件"（failure）的发生，θ 中还可引进复合误差项以控制不可观测的个体倾向性。反复更换工作单位的人可能在劳动力市场上有更多的选择、适应能力更强，也可能是因为不安心工作或工作适应能力较差等，但这些人格个性特征的信息较难获得。这种模型设定始于 Lillard（1993）考察具有至少两次离婚史的群体的每段婚姻关系持续时间的研究，他引入个体效应是基于以下猜想：有些人因性格等原因可能跟任何一个伴侣的婚姻关系都难以持续，体现为婚姻存续时间短或结婚次数多[③]。

① 对数的反函数即指数，这个反向转化过程可让估计系数的效应量解释起来更方便和直观。

② 在技术层面较好处理这个问题，研究者只需要在 Stata 的主命令"streg"后加入辅助命令"distribution（lognormal） frailty（gamma）"即可。

③ 埃里希·弗罗姆在《爱的艺术》（The Art of Loving）一书中从心理学的角度详细论证过这种可能性。

　　根据 G 市政务数据的特点，笔者最多能观测到同一教师在不同时间点的 8 份教职，可将其转置成重复观测的数据结构[①]（Kelly，Lim，2000）。参照 Lillard（1993）的分析策略，笔者通过将 $\exp(\alpha_0+\sigma_{ij})$ 设定为 $\exp(\alpha_0+\zeta_j+\sigma_{ij})$ 项就可控制每名教师在 j 份教职（$j \leqslant 8$）的不可观测个体效应 ζ_j。

　　Cox 比例风险模型的初始假设等比例风险（proportional hazards，PH 假设），即各时点上的"失效事件"概率相同，具体到这个案例中就是教师主动离职的概率在一份工作的不同时期完全相同。由于已有研究发现教师职业生涯的不同时期主动离职的概率有差异，笔者放松 Cox 初始模型关于各观测时点事物存续概率恒定的假设，在 Cox 初始模型的基础上再添加时间参数 t，最终得到如公式 3-3 所示的加速衰减（accelerated failure time，AFT）模型，即在特定时段 t 内，教师仍然未发生主动离职的概率 P 是学校区位环境（C_{ik}）和观测时间（t）的累积密度函数 s。θ_i 是加速衰减因子。

$$s(t \mid C_{ik}) = P(DUR_{ij} > t \mid TH_{ij}) = P\left[\exp(\beta C_{ik})\theta_i > t \mid TH_{ij}\right]$$
$$= P\left[\theta_i > t \times \exp(\beta C_{ik}) \mid TH_{ij}\right] \tag{3-3}$$

二、固定效应模型和双重差分模型

　　由于 G 市政务数据中含有教师工作状态的持续追踪信息，笔者还可利用固定效应估计方法检验工资和生活补助对教师流动行为的影响。固定效应估计可消除不随时间而变的不可观测特征的影响，即缓解模型设定中由遗漏变量引起的内生性问题（J.M.伍德里奇，2003）。

　　笔者利用固定效应模型是为了消除职业选择过程中可能存在自选择效应的影响。教师主动流动过程中的自选择效应体现在以下几个方面。①劳动力市场可行能力较低、不求上进的教师一方面因其自身原因而收入低；另一方面又安于现状或没有在劳动力市场自由流通的可行能力，他们较少流动。换言之，部分没有流动的教师是暂时不具备条件或自身竞争力不足的人，在这种情况下用收入作为教师流动行为的解释变量会低估收入的作用。②相反，收入高的教师通常能力强、业绩突出、有进取心，他们在劳动力市场上深受欢迎，有能力流动到他们自己心仪的任一学校和地区。例如，中西部地区部分优秀骨干教师被北京、上海、广州、深圳等一线大城市的名校高薪引进，在这种情况下用收入解释教师流动行为就会高估收入在教师职业选择过程中的作用，因为收入中包含业务能力和敬业精神等

有利于教师流动的不可观测特征。③教师流动到其他学校可能是想追求更好的发展平台。例如，职称晋升的机会更多或专业成长速度更快等这些非货币化的福利又可转化成更高的收入，因为教师的工资和福利等货币化收入通常是根据职称等级来确定的，这涉及解释变量与被解释变量间互为因果的问题。以上三种自选择情况究竟哪个占主导是没有定论的，它因与样本分布不同而有所差异。

无论是上述哪种情况，利用传统的统计分析技术均会偏估收入对教师职业选择行为的影响，即公式 3-1—公式 3-3 中 C_k 估计系数的精准性受到影响，模型中的学校区位环境变量的估计系数可能不是净效应，而没有处理好模型内生性问题、有偏误的估计结果对基于数据的决策没有太大价值。内生性问题需要借助高级计量分析技术加以处理，研究者在研究条件许可的情况下可利用高阶因果推断技术进行优化。追踪数据因其统计范围的稳定性、信息结构优良等优势，在解决内生性问题方面备受研究者的青睐，因为追踪数据适用于固定效应模型，可通过组内去均值或差分等方法将这种相对稳定的教师人格个性特征或个人能力的影响通过消项处理的方式加以控制。换言之，即使数据中没有收集这些信息或在信息收集过程中变量存在测量误差，基于固定效应模型的估计结果也能保证估计系数的精确性。

从统计学角度看，构造固定效应模型需要注意以下两点：①至少需要两期数据，且不同时期的数据的度量方式、统计口径等需要保持一致，更晚年份增补收集的信息若在更早年份中没有涉及，或者即使有所涉及但测度不一致且无法通过有价值的等量关系将其归一化，则该变量无法参与固定效应模型的分析。②教师性别、出生地、教师职初工资、没有跨县流动的教师任教学校所属区县的相对贫困等级[①]、学校到区县政府的距离等所有不随时间变化而变化的解释变量，以及所有个体在相等的时间区间内发生等量变化的解释变量（如教龄或年龄等）将会被消项而无法产生主效应，但这类变量可与随时间而变的变量之间交互后再进行分析。换言之，即使学校所属区县的相对贫困等级在研究跨度期间没有发生变化，但由于多数教师的工资和生活补助等货币化收入等在年度间具有时间维度的差异，因此在构造收入项目与学校所在区县贫困等级的交互项后，可分析学校所属

---

① 分析学校所在区县是否曾经贫困，其对教师每份教职持续时间的影响不适用固定效应模型，因为绝大多数教师的主动流动局限在同一区县内，而同一区县在历史上的相对贫困等级没有发生变化，因此，这个变量不具有时间维度上的变异，具有这种性质的解释变量在固定效应模型中无法得到非零系数。

区县相对贫困等级对教师流动的影响如何随工资和生活补助等收入项目的变化而变化。

本书利用截面（作为最小观察单元的个体）和时间的双向固定效应，固定效应模型的核心技术是对误差项进行分解处理，其中，截面（个体）固定效应相当于从传统模型误差项中提取出来的一部分残差，它可能与核心解释变量相关，因为通过组内去均值的方式进行对中处理后就可消除不随时间而变的不可观测特征。在同样的时间窗口内，所有个体发生等量变化的可观测特征会因组内去均值而被消项，被消项的这部分内容实际上就是个体固定效应，由遗漏变量引起的内生性偏误问题就可以得到解决。时间趋势项（λ_t）可消除同时影响所有个体的随时间而变的共同趋势之干扰，涉及多期数据的传统模型中可加入时间趋势项。时间固定效应在模型中具体表现为若干个时间虚拟变量。

为了明确双向固定效应的应用过程，笔者以工资对教师教职持续时间的影响为例加以说明，公式 3-4 即双向固定效应模型的方程式。

$$\ln DUR_{ijt} = \alpha'_0 + \pi' \ln W_{ijt} + \gamma' TH_{ijt} + \lambda_t + \mu_i + \sigma'_{ijt} \qquad (3-4)$$

公式 3-4 中，截面（个体）固定效应 μ_i 是固定效应估计模型与传统普通线性回归模型的主要区别，因为截面（个体）固定效应 μ_i 相当于传统模型误差项的组成部分，这部分固定效应在总误差方差中的占比通常用统计量 ρ 表示，ρ 的取值为 0—1，表示截面（个体）固定效应在总残差中的比例，它的值越大表明越有必要选用固定效应而非随机效应[①]。时间固定效应 λ_t 消除教师、学校和社区等的随时间而变的共同趋势之干扰，如 2009 年起全国推广教师绩效工资制度等，所有教师均受到这个政策的影响，加入时间虚拟变量后，这个政策对教师劳动力市场的影响就在固定效应模型中得到较好的控制。如果各地区或各学校受某政策的影响的强度不同或政策在各地区的实施时间不同，则 λ_t 无法完全控制共同趋势，研究者可构造时间与截面的交乘项来控制各地或各校的差异性。笔者在模型中加入区县虚拟变量与年份虚拟变量的交互项以消除各区县在各年度独有的其他影响，如部分区县在某些年份因撤点并校而导致教师任教学校的变更。

---

① 从数据分析步骤的角度看，研究者选择固定效应还是随机效应都需要经过豪斯曼检验，但多数利用面板数据的经济学研究均采用固定效应，因为多数情况下的豪斯曼检验结果均支持固定效应而非随机效应。

双向固定效应借助截面（个体）固定效应 μ_i 和时间固定效应 λ_t，以及区县与时间变量的交互项起到双重保障估计结果精准的作用。公式 3-4 中的 $\ln W$ 是教师一份教职存续期间所有年度的平均工资的对数，它对应的系数 π' 即工资均值的对数对每份教职持续时长对数的影响。经济学学界将这种自变量和因变量均经过对数处理后的估计系数解释为弹性，即自变量工资每增加 1% 则会导致因变量变动的比例，即教师工资每增加 1% 引起的教职持续时间变动幅度为 $\pi' \times 100\%$。与笔者将公式 3-4 中的结果变量替换为教师是否流动的分析过程类似。需要说明的是，在这种情况下，结果变量属于非连续的 0 或 1 取值的类型，笔者联合使用线性概率模型和固定效应模型来考察工资对教师是否留得住的影响。

固定效应估计技术还可联合双重差分、工具变量等策略做因果推断估计。笔者利用 2013 年起开始逐步实施的"集中连片特困地区乡村教师生活补助"政策作为工具，结合双重差分来评估经济补偿对教师是否留得住、留多久等的影响。基于面板数据联合使用固定效应和双重差分的计量分析常被用于政策评估，因为它能提供更精准的估计（Wooldridge，Imbens，2009）。双重差分将政策在不同时空的演进过程视为在非实验室环境下实施的"准实验"，政策的实施方案相当于自然科学真实验对干预对象施加的"刺激"或"处理"，而没有受到公共政策影响的群体就相当于真实验中的控制组。政策的处理效应就是实验组和控制组各自在干预实施前和实施后的差值，即标识受到政策影响的截面虚拟变量与标识政策干预后的时间虚拟变量的交乘项能刻画政策产生的处理效应，这个交乘项对应的估计系数是双重差分估计的核心待估参数。

具有分地区逐步推进特征的任何政策均可借鉴双重差分的思路进行效果评估。包括教育政策在内的公共政策以时空为载体渐进地实施，始于一部分地区或一部分人群的渐进式政策不同于"一刀切"式的政策，因为只有一部分地区或一部分人受到政策的影响，而另一部群体没有直接受到政策的影响，或者各地区和各个体受到政策影响的强度不同，这为双重差分估计的模型设定奠定了基础。

笔者利用双重差分策略来评估货币化收入对教师留任（或流动）概率、留多久等影响的思路是：一方面，同一个区县在乡村教师生活补助政策实施前后的差异；另一方面，同一时点上政策惠及的区域与政策没有覆盖的区域之间又存在差异。基于以上双重差异，笔者可有效控制在所有区县均发挥作用的其他共时性外生事件[①]的影响；同时又可滤除乡村教师生活补助政策惠及的区域和没有资格享受乡村教师生活补助的区域的事前差异，经过双重作差后就可识别出该政策所带来的净影响，从而弥补现有文献在讨论货币化补偿对教师职业选择影响时存在的由模型设定而产生误差等缺陷。本书的主要目的不在于评估乡村教师生活补助政策，但以上基于双重差分评估政策效果的过程可为笔者解释生活补助等货币化收入对教师去留决策的影响，因为该政策是通过货币化补偿的方式落实的。这样一来，笔者可利用双重差分考察经济补偿力度对教师是否留任以及留任多久的影响，以教师在每份工作的持续时间为例来说明双重差分估计策略在本书中的具体应用过程。

$$\ln DUR_{ijt} = \alpha_0 + \beta' TREAT_i + POST_t + \varphi TREAT_i \times POST_t + \gamma TH_{ij} + \sigma_{ijt} \quad （3\text{-}5）$$

公式 3-5 中，$TREAT=1$ 表示受惠于乡村教师生活补助政策的群体，在 G 市乡村教师生活补助政策名单上的学校工作的教师均被赋值为 1。$POST=1$ 表示乡村教师生活补助政策实施后的所有年份，而 $POST=0$ 即政策实施前的所有年份，笔者根据教师所在区县实施政策的具体年份做相关设置。φ 刻画的是乡村教师生活补助政策对被该政策惠及的教师教职持续时间的影响。

公式 3-5 还可在拓展后用于回答更精细的问题。例如，表示政策实施年份节点的变量 $POST$ 还可细化为各年份的时间虚拟变量，本书用前缀符"YR"与年份的后两位数字组合表示时间虚拟变量。例如，"YR_{12}"和"YR_{14}"分别表示以 2013 年为参照组的 2012 年观测值和 2014 年观测值。以政策实施当年为参照组的一系列时间虚拟变量与 $TREAT$ 的交互项有两个作用：一是用于考察乡村教师生活补助政策实施后各时点的政策延续效果，即政策效力的动态趋势；二是用于检验政策实施前的各时点上处理组和控制组的发展趋势是否基本一致，交互项系数均不显著时则满足平行趋势，若平行趋势不满足，还需要联合倾向匹配得分等技术进行矫正，以满足双重差分模型设定的基本要求。

研究者若想了解乡村教师生活补助政策对不同区位的学校的异质性影响，在公式 3-5 中的交互项基础上再乘以表示学校区位特征的变量即可。需要注意的是，若学校区位特征是含有若干个类别的称名变量，则需要先

---

① 研究跨度期间，所有地区和个体均经历过的外生事件，如 2008 年的金融危机、2009 年的绩效工资改革等，这些事件均对教师劳动力市场产生整体性的影响。时间趋势项 λ_t 可消除这些对所有地区教师均产生影响的事件的叠加效果。

被转换为可计算的虚拟变量后，再在模型中依次添加学校区位特征的类别数减 1 个虚拟变量的派生项。例如，笔者将学校分为城区学校（URB）、乡镇学校（$TOWN$）和农村学校（VLG）三个类别，为突出乡村教师生活补助对偏远艰苦地区学校教师的影响，笔者以城区学校作为参照组，依次构造 $TREAT \times POST \times TOWN$ 和 $TREAT \times POST \times VLG$，其对应的系数就依次为相对于城区学校教师，乡镇学校和农村学校的教师教职持续时间因受到生活补助的影响而产生的变化。笔者利用同样的思路分析乡村教师生活补助政策对相对贫困区县学校教师"留多久"的影响，只需要构造 $TREAT \times POST \times RP$ 即可，而这个交互项还可分解为 $TREAT \times POST \times RP_1$、$TREAT \times POST \times RP_2$ 和 $TREAT \times POST \times RP_3$。每所学校到中心城区直线距离的对数（$\ln D$）是连续变量，笔者可直接构造交互项 $TREAT \times POST \times \ln D$ 来估计学校到中心城区的距离每增加 1%时，乡村教师生活补助政策对教师留任时长变化的作用强度。

G 市城区多数学校教师没有享受乡村教师生活补助，在最边远学校工作的教师每月可领取 1800 元的生活补助，而且，不同年份的教师生活补助额度可能不同。笔者利用广义双重差分模型来分析政策的不同干预力度的差异化效果，具体操作过程是将公式 3-5 中表示政策实施的二分虚拟变量 $TREAT$ 替换为经济补偿额度 $\ln S$，并保持其他技术细节完全相同。同样，广义双重差分模型中的 $POST_t$ 可被拆分成以政策实施当年为参照组的一系列时间虚拟变量，这样就可确定不同力度的生活补助在发放后的不同时间点上的延时动态效果。生活补助发放前，所有年份的虚拟变量与 $\ln S$ 的交互项可用于检验政策实施前不同时点上处理组和控制组是否满足共同趋势的要求。

以上基于政务数据的模型建构过程凸显数据结构对一项研究的重要性。本书所用的追踪性教师专题数据可适用于更精准的高级计量方法，从而解决教师职业选择方程求解过程中的内生性问题，便于更加精准地评估收入和学校区位环境对师资队伍稳定性的影响。追踪性的教师专项数据库建设方面的经验可以总结为以下几点。①动态记录教师职业生涯轨迹的人事管理数据，以及与之相关联的学生数据、学校数据，数据建设工作启动早且数据集成技术成熟的国家将这类政务数据有条件地向学者开放以用于科学研究，并基于这些研究成果推动教师劳动力市场建设和教育财政制度改革（Figlio et al.，2016，2017）。教育行政管理部门可实时地掌握不同资质的教师在每所学校的分布、教师在各学校留多久、教多好、发展多快等信息，从而有针对性地调控教师资源的分布格局；将教师个人信息、收入及其所在学校的区位环境特征等信息匹配后估计各地教师成本系数，并以此为权重进行差异化的财政拨款。这些举措能促进教育均衡与公平。政务数据建设的技术难度不大，但需要相关部门在数据建设与使用机制方面通力合作并达成共识，以使教育管理过程中的伴随式数据能更好地服务于决策。②每隔一年或几年开展一次追踪性的大型教师劳动力市场调查，收集教师工作与生活等方面的多维信息。这类调查若精心设计独特的识别码以将同一个体在不同时空的信息匹配起来，就可以较好地弥补政务数据信息容量有限、获批使用权限较难、样本太大等缺陷。如前所述，这类调查数据的识别码若能与政务数据相兼容，则可与政务数据进行横向合并后产生更大的社会价值。

三、二值响应模型

为了论述方便，笔者将第 i 名教师流动意向与学校区位环境之间的关系用公式 3-6 表示，用于第四章第二节的分析。

$$P_{ijkt} = \Lambda(\alpha + \beta TH_i + \gamma S + R_k + \theta lnW_i + \delta C_{ik} + \rho C_{ik} \times lnW_i) \quad (3\text{-}6)$$

其中，$\Lambda(\cdot)=\exp(\cdot)/[1+\exp(\cdot)]$ 代表概率函数；P 表示教师具有换校意愿或退教意愿的概率；lnW 代表教师工资的对数；C_k 代表学校区位环境特征。C_k 在本书中对应两种情况：①若 C_k 是学校所在区县的经济发展水平，则是以非贫困区县为参照组的虚拟变量；若 C_k 是学校城乡方位，则它对应农村（VLG）和乡镇（$TOWN$）两个虚拟变量，城区是参照组。②若 C_k 是学校偏远程度，则它对应的变量是学校到区县政府的距离的自然对数（lnD）或稳健性检验中的 $lnND$。因此，δ 的解释因 C_k 的测量等级而略有差异。

δ 是学校区位环境特征对教师是否具有流动意向影响的主效应，ρ 体现的是教师工资等收入项目在学校区位环境特征与教师流动意向关系间所起到的调节作用，即学校区位环境特征对教师换校意向或退教改行意向的影响在不同收入水平的教师群体间的差异。由于 C_k 取值越大表示学校区位环境越差，ρ 的估计值为负数则说明提高收入可一定程度上消除学校不利环境特征对教师工作稳定性的负面影响。

TH 是教师的个人特征，具体分为以下三个类别：①人口学特征，包括性别、出生年份、民族、婚姻状况等。②资历特征，包括总工作年限以及在调查当时所在学校的工作年限、受教育年限、职称等级、工作期间获得的最高荣誉等级、资格证等级、是否师范学校毕业、所学专业与所教学科是否匹配等。控制这些变量主要是因为已有文献均表明，个人素质在教师劳动力市场上的双向选择中起着重要作用（Boyd et al.，2010）。③工作负荷，包括每周工作小时数、是否兼任班主任、任教学科、任教学段，以及是否教初三和高三这两个毕业年级、是否兼任学校行政管理工作等。

S 表示学校特征向量，学校层面的变量包括学校办学质量[①]、学校学段类型[②]、是否为寄宿学校、全校专任教师人均受教育年限、生师比、学校周均工作时长、学校所在区县人均可支配收入的对数、学校所在地的地理地貌特征。

R_k 表示第 k 个区县的固定效应，笔者将抽样区县重新编码为虚拟变量加入模型。设定区县固定效应可将不同地区教师劳动力市场饱和程度[③]、生活成本或物价水平、因地制宜的教师政策等因素排除。在这种模型设定下，教师的主动流动意向差异全部来自同一区县内部。

本 章 小 结

可靠的数据是研究者描述社会现象、检验理论假设的基础。本章重点介绍书中实证分析部分将用到的数据库。其中，G 市教师劳动力市场调查的背景是"县管校聘"政策全面推行，为我们理解自上而下的被动流动提供翔实资料和独特素材，而教育管理政务数据中包括教师个人职业经历史，其时间跨度涵盖乡村教师生活补助政策等，能用于分析与教师留任与否、留任多久、流多快等相关的精细问题。

数据库的信息容量、基本结构与样本特征等决定研究者能回答的具体问题，因为数据质量和结构决定概念界定、模型设定和分析技术，并进而影响在多大程度上可解决待答问题。本章结合不同来源数据的特点分别界定此后章节实证分析部分所涉的关键变量、计量分析技术等。

---

① 含薄弱学校、普通学校、县市级示范学校、省级示范学校等四个类别。

② 学校被分为教学点、完全小学、九年一贯制、初中、高中、完全中学等类型。

③ 例如，"县管校聘"过程中，某些区县的教师被动流动概率较大，比被动流动概率最小的区县高约 20 个百分点。这可能是因为前者在"县管校聘"改革前的教师劳动力市场环境更宽松或空间分布更不均匀。区县固定效应就消除了这种跨区县的差异。

第四章 学校区位环境和教师收入对师资稳定性的影响

本章基于 G 市教师劳动力市场调查和政务数据的分析结果,讨论工资、生活补助等货币化收入和学校区位环境对教师是否留得住的影响,以及提高工资或提供生活补助在弥补具有区位环境劣势的学校留不住教师方面的作用。根据"消费性补偿"理论的预期,在拟合教师主动流动行为或流动意向的职业选择模型中,教师工资或生活补助和学校区位劣势存在显著为负的交互效应,即区位环境不利的学校教师"留不住"的问题可在一定程度上通过提高工资或提供生活补助等货币化补偿手段得到缓解。换言之,提高教师货币化收益是抵消学校区位劣势对教职岗位吸引力负面影响的有效手段。

第一节 学校区位环境和收入何以影响教师留任行为

得益于 G 市完好的教育管理政务数据,笔者得以检验学校区位环境、教师工资和生活补助等货币化收入对教师是否留得住、留多久的影响,从而拓展我国教师劳动力市场研究的内容、视角和方法。稳定的数据结构和饱和的信息容量,其一使更细致地界定"教师流动"具有可行性;其二,为笔者检验相对贫困区县、乡镇和农村、远离县城中心等区位环境特征对师资队伍稳定性的不利影响提供可能性;其三,教师工资和生活补助等货币化收入在不同时间点的变化可供笔者联合使用固定效应和双重差分来估计经济激励在教师去留选择过程中的因果效应。

第三章第二节已述,教育政务数据存有教师执教经历、工资和补助等信息,符合笔者样本筛选要求的教师中,最多有 8 条主动流动记录,即截至数据获取之日教师最多曾在 9 所学校任教。笔者通过政务数据中教师离职原因的备注信息区分主动流动和被动流动,从未流动的教师被设置为参照组,被动流动的不参与分析。本节的被解释变量是教师每份教职持续时间(DUR)以及主动流动的次数(CNT),DUR 和 CNT 两个变量是对教师是否留得住问题的深化,即教师在多长时间内留得住或教师流动得多快,这能更细致地刻画教师留任或流动行为的特征。为简化分析，笔者不再单独分析教师是否留得住这个二分变量，因为它的信息已包括在 DUR 中，且本书所用的Cox回归分析的灵活性在技术层面支持笔者将教师是否留得住与留多久两项合二为一。换言之，在生存分析技术框架下，考察教师在一份教职上待多久后再流动已将教师是否留得住的问题包含在内。

一、学校区位环境对教师留任的影响

本小节与 Boyd 等（2011）基于纽约州人事管理政务数据分析教师职业选择过程中的邻里效应的研究设计类似，旨在凸显学校周边的区位环境对教师队伍稳定性的影响。前文已述，学校区位环境在以往本土研究中被视为虚化背景，因为很多国内学者聚焦于单一区位类型的学校，这种情况下的学校区位是没有方差的常量，无法作为解释变量参与统计分析，而退化为修饰研究对象的定语。学校区位环境涉及以下三类：①学校所属区县在历史上的贫困等级，涉及国家级贫困县、省重点扶贫特困县、省山区贫困县，区县的贫困等级是称名变量，在具体分析过程中可转换成可计算的虚拟变量后参与分析。②学校城乡属性，城区是参照组，乡镇和农村两类虚拟变量参与分析。③学校到区县政府的直线距离，是连续的可计算变量，可以直接加入模型参与运算。

（一）学校所在区县相对贫困的影响

本书的研究对象均来自X省G市，他们同在发达省份的相对贫困地区，但他们的任教学校又位于发展水平参差不齐的区县，其中部分区县属于相对贫困地区且贫困深度有别。这样的样本构成在保证可比性的同时又保全统计分析所必要的"方差"，可呈现不同发展水平地区的学校教师群体的组内差异和组间差异。这是当前的研究区别于以往文献的一个重要特征。

如第三章第二节所述，我国历史上的区域性整体贫困均以县为单位进行界定，而 G 市中小学教师较少跨县流动，县级层面的方差较小，不足以构成有意义的统计分析，这样就不能满足固定效应估计的基本前提条件。因此，笔者基于公式 3-3 所示的模型检验学校所在区县相对贫困对师资队伍稳定性的影响。表 4-1 第（1）列显示的是将三类不同等级的贫困合并处理后得到的相对贫困区县的平均效应，第（2）列将不同等级的相对贫困转换为虚拟变量后逐项列出。模型中均控制教师工资、生活补助等变量，但笔者暂不讨论这两个变量的估计系数蕴含的经济含义。

对于教师教职持续时间在相对贫困区县和相对发达区县差异问题的

分析，笔者得到以下三个基本结论。

第一，在既定的时间窗口内，教师主动流动的概率在不同发展水平的区县内没有显著差异。从表 4-1 第 Ⅰ 栏第（1）—（2）列的结果可看出，标识区县相对贫困的变量所对应的系数均不显著，即相对贫困区县和非贫困区县的教师主动流动前的教职持续时间没有显著的组间差异。此处的结果与表 3-3 阐述的描述统计结果不同，这是因为本章的所有分析均充分考虑协变量的影响，即"保持其他条件相同的情况下"，而表 3-3 的结果是两类地区的简单均值比较，没有控制其他因素，不能精确地刻画区县相对贫困程度与教师留任（流动）的关系。不控制其他任何变量的组间均值比较不能较好地反映现实，即比较组与被比较组之间不具有可比性。这个事实说明协变量对教师主动流动概率的重要影响，需要在模型中进行统计控制。

笔者将教师是否流动的行为决策分解到各时间点，利用生存分析的技术优势在特定宽度的时间窗内考察期间教师是否尚未流动，即教师在限定的时间内仍留任在相同的学校，因为"流动"这个事实就是"留任"事件的"失效"[1]。相对贫困区县学校与相对发达区县学校的教师离职概率的差距没有显现出来，即随着时间的推移，两类区县所辖学校的教师离职率差异基本没有发生变化。这与 Geiger 和 Pivovarova（2018）基于亚利桑拉州 37 所享受一类财政性经费的公立学校中 1479 名教师在 2010—2013 年数据分析呈现出来的情况类似，该研究得到的结论是贫困学生超过 70% 的学校的教师在留任率指标方面并未呈现出显著更低的趋势。

基于事件持续时间的生存分析结果具有统计与计算方面的优势，研究者可在软件中直接将它换算为既定时间窗口下事件失效或续存的概率，具体到本研究中即教师在特定观察时间期限内流动或留任的概率。图 4-1 是根据表 4-1 第（2）列 AFT 假设下所得结果而绘制的教师在一份教职的存续期内的某特定时间点上主动流动概率的趋势[2]，图的横轴是教职持续时间，每个时间点上的教师流动概率被投射在纵轴上[3]。

---

[1] *DUR*、*MOVE* 和 *TID* 分别是教师教职持续时间、教师主动流动新学校（学校代码已变更且流动原因是非被动）、不随时空而变的教师个人代码。利用这些变量就可在 Stata 软件中做生存分析模型的基础设置，stset *DUR*，fail（*MOVE*）id（*TID*）。笔者继续用"streg"命令可做更详细的设置。

[2] 在 Stata 软件中估计系数后，利用 stcurve，hazard 命令组合即可得到。笔者先将 stcurve 命令得到的教师在各时点的概率保存下来再根据需要作图。

[3] 概率总和 1 与主动流动概率之间的差即生存概率，如果将生存概率投射到纵轴上就得到教师在每个时间段内的生存曲线。为节省篇幅，此处省略此图。

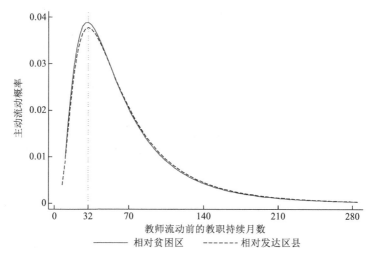

图 4-1　相对贫困区县和非贫困区县学校教师主动流动概率分布

注：相对发达区县即非贫困区县，余同。

第二，一份教职存续期内不同时点上的教师主动流动概率有显著差异，且这种趋势在不同发展水平的区县有差异。在一份教职前 3 年内的时间窗口内，教师加速流动，当教师主动流动概率达到峰值的时间点后，教师流动速度开始加速衰减。这个规律在图 4-1 较直观地体现出来，倒 U 型曲线有明显的拐点，且拐点两侧教师流动概率分布曲线的斜率较大。这说明放松 PH 假设、基于公式 3-3 的加速衰减模型来模拟教师的职业生存轨迹得到的估计结果更符合实际情况。从教职持续时间的角度反观教师流动或留任趋势可明显看到，教师职业生涯中的去留决策不是一个线性的过程，将教师在不同时间点上的离职概率投射到图像上后得到的是：先加速流动而后减速，最后逐渐趋于稳定的偏态分布。教师流动或留任是每位教师关于是否留下、留任多久或何时流动、留在哪里、流向哪里等一系列决策共同作用后实现的教师劳动力市场的动态均衡。

图 4-1 还显示，相对贫困区县和非贫困区县下辖学校的教师主动流动概率在 2.7 年（=32 个月/12 个月）时加速上升到峰值[①]，曲线顶峰处的这两类地区的教师流动率分别达到最大值 3.9% 和 3.75%。随后的每个特定的时点上教师主动流动的概率逐渐减小，直到教师工作约 17.5 年时主动流动概率不再下降，基本持平，并保持在 0.3% 左右。当教师持续在一所学校工作 19—22 年时，主动流动概率约为 0.2%；而当一份教职长达 22.5 年或

① 峰值的计算是利用 Stata 软件自动完成的，在做完生存分析后调用与之相配对的辅助命令"margins"即可获得。

更多时，教师主动流动的概率降至 0.1% 附近。

学校所在区县相对贫困对教师留任时间，以及在特定时间窗口内的主动流动概率没有显著影响的原因是，G 市教师的工作单位变动较少发生在县与县之间。第三章第三节的描述统计结果显示，教师流动前后的两份教职之间直线距离在 20 公里内，小于 G 市多数相对贫困区县的管辖半径。换言之，教师主要在县域内不同学校间流动。这是因为区县整体经济环境对教师职业选择的影响较间接，教师在区县内变动工作单位承受的心理成本与经济成本更低。教师主动流动的重要原因是，为子女上更好的学校或自己需要更好的专业发展平台，而这些需求可在同一区县内得到满足，相对贫困区县内也有距离中心城区较近、资源充足的学校供他们选择。其他国家基于教育管理政务数据的研究得到类似的结论，学区内或郡县内工作环境更好的学校是教师流动的主要去向（Elacqua et al.，2022；Feng，2014；Hanushek et al.，2004b）。从统计学原理的角度看，若想要得到两个变量之间显著的相关关系，至少需要保证变量内部有足够大的方差，在同质性的样本中较难获得显著的结果。在没有足够跨县流动样本的情况下，区县层面的区位环境所对应的估计系数就不显著。

第三，学校所在区县贫困对教师留任（流动）的影响稳健。笔者将学校所属区县相对贫困的深度区分开来后，重复上述分析过程，得到表 4-1 第 I 栏第（3）列和第（4）列结果，山区贫困县（RP_1）、省重点扶贫特困县（RP_2）、国家级贫困县（RP_3）对应的系数不显著，即在控制若干影响个人职业选择行为的变量后，不同贫困等级的区县间教师的教职持续时间没有显著差异。具体而言，区县贫困深度对教师职业生活略有影响，但这种影响没有统计意义，历史上的国家级贫困县、省重点扶贫的特困县、省山区贫困县所辖学校的教师在任一时间点仍未主动流动的概率分别为 23.4%、23.8% 和 31.3%，或者说这三类贫困区县的教师在每所学校工作时间平均比非贫困区县教师短 21.54 个月、15.67 个月和 16.21 个月[①]。

笔者将结果变量替换为教师的流动频次[②]。表 4-1 第 II 栏第（9）—（10）列以教师主动流动次数为被解释变量的结果显示，教师流动速度在相对贫困区县和非贫困区县间没有显著差异，尽管相对贫困区县下辖学校的教师单位时间内的流动速度比相对发达区县学校教师快 17.2%，但整体上没有

---

① 综合利用第三章第三节第（二）部分的描述统计结果和表 4-1 第（3）列结果进行计算，即 74.27×（1−0.710）=21.54；76.06×（1−0.794）=15.67；80.23×（1−0.798）=16.21。

② 研究者在 Stata 软件中通过以下命令组合即可实现：stset…，failure（）enter（）id（）。

表 4-1　学校区位环境对 G 市教师留任（流动）的影响

解释变量	I：主动流动前的教职持续时间								II：主动流动频次			
	AFT	反复观测—AFT	AFT	反复观测—AFT	AFT	反复观测—AFT	AFT	反复观测—AFT	AFT	AFT	AFT	AFT
	(1)	(2)	(3)	(4)	(5)	(6)	(7)	(8)	(9)	(10)	(11)	(12)
RP	0.781	0.743							1.172			
	(0.502)	(0.489)							(0.897)			
RP_1			0.798	0.766						1.153		
			(0.676)	(0.652)						(0.859)		
RP_2			0.794	0.762						1.170		
			(0.411)	(0.329)						(0.873)		
RP_3			0.710	0.687						1.203		
			(0.420)	(0.397)						(0.840)		
$TOWN$					0.752*	0.736*					1.255*	
					(0.308)	(0.315)					(0.604)	
VLG					0.592*	0.541*					1.362*	
					(0.223)	(0.228)					(0.715)	
$\ln D$							0.990**	0.989***				1.013***
							(0.283)	(0.212)				(0.321)

续表

	I：主动流动前的教职持续时间								II：主动流动频次			
	AFT	反复观测—AFT	AFT	反复观测—AFT	AFT	反复观测—AFT	AFT	反复观测—AFT	AFT	AFT	AFT	AFT
其他控制变量	√	√	√	√	√	√	√	√	√	√	√	√
N	4 610	4 610	4 610	4 610	4 129	4 129	4 093	4 093	4 610	4 610	4 129	4 093
伪 R^2	—	—	—	—	—	—	—	—	0.244	0.290	0.330	0.376
σ	1.814	0.909	1.628	0.781	1.816	0.799	1.614	0.580	—	—	—	—
ζ	—	8.576	—	6.318	—	6.034	—	6.021	—	—	—	—

注：①表中的估计系数经过指数转换，即系数取以 e 为底的指数，对应公式 3-3 中的 exp（·），解释为发生比（odds ratio），发生比大于 1 时，变量之间正相关，而发生比小于 1 时，变量之间负相关。②发生比下方括号里的数字为标准误差。③"其他控制变量"行对应的"√"表示模型中已加入教师收入及其平方项、教师性别、首次任教年龄、出生地、职初受教育年限、学校年报统计时的教师的受教育年限，职前在校期间所学专业和毕业院校层次、资格证等级、职称等级、职称等级层次，为节省篇幅，笔者仅报告核心解释变量系数；第 Ⅰ 栏的被解释变量是教师每份教职的持续时间（DUR），自变量对应的系数反映的是在特定的时间点上教师仍未主动流动的概率；第 Ⅱ 栏解释的是教师主动离职的频次（CNT）。④第 Ⅰ 栏中各系数对应的是未主动流动的时间点上教师仍在特定的时间点... ⑤第（3）—（4）列和第（10）列将标识学校所在区县的贫困程度变量 RP 替换为各区县的贫困等级 RP_1、RP_2 和 RP_3。⑥第（2）、（4）、（6）、（8）列结果基于同一教师的多次反复观测做教师固定效应处理，笔者基于教师代码设定固定效应，在 Stata 软件中对应的辅助命令是 share（）。⑦"—"表示不适用，空单元格表示模型中没有加入相应的变量。

达到显著性水平，无法在约定俗成的统计显著水平拒绝区县贫困水平不影响教师县内流动频次的零假设。得到这个结论的可能原因是，教师较少跨县流动、区县层面的区位环境变量方差不足。

综上，区县层面的区位环境对教师去留决策影响较小。G 市中小学教师跨区县流动概率低、样本的特殊性等均可能是导致上述结果的原因。另外，解释变量"相对贫困"的测量有待细化，笔者根据历史上的扶贫政策文本将教师任教学校所在区县简单地划分为相对贫困区县与非贫困区县两类，今后的研究可考虑用综合指数方式度量区县相对贫困程度（丁建军，2014）。

（二）学校城乡方位特征的影响

表 4-1 第 I 栏第（5）—（6）列报告的是不同模型设定条件下，学校城乡方位特征对教师每份教职持续时间的影响。表 4-1 第 II 栏第（11）列的结果变量是主动流动频次。总体而言，教师每份教职的持续时间受学校城乡区位的影响显著，城区学校与乡镇学校、农村学校教师主动流动概率呈现出的空间趋势略不同。表 4-1 第（11）列结果显示，乡镇学校教师和农村学校教师的主动流动次数比城区学校教师主动流动次数高出 25.5% 和 36.2%，换言之，在既定的时间段内，若要将所有学校教师的充足性保持在同等水平，则乡镇学校和农村学校需要多储备 30%—40% 的师资才能弥补教师频繁地流动而留下的岗位空缺。表 4-1 关于教师主动流动的城乡差异的结果可概括为以下两点。

第一，教师主动流动概率的城乡差异较大，乡镇学校和农村学校的教师每份教职持续时间显著更少。在既定时段内，乡镇学校教师和农村学校教师尚未主动更换任教学校的概率显著更小。表 4-1 第（5）列结果是将同一教师在不同时点的多次流动视为反复观测样本而得到的，乡镇学校教师和农村学校教师主动流动前的每份教职持续月数分别只相当于城区学校教师的 75.2% 和 59.2%，这个结果可解读为乡镇学校和农村学校的教师每份教职时间平均少 26.4% 和 45.9%。城区学校教师在 3 年内不主动离职的概率比乡镇学校教师和农村学校教师分别高出 5 个百分点和 2.5 个百分点。

图 4-2 是根据表 4-1 第（6）列结果衍生的特定时点教师主动离职概率绘制而成的[①]，反映的是教师在一份教职的存续期内主动流动概率随着这

---

① 在 Stata 软件中估计系数后，利用 stcurve…，hazard 命令组合即可得到。

份教职时间推移的变化趋势，其横轴是以月为单位的时长。该图与图 4-1
呈现的趋势基本相同，在倒 U 型曲线上出现一个明显的拐点，拐点左右两
侧的曲线坡度陡峭、斜率变化大，即教师主动离职概率在不同时点存在较
大的差异，且学校城乡方位对教师主动流动的时间有显著影响，城区学校、
乡镇学校和农村学校的教师主动流动概率的高峰时期分别是教师在一所学
校工作到 2.92 年（=35/12）、2.75 年（=33/12）和 2.61 年（=31.3/12），三
类学校教师主动变更任教学校的概率峰值依次达到 3.55%、3.80% 和
4.05%。一份教职的持续时间为 2—4 年时，教师主动流动速度的城乡差异
明显，直观地体现在图 4-2 曲线顶点附近左右两侧各 12 个月的时间窗内曲
线与曲线之间的间距大。这同样说明，放松 PH 假设而基于 AFT 假设的估
计结果更符合实际情况，即公式 3-3 能更好地模拟 G 市中小学教师主动流
动的时空特点与趋势。

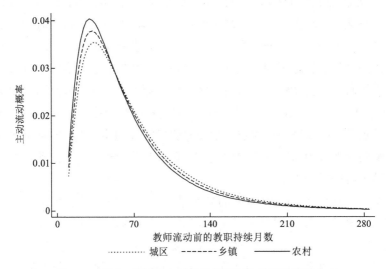

图 4-2　城区、乡镇和农村学校的教师主动流动概率分布

　　图 4-2 中曲线拐点左侧约 12 个月的时间窗内，农村学校与乡镇学校、
城区学校教师离职概率随着时间的推移差距越来越大；相反，峰值右侧约
12 个月是三类学校的教师离职概率差异逐渐收敛的时期。如果教师能在一
所学校坚持工作 4 年，他主动离开这所学校的概率将下降到 3%。这与其
他国家的现象基本一致，可能是因为个人和岗位的不匹配问题在这个时段
凸显，能较好地处理这个问题的人会继续留下来，而经过自己的努力仍无
法解决人岗不匹配问题的人在条件成熟的情况下就选择离开。当一份教职
持续约 5 年时，城区、乡镇和农村的学校的教师主动流动概率差异又开始

浮现，但此时的空间差异不像前 4 年那样明显。而且，当教职持续时间为 5—15 年时，乡镇学校和城区学校的教师离职概率略大，这可能是因为乡镇学校教师和城区学校教师已积累较多工作经验，且尚处于职业发展的活跃时期，会更主动地向最能实现自身价值的学校流动。

如果教师能在同一所学校持续工作约 15 年，城区、乡镇和农村的学校教师主动流动概率差异再次收敛到基本相同的水平并长时期保持。此后，教师主动离职概率不再下降，一直保持在 0.2%左右。这与现实情况相吻合，在一所学校坚守 15 年的教师通常能得心应手地处理工作中的事务，流动到其他学校需要适应新工作岗位。尤其是在农村学校和乡镇学校，坚守 15 年还不流动的教师要么对乡村教育有感情而不愿意离开，要么因自身竞争力不足或家庭牵绊而无法流动。

第二，教师流动行为存在明显的个体效应，部分教师因自身条件或性格等原因而更容易变动任教学校。对比表 4-1 第（6）列与第（5）列可发现，考虑教师固定效应后的每份教职持续时间更短，如果将教师的若干次流动视为独立的观测值，则农村学校教师的教职持续时间是城区学校教师的 59.2%，但将教师的若干次流动视为同一个体的关联行为，则农村学校教师的教职持续时间是城区学校教师的 54.1%，降幅为 5.1 个百分点；将反复观测的个体作为非独立的关联样本后，乡镇学校在留住教师方面的能力被再度削弱，衰减的幅度是 1.6 个百分点，乡镇学校教师教职持续时间只相当于城区学校教师的 73.6%。这与 Kelly 和 Lim（2000）的猜想一致，他们认为包括教师在内的某些劳动者因个人性情等而频繁更换工作单位，这些人工作稳定性差不能完全归结为外在的环境因素，反之亦然。这意味着劳动者身上有一些影响工作稳定性的不可观测的特征[1]，这些特征难以直接观察或测量，在一定程度上影响着劳动者的流动速度。如果研究者在进行模型设定时不考虑这个问题，则会产生遗漏变量偏误。这种不可观测的个体倾向相对稳定，贯穿于他所做的一系列事情中，公式 3-3 中的个体效应（ς_i）将教师在若干次主动流动中体现出来的一致性个体倾向进行有效控制。

---

[1]　至少有三种可能性：第一种是在乡镇和农村工作的部分教师可能受服务期限的限制，如特岗教师或享受过公费大学教育的师范毕业生等必须在满足合同规定的时间后才能变更任教学校。第二种是非城区学校的教师职业经历变更的渠道有限，工作调动的难度更大、成本更高等。第三种是乡镇和农村学校更加偏远，对教师的吸引力小，在这种情况下还坚持去那里工作的教师要么存在自身工作能力不强、选择范围有限的问题，要么是有爱心、有情怀、有韧性的好教师。

　　笔者基于表 4-1 第（6）列结果做简单的推算。由于乡镇学校的教师在每所学校停留的时间比城区学校教师的少 26.4%，或者说在任一时间窗口内尚未主动离职的概率比城区学校教师低 26.4%。参照第三章第三节有效样本中的乡镇学校教师的教职平均持续时间约为 82.59 个月，上述效应量折合成以年为测量单位的时间约为两年。同理，农村学校的教师的每份教职持续时间平均约短三年[①]。学校方位对教职工作持续时间的影响强度可作为师资补充和规模测算的参照标准。例如，位于乡镇的学校至少需按照核定教师需求量的 1.26 倍储备人才，只有这样才能从容应对由于教师主动流动引起的师资短缺问题，而农村学校需按照实际需求的 1.46 倍储备人才，这样就可以做到动态监测、未雨绸缪（刘善槐等，2019）。

　　概言之，笔者基于学校所在地的城乡方位特征考察"农村"和"乡镇"相对于"城区"对教师教职持续时间和流动次数的影响，呈现学校方位对教师是否留得住、留多久等方面的概貌。研究结论是，学校在留住教师方面的能力因学校所在地的城乡方位而有所差异，相对于较便利的城区学校，位于乡镇和农村的学校在让教师"留得住""留得久"方面均处于更不利的地位，更不受欢迎的学校区位环境不利于教师安心从教和终身从教，这与以往本土文献中揭示出的乡镇学校和农村学校的教师稳定性差、流动性强等典型事实均相符，为"消费型补偿"理论假设提供经验证据，即学校环境是影响教师职业选择的有效预测指标（Boyd et al.，2011）。在考虑教师主动离职随教职持续时间的延长而加速衰减的可能性并控制教师个体效应后，笔者发现，乡镇学校和农村学校的教师在特定观察期内尚未主动离职的概率降低 26.4%—45.9%，如果在短期内无法改变乡镇和农村地区的经济地理环境，应将这些地区教师储备人才数量按实际需求量的1.26—1.46 倍计算。乡镇学校和农村学校教师在每所学校的平均停留时间少近 2—3 年，他们的主动流动次数平均多 25.5%—36.2%。这间接说明，发展地方经济、改善人居环境是提高教师队伍稳定性的根本。我国实施乡村振兴战略能从源头上解决相对偏远的乡镇和农村地区教师流动性较大的问题。

　　本小节所得的研究结果有助于加深学术界关于教师流动（稳定）与学校城乡方位这类区位环境之间关系的认识，对农村教师队伍建设、师资补

---

　　① 乡镇学校教师与城区学校教师每份教职持续时间差异的计算过程是：82.59×(−26.4%)＝−21.80 个月＝1.82 年≈2 年。农村学校教师的教职平均持续月数约为 75.77 个月，表 4-1 第（6）列所示变量 *VLG* 的效应量折合成以年为测量单位的时间约为 3 年，即 75.77×[−(1−0.541)]＝−34.78 个月＝2.9 年≈3 年。

充和维护工作具有现实意义。尽管笔者在核心变量的操作界定、分析技术和解释视角等方面努力改进，但本节内容还存在以下问题，留待今后的研究再做完善：①改善学校实时的日常工作环境是否可缓解区县整体环境不利对教师工作稳定性负面影响的问题值得关注（Bempah et al.，1994）。受写作主线的限制，本书没有探索这个问题。②笔者将分析样本限定在县域内的跨校流动的教师，不涉及跨区县、跨行业的情形，但教师如何在不同发展水平的区县间流动，以及如何在同一贫困县内的不同学校间转换具有研究价值（Boyd et al.，2011；Goldhaber et al.，2011；Pugatch，Schroeder，2014）。今后可考虑记录教师更详尽的工作经历信息和覆盖更广阔的样本范围。

（三）学校到中心城区距离的影响

学校到县城中心的距离能较好地反映它的偏远程度，是学校区位环境特征的重要表现形式。笔者将学校到区县政府的距离的对数（ln$D$）作为解释变量，得到表 4-1 第Ⅰ栏第（7）—（8）列和第Ⅱ栏第（12）列的结果，从中归纳出三个结论。

第一，学校远离县城中心增加教师主动流动的概率，不利于教师长久地留下来。教师任教的学校到区县政府的距离每增加 1%，教职持续时间缩短 1%。同一教师的多次流动被视为在同一个体身上反复观测到的现象后，学校到县城中心的距离对教师主动流动概率的催化作用没有太大变化。以上结果可结合第三章第二节描述统计部分的数据做推算。例如，相对贫困区县的学校到县城中心的距离平均比相对发达区县的学校远 28.91%[①]（表 3-3），由此可知相对贫困区县教师在每所学校停留的时间少了近 30%，与本小节第（一）部分得到的结果大致相同。再如，笔者可结合学校的城乡方位特征考察偏远程度对教师教职持续时间的影响。38 所城区学校、43 所乡镇学校和 9 所农村学校到区县政府的距离均值分别为 13.92 公里、17.64 公里和 24.35 公里，由此推知，在城区学校工作的教师在每所学校停留的时间比乡镇学校和农村学校的教师分别长 21.09% 和 42.83%，与本小节第（二）部分得到的结果可以相互印证。

用连续的距离变量衡量学校区位特征的优点是，研究者可根据距离弹性在任一有效范围内计算学校至县城中心的偏远程度对教师留任时长的影响，这个思路可用于考察城区学校、乡镇学校和农村学校内部的差

---

① （19.84-15.39）/15.39×100%=28.91%。

异。前文论及即使同在农村内，有一部分学校留住教师的吸引力大于另一部分学校。例如，G 市各区县的版图面积差异较大，辖区面积大的区县的最边远农村学校和辖区面积小的区县的最便捷的农村学校距离县城中心的里程分别是 65.30 公里和 13.31 公里，辖区面积小的区县的最便捷的农村学校距离县城中心的里程甚至比面积大的区县内城区学校到区县政府所在地的距离还近。由此可知，到区县政府的距离位于组内均值水平（13.92 公里）的城区学校的教师教职持续时间是最边远的农村学校教师的 4.69 倍，但比最便捷农村学校教师的缩减了 4.58%。同样，笔者可计算到县城中心任意距离的农村学校和乡镇学校教师在特定时间窗口内是否留下来的概率。例如，由表 3-3 的描述统计结果可知，一所乡镇学校到区县政府的距离比均值高一个标准差时位于远离中心城区 33.51 公里处，这所学校比一所典型的城区学校（到区县政府距离处于均值水平 13.92 公里）远 19.59 公里，这所乡镇学校的教师教职持续时间只有城区学校教师的 67.42 %[1]，在任一时间窗口内仍未主动流动的概率比城区学校教师低 32.58%。

笔者借鉴经济地理学领域的"核心—外围"概念，以区县政府为中心画同心圆，根据同心圆所属圈层来界定学校的区位，然后再分类呈现学校偏远程度对教师教职持续时间的影响。其中，区县政府方圆 10 公里内被视为核心区域；10 公里以外 20 公里以内的区域为近城区；20 公里以外的为远城区。图 4-3 呈现的是核心区域学校、近城区学校和远城区学校的教师流动概率分布图，远城区学校在留住教师方面的劣势在图中很直观地体现出来。在远城区、近城区和核心区域的学校任教的教师离职的高峰期分别是他们在一所学校工作 33 个月（2.75 年）、42 个月（3.50 年）和 46 个月（3.83 年）时，远城区学校的教师离职的时间比县城核心区域的学校提前 13 个月；远城区学校教师在一所学校工作 2.75 年离职潮到达高峰时，离职率的均值为 4.17%，而同时期的城区学校教师离职率只有 2.94%，前者比后者高 1.23 个百分点。

第二，教师主动流动概率分布曲线的形状在不同圈层学校的形状差异更好地投射出教师流动模式的空间差异。在距离县城中心城区 20 公里以外的远区学校，教师主动流动概率波动幅度更大，他们在一所学校工作约 5 年后的离职率就被近城区和核心区域学校的同行赶超。远城区学校教师在一所学校工作约 72 个月和 100 个月时，离职概率分别降至 2% 和 1%。

---

① 计算过程是：82.59 /{[（17.64+15.87）−13.92]/13.92×100%}/87.04。

教师在一所学校工作5年（60个月）后，近城区学校教师的教职持续时间比县城核心区域学校的略长，但没有显著的组间差异。县城核心区域的学校教师离职率整体上相对稳定。

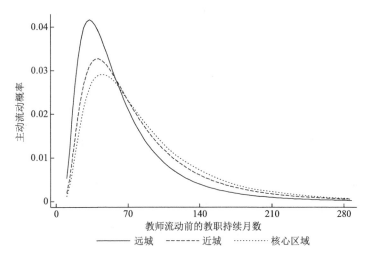

图4-3　远城、近城、核心区域学校教师主动流动概率和留任概率分布

　　与农村学校教师一样，远城区学校教师在一所学校待久后的"黏着效应"映射着劳动力市场上的职业自选择情况。在远城区学校工作的教师教职持续时间起初短，但在大约5年后发生逆转，流动速度慢于近城区学校和县城中心学校，与现实中呈现的现象相吻合。中心城区20公里以外的远城区学校在教师劳动力市场上通常不受欢迎，这些学校的教师采取"先就业再择业"的策略，在短时间内可获得工作环境等方面的体验并对是否要继续留任进行评估。如果教师对学校不满意且在条件允许的情况下，则会尽快启动新一轮工作"搜寻"的程序，从而实现在合意时"跳转"。然而，部分教师在对远城区学校感到不满意的情况下仍继续留任，可能是以下三方面的原因造成的：①个人业务能力不出众，无法通过地方教育主管部门定期举行的公开招考；②工作地是教师的家庭所在地，家中有需要照顾的人但他们不愿随迁进城；③有家国情怀，愿意为边远艰苦地区的基础教育做贡献。前两种情况是教师"流不动"，最后一种情况是教师"不愿流"。相反，在乡镇学校和县城中心学校工作的教师较少受到这些羁绊，且他们了解各学校岗位空缺信息的渠道更畅通、可选择范围更大等，因此在积累几年工作经验、具有较大的选择权力后便呈现出更强劲的主动流动势头。

第三，学校到县城中心的距离对教师流动频次有显著的正向影响。学校到区县政府所在地的距离每增加1%，教师主动流动的次数增加1.3%。这与偏远地区学校教师每份教职持续时间短传达的是同样的信息，因为远离县城中心的学校教师在单位时间内流动概率更大、在限定时间期限内的流动次数更多。同理，笔者可对照第三章第二节描述统计部分的数据推算处于不同位置的学校的教师流动次数。例如，在距离县城中心65.30公里的农村学校任教的教师，其主动流动次数是离区县政府13.92公里的城区学校教师的4.81倍[①]。

以上关于远离中心城区的学校在留住教师方面的劣势只是下限估计，因为在地形复杂的山区，很多农村学校和县城中心城区的直线距离不太远，但由于地势险峻陡峭，连接学校和乡镇或县城的均是蜿蜒崎岖的盘山公路，通勤困难更大。笔者在G市实地调研时感受到教师对这个问题的关注。例如，有几位教师建议乡村教师生活补助不宜用学校到县城的距离作为依据，而应考虑通勤时间，车程用时能更好地反映学校的偏远程度。今后的研究可补充这方面的信息。

关于学校区位对教师稳定性/流动性的影响，笔者总结出以下几个要点。首先，区县相对贫困深度对教师教职持续时长没有系统性的影响，在充分控制其他协变量的情况下，相对贫困区县与非贫困区县的教师主动流动概率、教职持续时间没有显著的组间差异。其次，学校城乡方位和学校到县城中心城区的距离等对教师是否留下来、留多久、流动频繁等产生显著影响，具体表现为乡镇和农村地区学校的教师留任率更低、教职持续时间更短；到区县政府距离较远的学校在留住教师和延长教师任教时间等方面均处于不利地位。这反映出同一区县内部较大的城乡差异，即使是在相对贫困区县，也有让教师留得住的更受欢迎学校，这样的学校有一个共同的特点——离县城中心城区较近，与我国教育资源"向城"集聚规律基本一致。

不利的学校区位环境特征等对师资队伍稳定性的负面影响体现出多数教师在职业选择过程中对工作环境的重视，说明"消费型补偿"理论的假设适用于教师劳动力市场——与不利的工作环境特征相伴随的是职业效用的损失，偏远艰苦地区的学校在不采取额外措施的情况下，通常面临招不满合格教师、留不住优秀教师等问题。

---

① 计算过程是：（65.40-13.92）/13.92×1.30≈4.81。

二、工资和生活补助对教师留任的影响

（一）工资的影响

1. 工资的主效应

笔者利用如公式 3-4 所示的固定效应模型来考察工资对留住教师的影响。固定效应模型能较好地处理以下模型设定偏误问题：①根据经济学关于价值规律的论述，工资作为劳动力价格，反映劳动者的生产率，生产率高的个体在劳动力市场上更受雇主欢迎、可选择范围更广泛，变换工作单位的难度和成本更小、收益更多。如果工资高的教师主动流动的可行能力更强，则利用单期截面数据分析工资对教师主动流动的影响则会高估工资的作用，因为工资作为解释变量，其中含有个人能力等不可观测的影响劳动力市场表现的成分。②追求更高的工资等待遇是部分教师流动的原因之一，更高的工资可能是部分教师主动流动的后果而不是原因，两者的因果关系不明确。研究者较难利用单期截面数据确定工资究竟是教师流动的前因还是后果，即解释变量和被解释变量间存在互为因果的关系。利用时间跨度大的面板数据就可在控制影响教师工资和流动的可观测因素和不可观测因素后再考察工资和教师留任（流动）概率间的关系。

表 4-2 第Ⅰ栏第（1）—（5）列呈现的是以教师是否流动为被解释变量的结果，第（Ⅱ）栏第（6）—（10）列的被解释变量是教职持续时间。从表 4-2 可看出，更高的工资有利于让教师留得住、留得久。

表 4-2 第（1）列结果显示，在控制教师所在学校的区位、教师个体效应等因素后，工资每提高 1%，教师主动流动概率降低 1.5%。教师流动的工资弹性的现实意义是，如果按照 G 市教师月工资 4831.19 元的标准，工资提高 10%，每月净增工资 483.119 元，则全体有效样本的主动流动率将从最初的 0.569%降至 0.483%，约 8.620 个百分点[①]。这与 Falch（2011）基于挪威北部三县数据所得的研究结果大致相同。如前所述，无论是在哪个国家和地区，工资等货币化收益在教师职业选择过程中都起着重要作用，教师作为微观的经济决策主体能将外部的激励结构内在化，并调整工作场所的行为策略。提高工资能延长教师的教职持续时间。表 4-2 第（6）列结果表明，工资每提高 1%，教师在一所学校的停留时间延长 1.2%，即教师

---

① 计算过程是：$-0.015×[(1+0.010)×100×10×0.569] =-8.620$。0.569%是参与最终分析的教师至少主动流动过一次的概率，略高于全体教师中至少主动流动一次的概率（0.545%）。

教职持续时间的价格弹性是 1.2，大于单位弹性 1。如表 3-3 所示，全体有效教师样本月均工资是 4831.19 元、教职的平均持续时间 81.49 个月，由此可知，这意味着教师的工资每年提高 5797（4831.19/10×12）元后，他们的教职持续时间可延长 9.78 个月，达到 7.61 年。

2. 工资与学校区位的交互效应

在教师留任方面，工资与学校区位之间存在显著的交互作用，提高教师工资可减少区位不利的学校教师的主动流动概率。

（1）工资与学校所在区县贫困程度的交互作用

第一，相对贫困区县学校提高教师工资对留住教师的作用比非贫困区县更大。如表 4-2 第（2）列结果所示，学校所属区县相对贫困（RP）与工资的对数（$\ln W$）的交互项系数显著，教师工资每提高 1%，非贫困区县学校的教师流动概率降低 1.4%，而相对贫困区县的教师流动概率降低 1.6%[1]。相对贫困区县学校的教师工资平均比非贫困区县学校的教师工资低 22.65%，如果相对贫困区县的教师工资水平能消除这个差距，则教师流动率将降低 36.23%，降至 35.72%[2]。

工资对留住相对贫困区县学校教师的作用因区县贫困程度不同而有所差异，每 1% 的工资增长分别能降低历史上的山区贫困县、省重点扶贫特困县和国家级贫困县的学校教师流动概率 1.4%、1.5% 和 1.6%，这三类区县的教师月工资均值分别是 4438.80 元、4263.31 元和 4101.02 元，比非贫困区县的教师工资水平依次低 20.92%、24.05% 和 26.94%，如果这三类相对贫困区县的教师工资水平均与非贫困区县保持相同，则这些地区教师流动概率将分别降低 29.29%、36.07% 和 43.10%，对照这些地区的教师流动率折算成的效应量分别是 16.14 个百分点、20.27 个百分点和 25.44 个百分点[3]。以上结果可做反向推算，若三类贫困深度不同的区县的教师流动率降低到非贫困地区的水平（52.15%），则这些欠发达区县的教师工资水

---

① 表 4-2 第（2）列 $\ln W$ 对应的系数 –0.014 与交互项 $\ln W \times RP$ 对应的系数 –0.002 之和再转换成百分数的结果。余文关于效应量计算的原理相同，不再逐一备注。

② 计算过程是：56.01%×（100%–36.23%）≈35.72%。

③ 先计算相对贫困区县与非贫困区县教师工资差异的比例，然后将这个比例乘以每 1% 工资的效应量，最后将这个效应量与相对贫困区县教师流动概率相乘即换算成百分点。以国家级贫困县为例演示计算过程，该地区的教师月工资和流动率分别是 4101.02 元和 59.02%，而非贫困区县的教师工资和流动率分别是 5613.21 元和 52.15%。由此推知，国家级贫困县的教师工资与非贫困区县的工资差值比例是（4101.02–5613.21）/5613.21×100%≈–26.94%；然后，26.94%×1.6≈43.10%；最后，43.10%×59.02%×100%≈0.2544。

平分别要在现有的基础上提升 3.83%、4.50% 和 7.28%^①。

第二，工资对教师教职持续时间的影响受到学校所在地的贫困深度、城乡性质及其到县城中心距离等区位特征的调节，在劳动力市场上提高环境不利的学校教师的工资对延长教师在学校的工作时间的效果更好。这意味着，利用经济激励手段让偏远艰苦地区学校的教师留得住具有可行性。以下简要论述从表 4-2 第Ⅱ栏得到的主要结果。

提高工资对延长教师教职持续时间的效果在相对贫困区县所发挥的作用更大。表 4-2 第（7）列结果显示，相对贫困区县教师工资每提高 1%，教职的持续时间延长 1.6%，是工资的主效应 0.011 和它与相对贫困区县交互效应 0.005 的和所对应的百分比。参照表 3-3 的描述统计结果，若相对贫困区县的教师月均工资达到相对发达区县的水平，即在当前的基础上提高 1271 元/月（=5613.21−4342.09），相对贫困区县教师的持续时间可延长 36.23%，达到 106.45 个月。

在不同贫困程度的区县，提高工资对延长教师教职时间方面的作用强度有内部差异。表 4-2 第（7）列结果显示，山区贫困县、省重点扶贫特困县、国家级贫困县的学校教师月均工资每提高 1%，教职持续时间分别提高 1.3%、1.4% 和 1.8%。笔者根据这三类区县教师工资和教职持续时间的描述统计信息进行的推算结果是，若山区贫困县、省重点扶贫特困县、国家级贫困县的学校教师月均工资提高到相对发达区县的水平，即三类区县分别在当前教师工资水平基础上提升 26.45%、30.41% 和 34.07%，则教师的教职持续时间分别顺延 27.60 个月、32.38 个月和 45.54 个月。这充分显示出利用经济激励手段让相对贫困区县教师留更久的潜力。

（2）工资与学校城乡方位的交互作用

第一，提高工资对降低教师流动概率的效应量因学校城乡方位不同而有所差异。表 4-2 第（4）列结果显示，乡镇学校和农村学校的工资每提高 1%，教师流动概率分别降低 1.7% 和 1.8%。按照上述思路可计算出乡镇学校和农村学校教师的工资水平若达到城区学校的均值水平，则教师流动率将分别下降 35.33%（19.37 个百分点）和 52.81%（33.22 个百分点）。

研究者根据工资与教师流动概率之间的关系强度可推断教师流动的

---

① 先计算各类区县与非贫困区县教师流动率的差值，然后对照各区县自身的教师流动概率，并将这个差值折合成比例值，最后用这个比例值分别除以各区县每 1% 的工资在降低教师流动率方面的效应量。以山区贫困县为例，(0.5510−0.5215)/0.5510×100/1.4≈3.82。其他两类相对贫困区县的算法类似。

价格弹性。农村学校每 1%的工资上浮对减少教师主动流动概率的效应量是 1.8%，即意味着教师流动概率相对于工资的弹性是 1.8；乡镇学校教师流动概率相对于工资的弹性是 1.7。以上结果表明，教师职业生涯中的去留决策是学校区位环境与这个学校提供的经济收益的联合函数。可从两个角度解读以上结果：从教师供给的角度看，更高的工资能在一定程度上解决具有区位劣势的学校留不住教师的难题；从教师需求的角度看，学校区位环境劣势既定的情况下，利用经济激励等手段加以弥补可增加教师继续向学校提供劳务服务的可能性。结合表 3-3 和表 3-4 的描述统计可知，农村学校的教师月均工资 3921.54 元比全体样本的平均工资 4831.19 元低18.83%，若农村学校教师的月均工资能达到样本平均水平，他们主动离职的概率将降低 33.89%，约 21.32 个百分点①。同理，乡镇学校教师的工资水平若能达到有效样本均值水平，他们的主动流动概率将下降 15.30%，降至41%。本书计算得到的效应量较大，比得克萨斯州、纽约州等地政务数据揭示的教师流动的价格弹性 4%—6%大得多，可能与 G 市农村学校教师工资整体低，且农村学校教师的工资与样本均值水平相差大有关。在这种情况下，G 市农村学校的教师工资的边际效用还处于递增的阶段，还没有达到工资边际效用最大的拐点处，劳动供给的收入效应更大，其价格弹性高。因此，在解释工资对教师职业选择行为和心理的影响时，研究者需注意"条件性"。这种条件性体现在以下两个方面：一方面，体现在利用提高工资的方式补偿不受欢迎的工作环境时需要达到经济激励起作用的阈限值；另一方面，体现在货币化补偿发挥激励作用时高度依赖于教师劳动力市场的整体环境。

第二，更高工资对延长教职时间的影响在乡镇学校和农村学校中体现得更大。工资每提高 1%，乡镇学校和农村学校教师教职持续时间分别延长 1.1%和 1.3%，其经济意义和统计意义均显著。农村学校和城区学校教师的月均工资分别为 3921.54 元和 5549.87 元，教职持续时间依次为75.77 个月和 87.04 个月，如果农村学校教师的工资在当前水平的基础上提升 37.04%后达到城区学校同行的水平，其教职持续时间将延长 48.15个月（约 4 年），平均达到 123.92 个月。同理，如果乡镇学校教师的工资水平在现有的基础上提高 26.24%，其教职平均持续时间将增至 111.45个月。

---

① 计算过程是：(3921.54−4831.19)/4831.19×100%×1.8≈−33.89%。由于农村教师的平均流动概率是 0.629，将 0.629 与 0.3389 相乘得到的就是农村学校教师流动概率下降的百分点。

（3）工资与学校到县城中心距离的交互作用

第一，提高工资对留住教师的作用在距离县城中心远近不同的学校的作用强度有差异。表 4-2 第（5）列结果含有教师工资的对数（lnW）与学校到区县政府距离的对数（lnD）之间的交互项，交互项系数在 0.1%的水平显著，到县城中心的距离每增加 1%，每 1%的工资增加能使教师流动概率降低 0.9%。

学校到县城中心的距离对工资与教师流动概率之间关系的调节作用还可结合学校的城乡方位特征一起进行分析。例如，43 所乡镇学校教师至少主动流动过一次的概率是 54.7%且乡镇学校教师的平均月工资是 4396.39 元，这相当于每月 439.639 元的增资可提升乡镇学校教师留任率 4.9 个百分点。乡镇学校到区县政府的里程平均为 17.64 公里，比 38 所城区学校到区县政府距离 13.92 公里远 26.72%，若乡镇学校的教师工资提高 1153.48 元达到城区学校的平均工资水平，这笔增加的工资对减少教师流动的效力是等额工资在城区学校效力的 1.24 倍。同理，如果要想让农村学校成为教师心目中的效用无差异化的选择每月至少需要提高的工资额度也可计算出来。

上述关于工资对教师流动概率的影响受到学校与所属区县政府距离的调节的分析所得的结论与此前关于工资对教师流动概率的影响受学校城乡区位调节这一结论基本一致。由此可见，学校的城乡区位特征在很大程度上体现它们的偏远性，两者高度重合。需要注意的是，用学校到区县政府的直线距离度量它的区位特征可能存在测量误差，因为直线距离没有反映地形地貌等特征。

第二，教职持续时间受工资影响的程度因学校到县城中心的距离而异。具体而言，学校到区县政府的里程数每增加 10%，每 1%的工资提高能让教师在这所学校的工作时间延长 12%。以一所远离区县政府 65.3 公里的学校为例，这所学校的偏远程度比到区县政府距离样本均值水平 21.13 公里增长了 2.09 倍，则这所学校的工资提高 1%后可将教师的留任时间延长 2.51 倍。用同样的算法还可做更多的推算，原理与上述相同，为节省篇幅，不再赘述。以上结论对制定"乡村教师生活补助"方案的启示是，学校到县城的距离这个指标应成为"乡村教师生活补助"的参考因素之一。

表 4-2 工资对教师是否留得住、留多久的影响

解释变量	I：教师流动（稳定）与否					II：教职持续时间的对数				
	（1）	（2）	（3）	（4）	（5）	（6）	（7）	（8）	（9）	（10）
$\ln W$	-0.015***	-0.014***	-0.012***	-0.011***	-0.008***	0.012***	0.011***	0.010***	0.009***	0.009**
	(0.004)	(0.004)	(0.003)	(0.002)	(0.002)	(0.001)	(0.002)	(0.003)	(0.002)	(0.003)
$\ln S$	-0.018**	-0.016**	-0.014**	-0.013**	-0.009**	0.013**	0.011**	0.011**	0.010*	0.009+
	(0.006)	(0.005)	(0.005)	(0.004)	(0.003)	(0.006)	(0.005)	(0.004)	(0.005)	(0.005)
RP	0.224	0.198				-0.210	-0.199			
	(0.159)	(0.143)				(0.140)	(0.128)			
VLG	0.404*			0.390*		-0.393*			-0.403***	
	(0.200)			(0.174)		(0.186)			(0.114)	
$TOWN$	0.233**			0.207**		-0.249**			-0.268***	
	(0.082)			(0.068)		(0.078)			(0.049)	
$\ln D$	0.021***				0.019**	-0.014***				0.011*
	(0.003)				(0.006)	(0.006)				(0.005)
$\ln W \times RP$		-0.002*					0.005**			
		(0.001)					(0.002)			
RP_1			0.184							
			(0.210)							
RP_2			0.191							
			(0.163)							
RP_3			0.201							
			(0.130)							

续表

解释变量	I：教师流动（稳定）与否					II：教职持续时间的对数				
	(1)	(2)	(3)	(4)	(5)	(6)	(7)	(8)	(9)	(10)
$\ln W \times RP_1$			-0.002*					0.003***		
			(0.001)					(0.001)		
$\ln W \times RP_2$			-0.003**					0.004*		
			(0.001)					(0.002)		
$\ln W \times RP_3$			-0.004*					0.008*		
			(0.002)					(0.004)		
$\ln W \times VLG$				-0.007***					0.004**	
				(0.002)					(0.001)	
$\ln W \times TOWN$				-0.006***					0.002*	
				(0.001)					(0.001)	
$\ln W \times \ln D$					-0.001***					0.003**
					(0.0002)					(0.001)
时间固定效应	✓	✓	✓	✓	✓	✓	✓	✓	✓	✓
区县虚拟变量×时间虚拟变量	✓	✓	✓	✓	✓	✓	✓	✓	✓	✓
其他控制变量	✓	✓	✓	✓	✓	✓	✓	✓	✓	✓
N	4610	4610	4610	4129	4093	4610	4610	4610	4129	4093

注：①回归系数下方括号里的数字是聚类到区县和年份聚类的标准误。②为节省篇幅，笔者仅报告重要解释变量系数，省略书中未讨论其结果的控制变量。③第 I 栏的被解释变量是教师是否流动（$MOVE$），流出去的教师被赋值为 "1"，留下来的教师被赋值为 "0"；第 II 栏解释的是教师每份教职的持续时间的对数（$\ln DUR$）。④第（3）列和第（8）列将表示学校所在区县总体相对贫困的变量 RP 替换为各区县贫困等级 RP_1、RP_2 和 RP_3。⑤第（2）、（4）、（6）、（8）列中考虑教师的个体固定效应，笔者基于教师识别代码设定个体效应，在 Stata 软件中对应的辅助命令是 "share（）"。

总之，关于工资对教师稳定性的影响，笔者基于双向固定效应模型的估计结果总结出以下几个基本要点：①更高的工资有助于教师留得住且留得久，提高教师的货币化收益有助于增强教师工作稳定性、降低教师主动流动的可能性。②工资对教师是否留任和留任多久的影响受学校区位环境特征的调节作用，在不同区位的学校间具有异质性，提高工资对稳定师资队伍的作用对于区位环境特征不利的学校所发挥的作用效果更好；同时，具有区位环境劣势的学校若欲与区位环境好的学校保持同等水平的教师留任率，则需要通过提供更高的工资或提供补助等方式弥补环境不利造成的心理收益损失，本小节第（二）部分将讨论补助对教师留任或流动的影响。

（二）生活补助的影响及政策效果的稳健性检验

前文已述，我国"乡村教师生活补助"政策是全球规模最大、覆盖范围最广的教师补偿实践，旨在利用有梯度的补助来减少边远贫困等不受欢迎的学校区位环境对吸引和留住优秀教师的负面影响。评估该政策是否达到长期留住教师的目的，其本质上是在检验经济激励对教师职后的去留选择的影响。将生活补助和工资作为两个独立的变量而非合并成一个综合收入变量，其主要理由是两者的受众范围、目的与对教师的个人意义不同，生活补助是与教师所在学校区位环境恶劣程度有关的差异化货币化补偿，教师是否能领取补助以及领取多少补助与他们任教的学校所在地的边远艰苦或贫困程度相关，而工资是每位在编在岗教师均享有的，与教师职称、工作年限、业务绩效等相关。

从表 4-3 中可看出，乡镇学校和农村学校的教师在领取生活补助后均不同程度地降低了流动率，提升留任的可能性、延长每份教职的持续时间，且生活补助在留住教师和延长教师留任时长方面的作用强度因学校区位的不同而有所差异。

1. "乡村教师生活补助"政策对教师留任的影响

第一，"乡村教师生活补助"政策实施后，教师的主动流动概率降低。表 4-3 第（1）列的结果显示，生活补助每增加 1%，则教师流动率减少 9.2%。生活补助对减少教师主动流动的效应量比工资的作用略高，全体有效样本的生活补助约相当于工资的 5.10%，对照表 4-2 第（1）列结果可推算出 5.10%的工资增加只能将教师流动率降低 8.67 个百分点。由此推知，每 1%的生活补助对减少教师流动率的效应量，约相当于每增加 1%的工资能减少的教师流动率的 1.06 倍。

正常工资以外的补助对劳动者的行为影响略大的现象在行为经济学

的研究中得到确证，个人对不同来源的经济收益的心理期待不同，效用略有差异，意料之外的收入具有激励作用（van der Veen，2004）。生活补助是工资之外的非劳动所得，且生活补助是根据学校边远艰苦或贫困程度而有所差异的，有资格享受生活补助的教师在心里产生"消费者剩余"，进而提高教师的心理满意水平，而工资是每位教师应得的报酬。工资差异主要受个人努力程度和资历水平的影响，不同的个人工资不同可以让教师产生"应得""正当"的感觉，增加工资只能减少教师的不满，而不能提高教师的满意度，即体现了双因素理论视域下的"保健因素"。

另外，"乡村教师生活补助"政策在留住教师方面的积极作用具有持续性。表 4-3 第（2）列结果是将政策生效时间标识变量（*POST*）拆分成以政策实施当年（2013 年）为参照组的年份虚拟变量得到的结果，笔者将其投射到横轴表示年份、纵轴表示教师流动概率变化的平面坐标上，图 4-4 直观地呈现"乡村教师生活补助"政策在降低教师流动概率方面的分时效果，自 2014 年开始，教师的流动概率不同幅度地下降，在图 4-4 中体现为系数均在 0 下方且 95%置信水平的区间估计不包括 0 这再次证明利用经济激励的手段调节教师劳动力市场行为具有可行性。

国家要求各地政府采取持续投资的方式支持"乡村教师生活补助"政策的顺利落实，全国每年投入到"乡村教师生活补助"专项的财政性经费40 多亿元，样本来源地"每年统筹 1.41 亿元用于发放山区和农村边远地区教师生活补助"，财政性教育经费的持续注资保障了政策实施的效果。

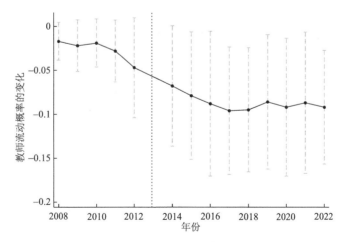

图 4-4　"乡村教师生活补助"对降低教师流动概率的动态影响

注：①2013 年对应的纵向垂直点线表示"乡村教师生活补助"政策实施元年；②虚线是 95%置信水平所对应的区间估计上下限。

　　第二，表4-3第（7）列结果表明，"乡村教师生活补助"政策实施后，教师的教职持续时间平均延长4.25个月，增幅为5.21%。对比分析发现，提供生活补助对延长教师教职持续时间的效果略好于提高工资。例如，农村学校教师的生活补助和工资均值分别是480.09元和3921.54元，生活补助相当于工资的12.24%，若按照表4-2第（9）列每1%的工资延长农村教师教职持续时间0.4%这个效应量推算，那么，参照表3-4农村学校教师教职持续时间均值75.77个月可推算480.09元的月均生活补助只能将教职持续时间延长约3.65个月（=12.04×0.004×75.77）。而表4-3列第Ⅱ栏第（11）列得到的结果显示，生活补助每增加1%，教师教职持续时间延长4.03个月。由此可见，同等额度的货币化收入若以补助的形式补偿能更经济高效地让教师留得住、留得久。

　　若将"乡村教师生活补助"政策对教师教职持续月数的综合效应分解到不同年份，则得到表4-3第（8）列结果。图4-5是将表4-3第（8）列各年份的政策效应投射到图像上呈现出来的动态趋势，生活补助对教师在一所学校停留时长的影响强度随年度变化而略有上升，并逐渐趋于平缓。由此可见，"乡村教师生活补助"政策持续性地年度专项财政投入，以及国家关于乡村振兴与发展的长期战略均能给教师安心从教增加信心。

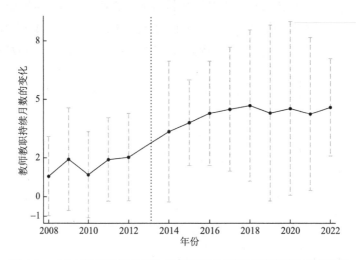

图4-5　"乡村教师生活补助"政策对延长教职持续时间的动态效果

注：①图中的点线是时间的参照值，即2013年，表示"乡村教师生活补助"政策实施元年；②虚线是95%置信水平所对应的区间估计上下限

　　第三，"乡村教师生活补助"政策对不同区位的学校的教师留下来、

留得久的影响存在差异。

　　"乡村教师生活补助"政策在相对贫困区县对降低教师流动概率的影响更大，且区县贫困深度越深，政策效果越明显。表 4-3 第（2）—（3）列结果显示，在相对贫困区县学校任教的教师在领取生活补助后，主动流动概率整体上降低 10.2%，且在山区贫困县、省重点扶贫特困县和国家级贫困县的流动率减量分别是 9.1%、10.7% 和 11.8%。这与贫困深度更大的区县得到的生活补助更多、生活补助相对于工资比例较大或给教师所带来的获得感更强有关，山区贫困县、省重点扶贫特困县和国家级贫困县学校教师月均生活补助分别为 264.47 元、270.19 元和 276.16 元，占平均工资的比例分别是 5.96%、6.34% 和 6.73%。以上结果对师资配置工作的启示是，即使相对贫困区县在短期内无法改变辖区内各学校面临的整体环境，它们也可通过提供津贴等货币化补偿方式来改变各学校在县域内劳动力市场上的相对地位，独立于工资体系的津贴具有激励价值，在工资较低的情况下，津贴的激励作用更明显。

　　乡镇学校和农村学校教师的主动流动率受"乡村教师生活补助"政策的影响较大，流动率分别降低 12.3% 和 17.9%，比区县贫困深度的调节作用更大。这是因为生活补助主要按照学校的偏远程度来确定，但几乎不会以学校所在区县是否贫困为标准来设定生活补助的范围与标准，贫困区县的县城中心区域学校不在"乡村教师生活补助"的受益范围内。

　　"乡村教师生活补助"政策留住教师的效果因学校到县城中心的距离而有所差异。学校每远离区县政府 1%，生活补助在降低教师主动流动概率方面的效力就提升 0.4%。G 市将学校到县城中心的距离作为教师生活补助梯度设置的重要参考指标，较好地体现"乡村教师生活补助"政策的应有之义，从而更好地发挥它在让教师留得住方面的功效。这比较符合实际情况。例如，教师在回答"什么补助水平的情况下愿意到山区或农村边远地区学校任教"时，提供的答案多与距离有关，如"根据距离来确定""按里程计、离县城越远越多"。

　　"乡村教师生活补助"政策在延长教师教职持续时间方面效果因学校区位环境而异。其中，"乡村教师生活补助"政策将相对贫困区县学校教师教职持续时间总体延长 4.332 个月，且不同贫困深度的区县的教职时间延长受"乡村教师生活补助"政策的影响略有差异，山区贫困县、省重点扶贫特困县与国家级贫困县分别延长 4.324 个月、4.328 个月和 4.602 个月。乡镇学校和农村学校因受惠于"乡村教师生活补助"政策而分别将教师任职多延长 4.016 个月和 4.254 个月。学校到县城中心的距离每增加 1%，"乡村教师生活补助"政策增加教师留任时长约 1.002 个月。为节省篇幅，笔者不再呈现基于"乡村教师生活补助"政策效果的推算过程。

综上，"乡村教师生活补助"意在利用货币化补偿的方式弥补部分学校的区位劣势，达到稳定教师队伍、优化师资结构、提升教育质量的目的。就 G 市而言，"乡村教师生活补助"政策在让偏远艰苦地区学校教师留得住和留更久等方面初显阶段性的成效。这得益于近年来国家和地方政府对农村教育的高度重视和持续投入。例如，教育部办公厅每年定期公布各省"乡村教师生活补助"政策落实情况，这在一定程度上起到监督的作用。另外，2013 年起农村义务教育经费保障机制改革经费中增列"综合奖补资金"，将"乡村教师生活补助政策"落实情况作为奖补参考因素。然而，欠发达地区、乡镇学校和农村学校因工作环境更加艰苦、劳动力市场吸引力较低，因此财政分担机制还需优化，因为宏观的区位环境是学校和地方政府不可控的，且各地财政支付能力差异悬殊，这部分与经济地理环境有关的附加成本应由政府相关部门统筹支付（Chambers，1980，1981，1999），以减轻区县级地方政府的财政负担、防止教育服务质量因区县财力差异而发生分化①。综上，完善"乡村教师生活补助"的体制机制建设、从根本上保障边远艰苦地区学校教师质量还需要推进基础教育成本差异化的财政制度改革。

2. "乡村教师生活补助"政策效果的稳健性检验

（1）双重差分模型的平行趋势检验

平行趋势检验是保障双重差分估计有效性的必备步骤。真实环境中的平行趋势是在没有受到实验刺激影响时，自变量和因变量的发展趋势在实验组与控制组间没有显著差异。如果将"乡村教师生活补助"政策视为自然情景下的大型社会实验，在此语境下的平行趋势假定就是领取生活补助的教师的流动概率、教职持续时间等变动趋势与"乡村教师生活补助"政策惠及不到的学校的教师相同。

第三章第三节第二小节已述，基于多期追踪数据的政策效果评估中的平行趋势检验对应的技术步骤是，以政策干预发生的时点为基准点，将所有时点转换成取值为 0 或 1 的时间虚拟变量，再用这些时间虚拟变量与表

---

① 教育部的官方网站刊登的《将以地区为主体实施乡村教师生活补助》提出，按照"地方自主实施，中央综合奖补"的原则实施"乡村教师生活补助"政策。按照这一原则，地方是落实乡村教师生活补助政策的责任主体，乡村教师生活补助政策的具体实施时间、补助范围和对象、补助标准和资金来源等均由各地结合实际情况确定，所需资金由地方财政承担。

示政策干预的"处理刺激"变量（*TREAT*）构造若干个交互项，最后将这些交互项代入到如公式 3-5 所示的双重差分模型，以替换原有的交互项 *TREAT*×*POST*，干预发生前的所有年份的时间虚拟变量与 *TREAT* 的交互项系数显著性就可用来判断是否满足平行趋势的要求，若这些交互项系数不显著，则符合平行趋势假设，采用双重差分策略得到的估计结果可靠；反之，若这些交互项系数显著，则不满足平行趋势的要求，政策干预前的实验组和控制组之间就已存在系统性的差异，双重差分估计不满足模型设定的基本前提，不能确定 *TREAT*×*POST* 项所对应的估计系数是政策造成的净影响。

表 4-2 第（2）列和第（8）列结果显示，在控制其他变量后，2013 年前的所有年份的时间虚拟变量与 *TREAT* 的交互项系数不显著。反映在图 4-4 和图 4-5 中则是，2013 年前的所有交互项系数的点估计值的 95%置信区间估计结果跨越零值，即点估计与零之间没有差异的零假设无法在约定俗成的显著性水平被拒绝。换言之，在控制模型中涉及的变量后，"乡村教师生活补助"政策实施前的受益地区与非受益地区在教师流动概率、教职持续时间方面的趋势基本一致，由此可确证 2013 年后乡镇学校和农村学校教师留得住且留更长时间的现象可归功于"乡村教师生活补助"政策的实施。

（2）双重差分模型的安慰剂检验

利用双重差分技术评估的政策效果还需经得起安慰剂检验（placebo test）。安慰剂检验的常见做法较多，本书数据信息饱和度可支持的安慰剂检验方法包括以下两种。

一种是人为地随机设置政策的生效时间。通常而言，除基期数据之外，政策实施前的其余年份均可被人为地设定为虚假的政策生效年份。在这种模型设定情况下，若公式 3-5 中的核心待估参数 ϕ 不显著则说明政策效果稳健，不是由其他混淆因素所致的有偏估计；相反，若 ϕ 显著则说明模型设定存在偏误，此前得到的政策效果存疑。其理由是，在政策生效前的所有时期内，所有个体均没有受到"准实验"的干预，无论是实验组还是控制组均不应存在实验处理效应，而研究者人为地改动政策的实施的真实时间后，仍得到有统计意义的 ϕ，则说明即使没有这项政策的干预，人们能看到受到政策影响的群体在研究者关心的变量方面发生了结构性变化。

表 4-3　"乡村教师生活补助"政策实施后教师流动行为和教职持续时间的变化

解释变量	I：教师流动行为						II：教职持续时间					
	(1)	(2)	(3)	(4)	(5)	(6)	(7)	(8)	(9)	(10)	(11)	(12)
$TREAT \times POST$	-0.092***						4.249**					
	(0.026)						(2.213)					
$TREAT \times POST \times RP$			-0.102***						4.332***			
			(0.031)						(1.818)			
$TREAT \times POST \times RP_1$				-0.091**						4.324***		
				(0.028)						(1.418)		
$TREAT \times POST \times RP_2$				-0.107***						4.328**		
				(0.032)						(1.774)		
$TREAT \times POST \times RP_3$				-0.118***						4.602**		
				(0.035)						(2.553)		
$TREAT \times POST \times VLG$					-0.179***						4.034***	
					(0.052)						(1.134)	
$TREAT \times POST \times TOWN$					-0.123***						4.006***	
					(0.038)						(1.002)	
$TREAT \times POST \times \ln D$						-0.002*						1.020**
						(0.001)						(0.353)
$TREAT \times YR_{08}$		-0.017						1.051				
		(0.011)						(1.036)				

续表

| 解释变量 | I：教师流动行为 | | | | | | II：教职持续时间 | | | | | |
	(1)	(2)	(3)	(4)	(5)	(6)	(7)	(8)	(9)	(10)	(11)	(12)
$TREAT \times YR_{09}$		−0.022						1.920				
		(0.015)						(1.344)				
$TREAT \times YR_{10}$		−0.019						1.128				
		(0.014)						(1.126)				
$TREAT \times YR_{11}$		−0.028						1.908				
		(0.018)						(1.091)				
$TREAT \times YR_{12}$		−0.047						2.027				
		(0.029)						(1.143)				
$TREAT \times YR_{14}$		−0.068^{+}						3.338^{+}				
		(0.035)						(1.843)				
$TREAT \times YR_{15}$		−0.079*						3.792***				
		(0.037)						(1.121)				
$TREAT \times YR_{16}$		−0.088**						4.278**				
		(0.042)						(1.364)				
$TREAT \times YR_{17}$		−0.096**						4.486**				
		(0.037)						(1.621)				
$TREAT \times YR_{18}$		−0.095**						4.675*				
		(0.036)						(1.978)				

续表

解释变量	I：教师流动行为						II：教职持续时间					
	(1)	(2)	(3)	(4)	(5)	(6)	(7)	(8)	(9)	(10)	(11)	(12)
TREAT×YR$_{19}$		−0.086^{+}						4.291^{+}				
		(0.045)						(2.203)				
TREAT×YR$_{20}$		−0.092*						4.521*				
		(0.039)						(2.274)				
TREAT×YR$_{21}$		−0.087*						4.239*				
		(0.041)						(2.006)				
TREAT×YR$_{22}$		−0.092**						4.583***				
		(0.033)						(1.272)				
时间固定效应	✓	✓	✓	✓	✓	✓	✓	✓	✓	✓	✓	✓
区县虚拟变量×时间虚拟变量	✓	✓	✓	✓	✓	✓	✓	✓	✓	✓	✓	✓
其他控制变量	✓	✓	✓	✓	✓	✓	✓	✓	✓	✓	✓	✓
N	4610	4406	4406	4406	4523	4523	4610	4406	4406	4406	4523	4523
ρ	0.908	0.915	0.913	0.809	0.916	0.17	0.919	0.964	0.924	0.903	0.920	0.931

注：①系数下方括号内为标准误并在区县和年份上进行聚类；②其他控制变量包括区县人均 GDP 的对数、区县生均教育经费支出、教师所在学校的人均受教育年限等；③第 I 栏的结果变量是教师的流动行为（MOVE），第 II 栏的结果变量是以月为单位的教师教职持续时间（DUR）；④字符"YR"及其后的数字表示年份虚拟变量，如 YR$_{08}$ 表示以 2013 年为参照组时 2008 年的虚拟变量；⑤表中的 N 是参与分析的教师有效样本量，没有考虑时间权重；⑥"✓"表示对应的控制变量已参与分析，但为节省篇幅，笔者省略书中没有详细讨论控制变量的估计结果。

笔者依次将 2009—2012 年的年份逐一作为假想的政策实施年份[①]，并将之进行安慰剂检验。将政策实施年份人为地依次挪至 2009—2012 年，则 $POST$ 在这些年份以前均取值为 0，在保持其他模型设定与表 4-3 的第（1）列或第（7）列所涉相关模型完全相同的情况下，反复利用公式 3-5 做双重差分估计，以考察 ϕ 是否真实反映"乡村教师生活补助"政策在降低教师主动流动概率、延长教师教职持续时间等方面的作用。将变量 $POST$ 取 1 的时间临界值挪到 G 市实施"乡村教师生活补助"政策之前的年份后，如果在这种明显违背事实的模型设定情况下得到的 ϕ 与零仍有实质性区别，则教师留下来、留更久等的变化不完全是"乡村教师生活补助"政策引起的。

表 4-4 第（1）—（4）列分别以 2009 年、2010 年、2011 年和 2012 年四个年份作为假想的政策生效年份进行估计，结果表明，无论被解释变量是教师流动行为（$MOVE$）还是教师教职持续时间（DUR），$TREAT$ 与 $POST$ 的交互项系数均不显著，即在虚构的政策生效时间点上无法产生显著的政策效果。由此可见，教师的主动流动概率降低和教职持续时间延长是在"乡村教师生活补助"政策落实之后发生的真实变化。2014 年及此后教师主动流动行为、教职持续时间等方面的变化是由"乡村教师生活补助"这项外生的货币化补偿措施所导致的。这呼应笔者在本书开篇提出的写作前提——教师是能对经济激励做出行为和心理反应的、具有经济理性的微观个体。

另一种常见的安慰剂检验是利用置换检验（permutation test）[②]构造 ϕ 的虚假估计系数，其工作原理是对样本顺序进行随机置换，多次重复这个过程并再估计样本被随机置换后的 ϕ 的虚假估计系数，由此构造非真实情景下的 ϕ 的经验分布，并将其与真实估计值进行比较，进而推断参数估计是否稳健。具体研究过程中，多数学者的惯常做法是将随机置换重复 500 次。具体到本案例，笔者通过计算机程序随机确定有资格享受生活补助的教师及其生活补助的额度，再将随机产生的享受生活补助的教师设定为处理组，并代入公式 3-5 中重复双重差分估计的过程。

[①] 理由是，统计分析过程中研究者必须保证变量足够的方差，即变量的属性取值至少应有两个。具体到时间这个变量，至少应有一期数据 $POST$ 取值为 0，即"乡村教师生活补助"政策实施前的 2008—2012 年至少需要有一年的取值是 0，若基期 2008 年被设置为 $POST=1$，而此后年份中不可能出现 $POST=0$ 的情形，在这种情况下 $POST$ 就退化成常量而无法得到系数的估计值。因此，基期数据不能作为安慰剂检验的虚假政策实施年份。

[②] 置换检验又称"重随机化检验"（re-randomization test），是 20 世纪伟大的统计学家罗纳德·艾尔默·费希尔（Ronald Aylmer Fisher）在《实验设计》（The Design of Experiments）一书中构想的方法，它利用样本随机排列组合对已有的统计量进行对称性的密集型检验，考察一类统计错误概率 p 通过零假设下样本值的对称性。

表 4-4 安慰剂检验：将"乡村教师生活补助"政策的生效时间设定在虚构的时点

解释变量	教师流动行为				教师教职持续时间			
	(1)	(2)	(3)	(4)	(5)	(6)	(7)	(8)
	$POST=(YR\geq 2009)$	$POST=(YR\geq 2010)$	$POST=(YR\geq 2011)$	$POST=(YR\geq 2012)$	$POST=(YR\geq 2009)$	$POST=(YR\geq 2010)$	$POST=(YR\geq 2011)$	$POST=(YR\geq 2012)$
$TREAT\times POST$	-0.032	-0.036	-0.041	-0.044	2.913	2.960	2.989	2.992
	(0.023)	(0.028)	(0.034)	(0.035)	(1.823)	(1.927)	(1.964)	(1.995)
时间固定效应	√	√	√	√	√	√	√	√
区县虚拟变量×时间虚拟变量	√	√	√	√	√	√	√	√
其他控制变量	√	√	√	√	√	√	√	√
N	4610	4610	4610	4610	4610	4610	4610	4610
ρ	0.937	0.943	0.954	0.956	0.966	0.967	0.973	0.976

注：①系数后面没有任何标记的表示不显著；②系数下方括号内的标准误按照区县和年份进行聚类；③其他控制变量与表4-3第（1）列完全相同；④第（1）～（4）列的 POST 变量分别在2009年、2010年、2011年和2012年取值为1；⑤表中的"N"是参与分析的单期教师有效样本量，不是若干年份的重复观测值；⑥"$POST=$($YR\geq 2009$)"表示将"$POST$"上临界界值设定在2009年，这种逻辑运算先判断括号中的条件是否为真，如果括号中的条件得到满足，则返回赋值是"1"，"$POST$"变量取值为1，不满足括号中条件则赋值为0，全表通用这条注释；⑦"√"表示对应列对应变量已参与分析，但为节省篇幅，笔者省略表中所有控制变量的估计结果。

由于置换检验过程中随机产生的生活补助受益人不是真实世界中的那一批教师，ϕ 的虚假估计系数在零值左右两侧近似正态地分布，即这批随机指派而非真正享受生活补助的教师因没有受到"乡村教师生活补助"政策的影响，不可能对表征政策效果的 ϕ 产生实质性影响。图 4-6 是笔者基于教师流动行为（MOVE）这个结果变量、重复 1000 次[①]置换检验所得的虚假估计系数分布，可直观地看到用随机置换的方式生成的 ϕ 的虚假估计系数以零值为中心均匀地分布在其周围，且多数估计值落在标准正态分布曲线上，即表 4-3 第（1）列的 TREAT×POST 的估计结果经得起置换检验，反向说明生活补助对促进教师留下来有系统性的影响。换言之，在保持其他变量相同的情况下，教师在一所学校更大概率地留下来是"乡村教师生活补助"政策产生的直接结果。包括生活补助在内的货币化收入是教师去留选择过程中的重要影响因素。用同样的步骤和方法，笔者对表 4-3 第（7）列的结果进行的置换检验结果与图 4-6 反映的趋势基本相同，为节省篇幅，笔者省略其图像。

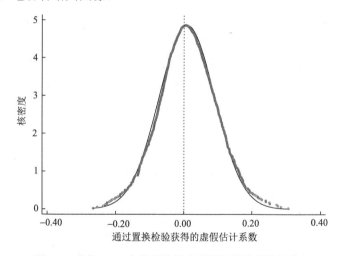

图 4-6 重复 1000 次的置换检验所得的估计系数的分布

注：①以教师是否留得住为结果变量为例进行置换检验，检验的是表 4-3 第（1）列 TREAT×POST 的可靠性；②图中的空心圆圈是 ϕ 的虚假估计系数在图像上的分布情况，大多数虚假估计系数落在参照物——标准正态分布曲线上；③经过 1000 次模拟置换检验后得到的虚假系数估计值的均值和均值标准误分别是 0.009 和 0.082。笔者尝试重复 500 次的置换检验，其虚假系数估计值的均值及其标准误分别是 0.006 和 0.082，与本图没有明显差异。

综上，本书关于"乡村教师生活补助"政策在让教师留得住、留更久

方面的效果评估结果与其他国家研究者所揭示的规律相同，均反映出以下事实，即教师具有经济理性，能对物质激励产生行为反应。

双重差分估计的另一种安慰剂检验方法是将公式 3-5 中的被解释变量替换为明显不受"乡村教师生活补助"政策影响的其他变量，*TREAT* 和 *POST* 变量的交互项依然按照表 4-3 中的常规做设定。在这种情况下，如果 *TREAT×POST* 项对应的估计系数仍显著，则说明教师留任或流动、教职持续时间在 2014—2022 年的延长不能完全归功于"乡村教师生活补助"政策的实施。由于政务数据的信息容量有限，笔者无法在教师个人层面找到不受该政策影响的变量，因此这种安慰剂检验渠道被关闭。

笔者简要总结本小节关于工资和生活补助对让教师留得住和留多久的影响。第一，提高工资和提供生活补助均对提高教师留任概率、延长教职持续时间有显著的促进作用，但工资和生活补助的影响强度略有差异，生活补助作为因公共政策的时空范围差异而外生的货币化补偿，具有更强的激励作用。第二，提高教师工资和提供教师生活补助能增强教师队伍稳定性，但这种积极影响在区位特征不同的学校间有差异。贫困程度高的区县、乡镇和农村地区、远离县城中心的地带等不利区位环境下，每 1%的工资上涨或每 1%的生活补助梯度能较大幅度地降低教师主动流动概率、延长教师在一所学校的服务时长。以上两点分别对应货币化收入在教师职业选择方程中的主效应和交互效应，后者是本书区别于以往多数文献的独特之处，可丰富国内教师劳动力市场研究的内容，并拓展研究视角，研究结果对偏远地区师资补充和教师队伍建设等具有现实意义。

以上研究结果的现实意义是，不利的教师工作环境特征所对应的负效用可通过能提高工资或提供生活补助等手段加以弥补，经济补偿因其可操作性的便利而受到各个国家和地区政策制定者的青睐。换言之，劳动力需求方可通过货币化补偿等方式来平衡公共服务部门从业人员的职业效用。究竟多少的经济补偿才能抵消不受欢迎的工作环境特征造成的效用损失，由劳动力市场上的供需关系、个人职业效用结构中物质收益和非物质收益间的结构性权重等共同决定，笔者已在以往的研究中回答了这个问题，本书不再赘述。货币化补偿达到不利环境在教师心里的保留价格阈限值时，就可以让教师继续留下来或留更久，这充分说明利用经济补偿激励的方式改变教师职业选择行为的潜在可能性，并涉及教师职业选择方程中货币化收入与工作环境的交互效应。这在以往关于学校区位特征与教师收入关系的研究中已达成共识，各国和地区的政策实践效果曾证实津贴发挥积极作用的前提条件。例如，对 7600 所公立学校历时 12 年、累计 35 万条教师工作状态记录的双重差分进行估计后发现,法国 ZDP 项目仅相当于教师工资 1%—2.5%的补助在让工作环境更艰苦的学校教师"留得住"(Prost,2013) 和"教得好"(Bénabou et al.,2009)两个方面均没有起到作用。然而冈比 亚共和国相当于教师工资水平 30%—40%的边远地区补助能有效改变教师 的职业选择、提升师资质量与教育质量(Pugatch,Schroeder,2014,2018)。

此外,工资和生活补助在稳定区位环境特征不利的学校教师队伍方面 的作用略有差异,只有部分符合条件的教师能够享受生活补助才对教师留 下来、留更久比较有利,而无差异化地为所有教师集体上调工资对减少教 师流动的作用比较小。这与其他国家的研究结论一致,全员加薪的做法不 仅耗费较多的财政资源,而且对改变教师行为的作用比较小(Kolbe, Strunk,2012)。

第二节　学校区位环境和收入何以影响教师留任意向

教育政务数据在记录客观事件方面具有优势,但较难收集教师主观想 法方面的信息。因此,本节利用 G 市实地调研数据中教师问卷提供的信息 来分析收入、学校区位环境特征对教师流动意向的影响。教师问卷利用不 同的设问方式探寻教师的工作稳定倾向,可构造不同性质的教师流动意向 变量,包括是否想换学校和是否想换职业两个方面。教师流动意向变量的 测量等级较低,属于取值为 0 或 1 的二分类变量,在统计分析技术方面受 到较大限制,适用于如公式 3-6 所示的二值响应模型。教师主观的流动意 向虽然不及流动行为那样能真实地刻画他们的职业选择过程,但它至少在 一定程度上捕捉到教师对当前工作不满的片段信息。此外,国内学者研究 教师流动问题时,多用这种方式对"教师流动"进行操作性定义,因此, 本节呈现的内容能更好地与本土研究进行对话。

一、学校区位环境对教师是否想留的影响

本节考察教师换校和改行等方面的主观流动意向如何受学校区位环 境特征的影响。学校区位环境的界定方式与本章第一节基本相同,包括以 下三个类别:①学校的相对贫困等级,即山区贫困县、省扶贫特困县、国 家级贫困县,而非贫困区县作为参照组,对应三个取值为 0 或 1 的虚拟变 量。②学校城乡方位包括城区、乡镇和农村三类,城区学校作为参照组后, 进入模型参与分析的是乡镇学校和农村学校两个虚拟变量。③每所学校到 它所属的县城中心城区距离,用来度量学校的偏远程度,距离的取值越大,

则学校越偏远，可以做自然对数处理后再参与分析。稳健性检验部分可以将学校到本县中心城区的距离的自然对数（$\ln D$）替换为学校到周边县城中心（含本县）的最近距离（$\ln ND$）。

表 4-5 所示的数据分析结果证实，学校偏远程度对教师流动（留任）意向的显著影响以及教师收入在抵消学校区位劣势方面的积极作用，其与基于普通劳动力市场样本分析所得的结论一致（Le Barbanchon et al.，2020）。

表 4-5 第 I 栏第（1）—（3）列的结果显示，学校所在地区的贫困深度对教师流动意向不产生系统性的影响，且无论采取哪种方式度量教师流动意向，所得的结果均一致。笔者将三类不同等级的贫困合并为一类，用 RP 变量替换 RP_1、RP_2 和 RP_3，得到的估计系数不显著，由于表格篇幅有限，表 4-5 不报告具体结果。这表明，教师的流动意向不受他们任教学校所属区县是否贫困的影响，与区县贫困程度对教师流动行为的影响不显著的原因类似，若教师最初能接受贫困区县的教职，则区县层面的环境对他们的职业选择心理与行为的影响就比较微弱，如果他们想更换工作单位，当地相对更好的学校是不错的选择，教师在县内的这些学校间流动所需承担的流动成本比较小。

表 4-5 第 II 栏呈现的是学校城乡方位对教师流动意向的影响。若将教师最想去的三所学校中不包括当前任教学校作为教师流动意向（$MOVE_1$）的标准，则在控制其他变量的情况下，乡镇学校教师和农村学校教师有流动想法的概率分别比城区学校教师高 27.46%和 92.50%；若按教师明确表露出的主动流动意向（$MOVE_2$）来计算，则乡镇学校教师的流动意向比城区学校教师高 14.74%，但不具有统计意义，而农村学校教师的流动意向比城区学校教师高 25.26%。以上结果揭示出乡镇学校和农村学校教师工作稳定意向较低的事实，在控制其他因素之后，学校区位劣势仍与教师较强的流动意向相关，流动意向属于"隐性流动"的问题，与现实中教师流动行为高度一致，值得引起重视。

学校远离县城中心对教师工作稳定意向有显著的负面影响。表 4-5 第 III 栏结果显示，相对于样本均值而言，学校到区县政府的距离每增加 1%，教师的流动意向便增加 12.42%至 12.97%。最终被纳入分析的学校到所属区县政府的平均距离是 14.55 公里、标准差是 18.60 公里，由此可知，一所到县城中心距离比均值高一个标准差的学校与区县政府所在地相隔 33.15 公里，在这所远离区县政府所在地 33.15 公里的学校工作的教师流动意向比距离区县政府所在地 14.55 公里的学校教师高约 7 倍[①]。同理可推知，距离区县政府 65 公里以外的最边远的样本学校的教师流动意向概率高 10 多倍。在远离县城的学校工作的教师通常面临的环境封闭、获取的资源有限等困境：一方面，缺乏发展自身、实现自我价值的平台；另一方面，改善学生或他人生活的可能性较小、社会价值无法充分展现，容易陷入迷茫无助之中，从而产生弃教的想法。这可能是学校到县城中心距离远显著增加教师退教意愿的重要原因。

表 4-5 呈现的结果与访谈文本资料所揭示的事实一致，实地访谈中有很多被访教师坦言，距离是阻碍他们去山区和偏远农村学校工作的主要原因，近 2/3 的教师将农村学校或山区学校到县城的距离遥远而无法照顾家人作为不愿意去这些学校任教的首要理由。"距离威慑效应"还可从教师的顾虑中得到证实。例如，977 名非农村学校教师在回答"到农村或偏远山区任教的担忧"的多选问题时，65.87% 的被访教师勾选的是"距离远、食宿和交通不便"，仅次于"照顾家庭和子女教育"的比例（71.17%）[②]。"照顾家庭和子女教育"这个顾虑中的一部分也可归结为距离要素。例如，G 市参与交流轮岗的县城学校教师中有 34.13% 的住在县城家里以方便照顾老幼。Le Barbanchon 等（2020）的研究结果显示，女性对职住通勤时间和距离的需求弹性更小，而中小学教师是一个女性占主导地位的行业，"距离"对教师职业选择的重要性是不言而喻的。此外，学校到县城的距离远不仅给教师带来时间成本和心理成本，还增加交通成本。正如一位城区学校教师在关于如何确定教师生活补助额度的建议中提到的那样，"至少要足够抵偿每天往返县城途中的油费"。

在不发生布局调整的情况下，学校地理区位是不可改变和不可控的因素[③]，因此，需探索有效的方法以消除农村学校或乡镇学校偏远给教师工作和生活造成负面影响。如前所述，提高教师货币化收入在弱化学校区位环境劣势方面具有积极作用，后文将在模型中加入学校区位特征与教师工资或生活补助等收入项目的交互项，分析货币化收入对学校区位劣势与教师工作稳定性负相关关系的调节作用。

---

① 计算过程是，先算出该校相对于平均距离水平的偏远程度，即（33.15-14.55）/33.15×100% ≈56.11%，再用这个比例值乘以距离弹性 12.42—12.97 即可。

② "照顾家庭和子女教育"这个理由最充分，且在农村和乡镇学校教师、城区学校教师之间不存在显著的组间差异。

③ 学校布局调整是改变学校区位特征的重要手段之一，但操作性较差，因此，学校远离县城中心这个环境特征至少在短期内无法改变。

表 4-5 学校区位特征对 G 市教师流动意向的影响（主效应）

解释变量	I：学校所在区县贫困深度的影响			II：学校城乡方位的影响			III：学校偏远程度的影响		
	$MOVE_1$	$MOVE_2$	$EXIT$	$MOVE_1$	$MOVE_2$	$EXIT$	$MOVE_1$	$MOVE_2$	$EXIT$
	（1）	（2）	（3）	（4）	（5）	（6）	（7）	（8）	（9）
$\ln W$	1.0004	0.9326	0.7738***	1.0223	0.9461	0.7471**	1.0162	0.9378	0.7395***
	(0.7168)	(0.7066)	(0.0214)	(0.0778)	(0.0759)	(0.0691)	(0.0764)	(0.0729)	(0.0671)
$\ln S$	1.0006	0.9879	0.7641***	1.0413	0.9892	0.7512**	1.0478	0.9402	0.7381***
	(0.0967)	(0.0710)	(0.0202)	(0.0986)	(0.0797)	(0.0695)	(0.0998)	(0.0808)	(0.0639)
RP_1	1.3421	1.2422	1.1519						
	(0.5945)	(0.4498)	(0.4371)						
RP_2	1.3981	1.3184	1.2727						
	(0.6748)	(0.6632)	(0.6489)						
RP_3	1.4576	1.4099	1.3739						
	(0.7017)	(0.7061)	(0.7001)						
VLG				1.9250***	1.3526+	1.1527***			
				(0.3341)	(0.2451)	(0.0038)			
$TOWN$				1.2746+	1.1474	0.7035+			
				(0.1635)	(0.1232)	(0.1391)			
$\ln D$							1.1242***	1.1297***	1.1233***
							(0.0352)	(0.0323)	(0.0495)

续表

解释变量	I: 学校所在区县贫困深度的影响			II: 学校城乡方位的影响			III: 学校偏远程度的影响		
	$MOVE_1$	$MOVE_2$	$EXIT$	$MOVE_1$	$MOVE_2$	$EXIT$	$MOVE_1$	$MOVE_2$	$EXIT$
	（1）	（2）	（3）	（4）	（5）	（6）	（7）	（8）	（9）
区县固定效应	√	√	√	√	√	√	√	√	√
其他控制变量	√	√	√	√	√	√	√	√	√
N	4644	4583	3894	4644	4583	3890	4644	4583	3914
伪 R^2	0.0641	0.0986	0.1447	0.0880	0.1293	0.1674	0.0962	0.1350	0.1683

资料来源：G 市教师劳动力市场调查，2019

注：①其他控制变量详见第三章第三节第三小节。所有模型中均加入抽样区县的固定效应，为节省篇幅，本表不报告控制变量的估计系数。②第（4）—（6）列、第（7）—（9）列将第（1）—（3）列中的学校所在区县相对贫困深度替换为学校城乡方位、学校到区县政府距离远近的对数，其他模型设定细节完全相同。③二值响应模型的所有结果均基于最大似然估计法得到，表中报告的系数是经过指数转化的发生比，小于 1 的发生比表示解释变量对教师流动意向产生削弱作用（即负相关关系），大于 1 的发生比则表示两者正相关。④发生比下方括号内的数字是以学校为单位聚类的标准误。

表 4-5 第（3）列、第（6）列和第（9）列结果报告的是学校区位特征对教师是否想再继续从教的影响，与教师换校意向作为被解释变量所得到的结果大致相同。从中可以看出，区县贫困程度对教师是否想继续从教或退教没有显著影响；学校与县城中心的距离越远，教师退教意愿越强；学校城乡方位和学校到县城中心的距离对教师退教意向有显著的影响，且农村学校教师退教意愿比城区学校教师高出 13.08%、乡镇学校教师的退教意向比城区学校教师低 15.90 个百分点。城区学校与乡镇学校教师退教意向的逆转趋势可能与两类学校的教师负荷不同有关，前者常面临应对复杂情形多、学校考核任务重、教学质量要求高等方面的工作压力，更容易产生倦怠感和逃离本行业的想法；而乡镇学校位于村庄与县城之间，地理便捷度优于农村、工作节奏慢于县城，在乡镇学校工作的教师可能会有调往更好学校的想法，但彻底退出教师劳动力市场的想法较少。

二、工资和生活补助对教师是否想留的影响

工资、补助等货币化收益对教师职业选择影响的重要性在全球各国都得到了证实，是政策制定者和教育管理者常用来调节教师劳动力市场的重要杠杆。关注教师劳动力市场的国内学者早已开始探讨工资等货币化收入对教师稳定意向等的影响，但相关研究多取样于偏远农村或发达城市等单一类型的区位环境。笔者基于区位环境多样的 G 市调查数据来丰富这一话题。

（一）工资和生活补助等项收入的主效应

从表 4-5 中可以看出，工资和生活补助对 G 市教师换校意愿没有显著影响，但更高的工资和提供生活补助可降低教师退教意愿。工资或生活补助与教师换校意愿之间没有关系这个结论跟调查背景有关，项目组开展的实地调研在 G 市刚落实第一轮"县管校聘"工作不久，教师因收入问题而产生换校想法的可能性较小：一是此前因想提高收入而有更换任教学校意向的教师可充分利用"县管校聘"的机会实现愿望，在刚经历过竞聘上岗后不久就产生再次更换学校想法的教师不多[①]；二是"县管校聘"过程中 G 市教师劳动力市场环境已发生变化，岗位竞聘过程中的紧张氛围改变了教师的择业心理，他们在这次改革冲击中逐渐调整心态、更趋稳妥和保守。访谈资料显示，部分原超编学校里通过校内竞聘方式获得当前职位的教师认为，即使现在任教的学校不是理想的安身之处，但在激烈的竞争中能保

---

① 有效分析样本中，83.67%的教师表示在"县管校聘"政策执行过程中仍然想在原来的学校继续任教，有更换任教学校想法的教师占比最初就较小。

住"饭碗"、不被淘汰出局就已经很知足了,他们即使在"县管校聘"政策实施前有调动工作单位的想法,也不愿冒风险主动参与跨校竞聘。

与之相对应的是,工资低是教师想弃教转行的诱因之一,提供教师生活补助在一定程度上可弥补收入方面的缺口,进而打消教师想离开教师行业的想法。表4-5第(3)列、第(6)列和第(9)列结果显示,工资每提高1%,教师有退教改行想法的概率降低25.29%—26.05%,这个效应量与杜屏和谢瑶(2019)基于辽宁、云南、贵州、重庆和广西五省(自治区、直辖市)2643名教师的数据分析结果大致相同。该研究发现,教师月工资水平每提高1%,教师退教意愿则降低27.90%。而生活补助每提高1%,教师打算退教改行的概率则降低23.59%—26.19%。

结合表3-2所示的描述性统计数据,有效分析样本的年均工资是69 443元且有退教意向的教师比例为1.6%。笔者可测算出每月增加57.86元的工资可将有退教意愿的教师比例降至约1.2%。同理,结合教师生活补助对教师退教意向影响的效应量以及全体有效分析样本月均250元生活补助等信息,笔者可推算出最艰苦偏远地区学校每月1800元的生活补助预计将有退教意向的教师比例降低146%—162%[①]。

(二)收入与学校区位的交互效应

表4-6中第(1)—(2)列结果显示,教师工资与学校所属区县的相对贫困深度之间的交互项系数不显著,即工资对教师流动意向的影响不受学校所属区县贫困程度的调节。生活补助与学校贫困深度之间的交互项系数同样不显著。但表4-6第(3)列结果表明,如果工资和生活补助各提升1%,教师产生退教法的概率将分别降低24.04%和28.00%。这仍与区县层面的区位环境在教师入职后对教师日常生活与工作的影响较间接有关,最初接受到相对贫困区县学校工作的教师对区县层面的环境劣势容忍度较高。因此,区县层面的区位环境较少对换校意愿产生实质性影响,但可影响教师对整个行业的认同与感知。

表4-6中第(4)—(5)列的结果显示,教师工资和生活补助均与学校城乡方位特征呈现显著的交互作用,且估计系数进行指数转换后小于1,则具有统计意义。其现实意义是提高教师工资或提供生活补助可调节乡镇学校和农村学校区位劣势对教师稳定倾向的负面影响。笔者将被解释变量替换成教师退教意愿所得的估计结果大致相同,笔者不再赘述。

---

① 下限的算法是:(1800-250)/250×23.59%;上限的算法是:(1800-250)/250×26.19%。

表 4-6 学校区位特征对 G 市教师流动的影响（交互效应）

解释变量	I：学校所在区县贫困深度的影响			II：学校城乡方位的影响			III：学校偏远程度的影响		
	$MOVE_1$	$MOVE_2$	$EXIT$	$MOVE_1$	$MOVE_2$	$EXIT$	$MOVE_1$	$MOVE_2$	$EXIT$
	（1）	（2）	（3）	（4）	（5）	（6）	（7）	（8）	（9）
$\ln W$	0.9837	0.9751	0.7596***	0.9747	0.9066	0.6992***	0.9985	0.8770	0.7557***
	（0.7017）	（0.7044）	（0.0208）	（0.7019）	（0.6862）	（0.0203）	（0.7080）	（0.5607）	（0.0445）
$\ln S$	0.9722	0.9686	0.7200***	0.9858	0.8946	0.7303***	0.9813	0.8924	0.7541***
	（0.8010）	（0.7634）	（0.0213）	（0.7024）	（0.6786）	（0.0402）	（0.7900）	（0.6641）	（0.0458）
RP_1	1.0276	1.1392	1.1078						
	（0.8863）	（0.8971）	（0.8103）						
RP_2	1.1349	1.2014	1.1447						
	（0.9039）	（0.8748）	（0.7898）						
RP_3	1.2122	1.2766	1.3046						
	（0.8184）	（0.8595）	（0.8712）						
VLG				1.8881***	1.5690**	1.1308***			
				（0.2916）	（0.1208）	（0.0058）			
$TOWN$				1.1590***	1.0977***	0.8410***			
				（0.1001）	（0.0999）	（0.0820）			
$\ln D$							1.1981***	1.1958***	1.2022***
							（0.0228）	（0.0239）	（0.0242）

续表

解释变量	I：学校所在区县贫困深度的影响			II：学校城乡方位的影响			III：学校偏远程度的影响		
	$MOVE_1$	$MOVE_2$	$EXIT$	$MOVE_1$	$MOVE_2$	$EXIT$	$MOVE_1$	$MOVE_2$	$EXIT$
	（1）	（2）	（3）	（4）	（5）	（6）	（7）	（8）	（9）
$\ln W \times RP_1$	0.054 3	0.041 0	0.039 8						
	（0.043 1）	（0.032 9）	（0.029 7）						
$\ln W \times RP_2$	0.065 5	0.053 5	0.051 2						
	（0.047 2）	（0.045 1）	（0.040 1）						
$\ln W \times RP_3$	0.092 2	0.087 6	0.087 1						
	（0.067 6）	（0.062 3）	（0.061 4）						
$\ln W \times VLG$				0.088 9***	0.035 6*	0.047 9***			
				（0.035 8）	（0.001 0 8）	（0.042 1）			
$\ln W \times TOWN$				0.074 4*	0.034 1+	0.045 0+			
				（0.097 1）	（0.091 8）	（0.106 8）			
$\ln W \times \ln D$							0.839 9***	0.920 0 0***	0.863 7*
							（0.043 5）	（0.041 8）	（0.060 0）
$\ln S \times RP_1$	0.079 5	0.058 9	0.045 6						
	（0.055 3）	（0.040 0）	（0.031 8）						
$\ln S \times RP_2$	0.092 7	0.073 6	0.066 2						
	（0.088 9）	（0.058 7）	（0.051 9）						

续表

解释变量	I：学校所在区县贫困深度的影响			II：学校城乡方位的影响			III：学校偏远程度的影响		
	$MOVE_1$	$MOVE_2$	$EXIT$	$MOVE_1$	$MOVE_2$	$EXIT$	$MOVE_1$	$MOVE_2$	$EXIT$
	(1)	(2)	(3)	(4)	(5)	(6)	(7)	(8)	(9)
$\ln S \times RP_3$	0.102 1	0.101 8	0.106 2						
	(0.082 1)	(0.083 6)	(0.081 9)						
$\ln S \times VLG$				0.100 9***	0.060 9***	0.096 5***			
				(0.011 2)	(0.017 5)	(0.002 2)			
$\ln S \times TOWN$				0.340 8***	0.291 0***	0.283 1***			
				(0.022 8)	(0.012 9)	(0.010 5)			
$\ln S \times \ln D$							0.807 0***	0.861 4***	0.898 6***
							(0.030 9)	(0.031 6)	(0.032 5)
区县固定效应	√	√	√	√	√	√	√	√	√
其他控制变量	√	√	√	√	√	√	√	√	√
N	4 644	4 583	3 894	4 644	4 583	3 890	4 644	4 583	3 914
伪 R^2	0.077 0	0.101 4	0.150 1	0.090 7	0.130 2	0.168 2	0.099 3	0.137 4	0.171

资料来源：G 市教师劳动力市场调查，2019

注：表 4-6 在表 4-5 的基础上继续加上教师工资对数与学校方位、学校到县乡两级政府距离对数的交互项，为节省篇幅，本表不再报告学校区位特征变量的主效应结果。

表 4-6 第（7）—（9）列结果揭示的是提高工资或提供生活补助在削弱学校远离县城中心对教师稳定倾向不利影响方面的作用。以表 4-6 第Ⅲ栏第（7）列结果为例进行说明，由于连续变量之间的交互项在概率回归中的系数值解释较复杂，笔者在完成第（7）列结果对应的概率回归分析后，利用 Stata 软件的"margins"命令计算教师工资和学校距离县城中心各种组合情况下的边际效应[①]，然后将软件输出的各点对应的边际效应量投射到图 4-7 上来，以反映教师工资与学校偏远程度间的交互影响。图 4-7 所示的结果更具视觉冲击力，它传达出表 4-6 第（7）列无法直观呈现的信息，即学校到县城中心的距离对教师稳定倾向的负面影响在教师工资较低的情况下明显；但当教师工资提高到一定程度后，学校远离县城中心对教师工作稳定意向的负面影响几乎消失；在教师工资的对数为 11 时，教师换校意向概率几乎退化成一根直线。这与已有研究结论一致，只有当工资达到一定水平时才能起到减少教师流动、提高师资队伍稳定性的作用（马红梅等，2020）。换言之，提高收入（或提供补助）对减少教师流动的作用存在"门槛效应"（Vandenberghe，2000），低于反应阈限的经济补偿不足以消除学校不利工作环境对教师工作稳定性的负面影响（Clotfelter et al.，2008a），这再次说明"乡村教师生活补助"政策的科学与规范对师资配置的重要性。

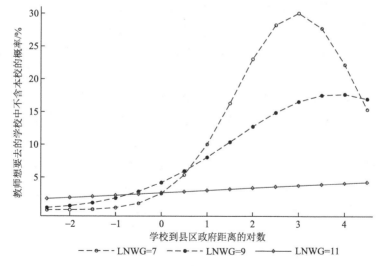

图 4-7 学校偏远程度对教师不想在本校任教倾向（$MOVE_1$）的影响

在教师工资较低的情况下，学校到区县政府距离对教师主动流动倾向概率的影响是一个先缓慢上升后加速上升的非线性过程。以表 4-6 第（8）列为例，$MOVE_2$ 作为主动流动意向的度量指标，当学校到区县政府的距离达到 55 公里[①]时，学校偏远程度对教师流动意向的负面影响达到顶峰，而此时利用提高工资的手段弥补学校区位劣势的效果最好。这与现实相符，距离县城中心 55 公里的地方约一个小时车程，教师对"远"的感知是半小时车程以外。访谈资料显示，离中心城区车程[②]半小时以内的学校若每月能提供 1000 元的补助，教师就愿意去那里学校任教，如位于 C 县 DT 镇和 ST 镇的学校到县城中心大约半小时，城区学校教师愿意主动去那里工作。而半小时车程以外的学校普遍被认为不方便，需要更大的补助力度才能弥补这种不便利造成的缺陷，如 C 县的 YZ 镇离中心城区约 1 小时的车程，C 县城学校的被访教师的平均心理预期是，如果 YZ 镇的学校每个月能提供 2500 元的补助（约相当于工资的 40%—50%），他们才愿意到那里任教。

当教师工资高于均值水平时，距离对教师稳定倾向的影响受到较大幅度的削弱，当教师年工资的对数达到 11 时（年总工资约 6 万元），学校到区县政府的距离与教师流动意向之间的关系微弱。这一方面体现了工资等货币化收入的边际收益递减规律；另一方面也说明，提高工资或提供补助在弥补学校区位劣势方面具有工具性价值（图 4-8）。

值得注意的是，若以直接询问教师是否打算离开当前学校的方式度量教师流动（稳定）意向并将 $MOVE_2$ 作为被解释变量，则学校到县城中心距离与教师流动概率间的倒 U 型关系达到最大值时所对应的拐点更远。笔者推测导致这种现象的原因可能有两个：一是教师在填答"是否打算离开当前学校"问题时不需要考虑实际可能性——不用考虑附近是否有可去的学校以及是否有能力到那所学校。而当教师填写最想去的三所学校的名称时，需要考虑这些学校具体在哪里，以及这些学校通常是在教师自身能力范围内可得的教职，即教师在填写"最希望任职的三所本县学校"时，受现实条件的约束较强。二是 G 市教师经历劳动力市场大调整后刚安顿下来，明确表示有打算离开当前学校想法的人的比例整体较小，作为被解释变量的 $MOVE_2$ 方差不够大，对估计结果的影响不大。

---

① 横轴上方教师工资的对数接近 4 时，曲线出现拐点，将 4 做对数的反函数运算后，得到的距离值是 54.60 公里（$=e^4=54.60\approx55$）。

② 部分被访教师认为，仅用距离来划分学校的偏远等级不科学，因为部分山区迂回曲折的盘山公路从直线距离上看很近但耗时较长，教师们关心每天是否能回位于县城的家中住，他们认为以半小时车程为界线判断学校是否位于偏远地区比较恰当。

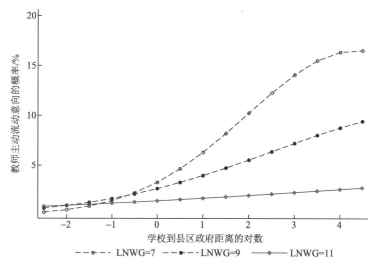

图 4-8　学校偏远程度对教师换校意愿（$MOVE_2$）的影响

将被解释变量替换为教师退教意愿后，工资对学校到县城中心距离的交互作用规律依然不变。例如，根据表 4-6 第（9）列结果绘制边际效应图即可得到图 4-9，从中可以看出，当教师工资足够高的时候，学校到区县政府的距离几乎不再影响教师的退教意愿；但在教师收入水平较低的情况下，教师退教意愿对学校的偏远程度敏感度高，且表现出明显的倒 U 型的非线性关系；在教师收入处于中等水平时，学校到中心县城的距离对教师退教意愿的影响呈现近似单调递增的趋势。

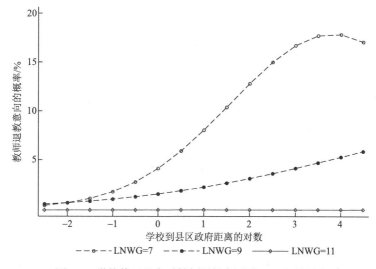

图 4-9　学校偏远程度对教师退教意愿（$EXIT$）的影响

　　生活补助对教师稳定倾向的影响性质类似，其原理和计算过程与本小节呈现的两个示例完全相同。为节省篇幅，笔者不再赘述。另外，笔者将学校到本区县政府的距离替换为学校到周边包括本区县在内的邻近区县政府的距离，以检验距离效应是否稳健。如表 4-7 所示，将学校偏远程度的测量方式替换成 $\ln ND$，研究结论没有发生质的变化，$\ln ND$ 对应的相关系数的解释相同，笔者省略这部分内容。

表 4-7　学校偏远程度对 G 市教师流动性的影响（离学校最近的中心县城）

解释变量	Ⅰ：主效应			Ⅱ：交互效应		
	$MOVE_1$	$MOVE_2$	EXIT	$MOVE_1$	$MOVE_2$	EXIT
	（1）	（2）	（3）	（4）	（5）	（6）
$\ln W$	1.1999*	1.0575	0.7382*	1.8155***	1.5335**	1.3494
	(0.1076)	(0.1007)	(0.0957)	(0.1796)	(0.2307)	(0.3503)
$\ln S$	0.9458***	0.9376***	0.8970	0.9986***	0.9717***	0.8784
	(0.0141)	(0.0138)	(0.4233)	(0.0101)	(0.0124)	(0.4339)
$\ln ND$	1.1818***	1.1536**	0.9580	2.6013***	2.4098***	1.3514
	(0.0467)	(0.0539)	(0.0734)	(0.1573)	(0.1115)	(0.6877)
$\ln W \times \ln ND$				0.7887**	0.8074**	0.7172**
				(0.0620)	(0.0543)	(0.0734)
$\ln S \times \ln ND$				1.0393***	1.0297***	1.0114
				(0.0157)	(0.0113)	(0.3962)
区县固定效应	√	√	√	√	√	√
其他控制变量	√	√	√	√	√	√
N	2802	2671	1947	2802	2671	1947
伪 R^2	0.120	0.149	0.192	0.124	0.152	0.203

资料来源：G 市教师劳动力市场调查，2019
　　注：除将 $\ln D$ 替换为 $\ln ND$ 外，第Ⅰ栏的模型设定与表 4-5 第Ⅱ栏完全相同，第Ⅱ栏的模型设定与表 4-6 第Ⅲ栏完全相同，为节省表格篇幅，笔者仅呈现几个关键变量的估计系数。

　　综上，工资和生活补助等货币化收入在调控偏远学校教师资源时体现出以下特征：一方面，如果学校到县城中心的距离遥远且这些远离中心城区的学校不能提供足够高的工资，那么教师稳定倾向受到距离的负面影响，教师任教的学校越偏远，其流动意向越强烈，这在以往多数文献中得到证实；另一方面，即使学校远离中心城区，但若学校能提供足够高的工资或生活补助等货币化收益，则"距离威慑效应"可忽略不计。换言之，货币化补偿对偏远学校教师稳定倾向的调节作用是有前提条件的——只有当工资或生活补助等不低于教师对学校偏远的心理保留价格、达到能引起教师行为反应的阈值才能产生激励效果，进而起到让教师在那里安心从教的实质性作用。

以上结论对完善我国"乡村教师生活补助"政策具有现实意义。一方面，生活补助通过改变教师职业选择行为而在稳定具有区位劣势的学校师资队伍方面能发挥积极作用，是较理想的激励型政策工具；另一方面，利用生活补助等货币化补偿手段引导教师资源流向的过程中还需要注意经济激励的"条件性"——只有达到教师心理阈值的生活补助才能对促进教师劳动力市场均衡、稳定教师队伍起到作用，而较低的生活补助起不到长期留住优秀教师的效果，从而造成公共财政资源的浪费。

简要回顾本小节的主要内容。笔者基于 G 市教师劳动力市场调查数据，用更多样化的方式度量教师流动（稳定）意向，基于概率回归技术（二值响应模型）检验学校区位特征、工资和生活补助等货币化收入对教师换校意向和退教意向的影响，并通过构造工资或生活补助等收入项目与学校区位特征的交互项来分析货币化收益在教师职业选择过程中的调节作用、讨论提高教师工资和提供生活补助等货币化补偿何以让区位环境不利学校的教师更安心从教，即经济补偿在弱化学校区位劣势方面的可为之处。主要结论有两个：①学校区位特征对教师流动意向具有显著影响，农村学校教师、距离县城中心较远的学校教师的换校意愿和退教意愿较强烈，学校所属区县相对贫困程度对教师换校意向没有显著影响，但对教师退教意向有显著影响。区县层面的区位环境对教师流动行为和换校意向影响相对微弱的可能原因是，起初能接受到相对贫困地区学校教职的教师对区县层面的环境劣势容忍度较高。②提高工资或提供生活补助可减少具有区位劣势的学校的教师流动意向，提高教师稳定意向，但学校不利区位环境对教师稳定倾向的负面影响在不同收入水平的教师群体中具有异质性，当教师工资或生活补助等收入的水平较低时，远离县城中心等不利的学校区位环境特征诱发教师流动想法的可能性较大；但当教师收入提高到一定程度时，教师稳定倾向不再受学校与县城中心距离的影响。其现实意义是，提高工资或提供生活补助等增加教师货币化收入的策略能有效弱化偏远地区学校区位劣势，因此利用经济补偿手段激励教师、改变教师择业心理与行为、引导教师向师资短缺的学校和地区流动、促进偏远艰苦地区教师劳动力市场的良性发展具有可行性。

第三节　研究结论对教师劳动力市场建设的启示

一、教师"留"与"流"是复杂的动态过程

教师"留任"或"流动"是一个复杂的过程，贯穿于教师整个职业生涯，且对师资分布、教育均衡等产生重要影响，值得学者和教师政策制定者长期关注。笔者通过对多样化的数据进行研究，在教师留任或流动问题方面形成以下两点认识。

第一，教师是否留得住可通过教师工作流动性体现出来，留得住且留得久的教师入职后较少甚至终生不会流动到其他学校，因此具有较强的稳定性。从变量操作化的角度看，教师留任和流动如同一币两面，研究者若基于教师变动任教学校的行为和想法的状态界定"留任"，则留下来或想留下来的情形被赋值为"1"，流出去或想流出去的被赋值为"0"；相反，研究者关注的是"流动"，则留下来或想留下来的教师会被赋值为"0"，而流出去或想流出去的被赋值为"1"。由此可见，教师稳定性和流动性是相互依托的事物，是同一变量的两种不同状态与属性。学术界多从"动"的角度来反观静态的"留"，因为频繁的"教师流动"被视为一个需要加以治理的教育现象，笔者遵循这个研究传统，通过解读影响教师流动的学校区位环境与收入来反思何以让教师留住和久留。"教师流动"的内涵和外延较大，更精准地界定"教师流动"有益于制定有针对性的师资配置政策。本书将"教师流动"区分为实际流动和隐性流动（流动意向）、主动流动和被动流动。

隐性流动尚停留在主观层面而尚未付诸行动，教师有离开当前任教学校或彻底退出教师劳动力市场的想法，但至少在截至提供这个信息之时还未付诸实际流动行为。实际流动最直观地体现在个人在不同时间点所处的任职单位不同。实际流动行为可能是个人提出的主动流动，也可能是用人单位发起的被动流动，主动流动和被动流动的心理发生机制及其对教师劳动力市场培育与建设的意义不同。主动流动通常是教师为获得更高的收入或更好的工作环境以及由家庭原因等引起的工作单位变动；而被动流动早期主要由教育主管部门行政调动、学校合并等原因所导致的，但近年来的教师被动流动现象常见于"县管校聘"改革过程中师资相对冗余的学校，学校内部劳动力市场基于各科教师绩效排名续聘额定教师，未能成功续聘的教师就被动离开原来的工作单位。

部分学者关于教师留任的理解多局限于让师资相对薄弱的地区和学校的优秀教师留下来继续任教，较少涉及如何让绩效较低的教师平稳而有序退出教育行业的问题。与此相对应的，多数文献的潜在假设是教师队伍越稳定越好，但这个假设只适用于高质量教师，业务能力较差或职业道德不好的教师流出后对学校发展和学生成长来说均有益而无害。教师个人的去留决策对师资充足性和均衡性的影响需要分情况讨论。在师资短缺的学校，降低优秀教师的流动性、增强师资队伍的稳定性无疑有助于基础教育均衡发展，这已成为多数学者的共识并形成我国教师劳动力市场领域研究的重要分支。多数研究教师流动或教师留任的研究均旨在挖掘提高教师留任率的"保护因素"、降低教师流动率的"风险因素"。在优质师资集聚的学校，较低的教师流动性将会加剧基础教育服务在学校间或地区间的分化，相反，促进优秀教师流动可扩大优质教师资源的辐射面，这正是"县管校聘"政策试图践行的理念。

在关注吸引和留住优秀教师的同时需要尝试建立清退不合格教师的机制，这在今后教师劳动力市场建设过程中任重而道远（钟景迅，柳镁琴，2023）。"惊涛拍浪的竞聘过程，能对教师们造成一定冲击，使得他们战战兢兢、如履薄冰，但是结果却是平稳的，因为，绝大多数的教师最终都能过关，尽管有些是涉险过关。这样的结果似乎和该政策旨在促进优质师资在城乡之间实现合理流动的初衷并不吻合。"（钟景迅，钱行，2023）

第二，以主动流动意向为表现形式的隐性流动与已付出行动的实际流动行为之间存在差异，虽然有主观流动意向并不必然意味着流动行为，但有流动意向是实施流动行为的前奏，主观层面的隐性流动在时机成熟的情况下就演变为实际流动行为。主观流动意向对个人生产率的负面影响已得到工业/组织心理学领域研究的确认。因此，教育管理者除做好识别、筛选、留住优秀教师方面的工作外，还应加强文化建设，积极提升教师对学校的归属感和对教育行业的认同感，减少教师流动的念头。

就流动行为而言，主动流动是教师基于个体的经济理性做出的行为选择或心理反应，是国内学者长期关注的话题。我国教师主动流动主要表现为教师从农村向城区流动、从欠发达地区向发达地区流动。在这种情况下，教师稳定性差被视为需要解决的社会性问题，否则，师资流出学校或地区的教育均衡发展将面临巨大挑战。应对主动流动的措施主要从教师的职业偏好着手。例如，提供更高的工资或相应的津贴。就被动流动而言，本书主要涉及新时期的"县管校聘"背景下的部分教师在没有更好选择的情况下被安排到偏远山区或农村学校，这个过程中可能涉及教师流出和退岗。

地方政府通过重塑局部教师劳动力供需的空间格局，改变部分教师的职业选择行为与心理，从而在一定程度上优化师资的分布、盘活教师人力资源。行政力量主导的教师流动也产生了一些问题，这在 G 市"县管校聘"的个案中已初步呈现出来。例如，教师对新任学校没有归属感、职业安全感缺失、工作的功利性强等。

二、"消费型补偿"理论视角下的教师"留"与"流"

收入和工作环境是劳动者职业效用函数中的两类构成元素，它们共同影响个人的职业选择，并最终决定一个行业的人员素质，即具备什么特质或品质的人选择在哪里从事什么样的行业，以及在这个岗位上要付出多大的努力和工作多长时间等。具体到教师群体，收入和工作环境在一定程度上决定哪些人选择到哪里从教多久、是否安心从教等，而这些微观层面的教师个人选择经过层层汇总后就形成宏观层面的师资分布格局，从而影响教育资源配置的公平与均衡等问题。

除工资或生活补助等货币化收益，工作环境特征等产生的非货币化收益是个人职业效用函数中的重要组成部分，货币化收益与非货币化收益间具有替代性。因此，工作环境是劳动者货币化收入的重要影响因素。因为更舒适的工作环境本身就具有效用价值，而较差的工作环境会给劳动者的职业效用造成损失，两者此长彼消才能维持职业效用的平衡。换言之，其他条件相同的情况下，工作环境更差的岗位收入更高，而工作环境好的岗位可在更低的工资水平上聘用同等质量的劳动者。个人在收入和工作环境之间权衡后选择能使自己职业效用最大化的那份工作，但这种均衡点很可能随着劳动者个人和用人单位之间任一方力量的变化而被打破。例如，教师在入职初期和学校之间达成均衡后，工作经验的不断增加为他们积累了更多的人力资本，需要更大力度的经济补偿来形成新的均衡点，但若学校满足不了教师的期望，教师主动流动就有可能发生。艰苦边远地区学校的优秀骨干教师流动频繁的原因之一是，他们入职后经过一段时间成长便可能会打破学校的初始均衡，但这些学校通常又没有能力提供足够的经济补偿来匹配教师的期望，从而使得教师通过更换至与他们能力或性情相匹配的其他学校，以寻求新的均衡点。在劳动力市场竞争充分的条件下，区位环境不利的学校更难维持它们与教师之间的平衡，教师主动发起的动态搜寻与再匹配更容易发生。这个过程将"消费型补偿"理论的解释力从静态均衡拓展至动态优化。由此可见，分析收入在工作环境和教师稳定性（流动性）之间的调节作用有助于拓展"消费型补偿"理论的适用范围。

本书在"消费型补偿"理论视角下解读收入和工作环境对教师职业选择行为和心理的影响，得到的主要结论与理论预期相符。

第一，学校区位环境影响教师职后在"留任"与"流动"之间的行为选择与心理倾向，影响师资稳定性，学校区位优势有助于教师留下来、留更久、想继续留。这符合"消费型补偿"理论的假说之一——不受欢迎工作环境对劳动者职业效用产生负面影响。学校区位环境劣势在稳定师资队伍方面具有负面作用，降低了教师留得住、留得久的可能性。例如，在农村学校或乡镇学校、远离中心城区的学校任教的教师在特定观察期内的主动流动概率更高、换校或退教的意向更强，即学校的区位劣势不利于教师安心从教。因此，教师劳动力市场培育与建设过程中需关注学校所在地区的区位环境在多大程度上影响教师的职业选择行为与心理，这正是本书的主要写作目的之一。

第二，更高的工资或生活补助等收入可提高教师的留任概率、延长留任时长，并增强留任意愿，减少教师流动性、增加师资稳定性，主要体现在两方面：一是收入在教师职业选择方程中会产生显著的主效应，收入水平与教师主动流动概率负相关、与每份工作的留任时长正相关，即收入较高的教师主动流动的概率较小、想要换校或转行的流动意向较弱、教职的持续时间较长。二是教师职业选择方程中的工资或生活补助等收入项目和学校区位环境具有交互作用，收入可调节学校区位环境优劣和师资稳定性（流动性）之间的关系。如果学校所在地属于相对贫困县、农村或乡镇、远离县城中心，提高教师工资或提供生活补助可降低这些区位环境劣势对师资队伍稳定性的不利影响程度，具有区位劣势的学校可通过提高教师收入的方式增加教师留任概率、延长教师留任时长、减少教师流动意向。笔者基于 G 市教师数据的研究结果发现，当教师工资或生活补助等收入足够高时，学校偏远程度几乎不影响教师的流动意向。换言之，学校区位环境劣势与教师流动（留任）之间的关系因收入水平而异，教师收入是学校区位环境优劣和师资队伍稳定性（流动性）之间关系的调节变量，这对引导教师资源流向、制定教师激励政策具有启示意义——区位环境不利的学校可合理利用经济补偿这种激励型政策工具，满足作为理性的经济决策主体的教师的内在利益需求，调节他们的劳动力供给和职业选择行为与心理。

区位环境不利的学校需进退有据地制定激励政策以鼓励优秀教师留下来。历史上的贫困区县、偏远农村和乡镇、远离县城中心的地带等区位劣势使得这些地区所辖学校长期面临教师流失率高、流动性大、师资数量不足和质量偏低、优秀教师稳定性较差等问题，这些问题是区位环境不利的学校发展"公平而有质量教育"的阻碍因素，而如何提高优秀教师留下来的概率对这些区位环境不利的学校的"高质量发展"具有重要意义。换言之，在学校区位环境劣势既定的情况下，如何最小化这些不利区位环境特征的负面影响是学者和政策制定者需要解决的现实难题。津贴作为削弱环境劣势的一种激励型政策工具，在全球各国和地区被广泛使用，我国现行的"乡村教师生活补助"政策是全球受益人数最多、覆盖面积最广的教师补偿实践，它在稳定教师队伍、降低教师流动性方面的作用已初步显现。

"消费型补偿"理论最初用于解释收入与不利工作环境之间的正相关关系，具体表现为特征工资方程中的标识不利环境的变量对应着显著为正的系数。笔者在本书中构造教师收入与工作环境的交互项来解释教师稳定与否、在多大程度上稳定等问题，在拓展"消费型补偿"理论的适用范围的同时，明晰工资或补助等收入项目影响区位环境不利的学校教师去留决策的前提条件。其现实意义是，提高收入和改善工作环境是激励教师留得住和留得久的有效策略。有些学校位于偏远地区或欠发达区县等地区，这对教师主动流动的行为和流动意向产生"推力"。在边远贫困地区学校区位劣势无法避免且在短期内不可能改善学校区位环境的情况下，更高的工资或生活补助等可产生"拉力"来调节学校区位环境与教师稳定性之间的关系，即政府可利用提高工资或提供生活补助等方式增加教师的货币化收入，并据此缓解优秀教师稳定性差、流动性大的问题，但工资增幅或补助额度需要达到教师做出行为反应的阈限。

综上，利用"消费型补偿"理论解释教师职业选择行为和心理具有适切性。本章所得研究结果可深化我们关于教师留任或流动问题的认识。工资或生活补助、学校区位环境在教师职业选择过程中具有交互式作用，对引导教师资源流向、制定教师激励政策具有现实意义。政府可充分利用经济补偿这种政策激励工具，调节教师劳动力市场均衡，以保障相对贫困地区学校师资供给的充足性和师资补给渠道的畅通性。第五章将讨论"消费型补偿"理论的反向应用，即地方政府通过调整本地教师劳动力市场制度和改变需求格局，进而改变收入和工作环境在教师职业效用函数中的权重。

本 章 小 结

本章利用 G 市教师劳动力市场调查和政务数据库检验工资、生活补助和学校区位环境对教师稳定性（流动性）的影响。

第一节主要阐释学校区位环境和收入何以影响教师留任行为。笔者先用 G 市教育政务管理数据、基于 Cox 回归分析学校所在区县相对贫困、学校城乡方位特征、学校到区县政府距离对教师留任还是流动，以及在每所学校停留时间的影响。结果显示，学校区位劣势总体上不利于师资队伍稳定，在农村学校、乡镇学校和远离县城中心的学校工作的教师教职持续时间较短、流动频次比较多。用 Cox 回归分析的话语体系体现出，农村学校和乡镇学校的教师、远离县城中心的学校教师在特定观察期内的留任概率较小、流动概率较大。相对贫困区县与非贫困区县所辖学校的教师教职持续时间的组间差异在保持其他变量相同的情况下尚未通过显著性检验，与有效分析样本中较少涉及跨县流动有关，如果教师起初能到相对贫困区县学校任教，则区县层面的学校区位环境对教师此后的职业生活影响间接而微弱。

笔者基于跨期政务数据的结构优势，利用固定效应模型、双重差分估计策略等方法，分别考察工资和生活补助对教师职后去留选择的影响，以及增加工资和生活补助等货币化收益是否会弱化区位环境不利的学校在师资维护方面的劣势。研究结果显示，工资或生活补助等货币化收入能调节学校区位环境与教师留任还是流动等相关决策之间的关系，提高工资或提供生活补助等增加教师经济收益的措施均能降低教师主动流动的概率。教师流动概率的价格弹性均大于 1，说明教师是能对经济激励做出行为反应的微观个体。而且，每增加 1% 的货币投入对降低教师流动概率和延长教师教职时间的作用对于区位环境不利的学校来说更明显，即工资和生活补助等形式的经济收益能弱化相对贫困区县、农村学校和乡镇学校、远离县城中心的学校在师资队伍稳定方面的劣势。因此，当学校区位环境不利而对教师职业效用造成损失时，可利用货币化补偿的方式予以弥补，与"消费型补偿"理论内涵相吻合，即个人在物质收益和非物质收益之间寻求最优的职业效用组合，当来自不利工作环境的非物质收益受损时，工资或补助等经济收益可予以平衡。另外，生活补助在增强区位环境不利学校教师稳定性方面的作用略高于工资，这可能是因为相对于常规性可预见的工资收入，生活补助以学校的边远艰苦程度为标准，并在不同学校的教师间形成差异化格局，让能享受生活补助的教师有被优待的心理感知。

第二节主要阐释学校区位环境和收入何以影响教师留任意向。第一部分利用 G 市教师劳动力市场调查分析学校区位特征对教师流动意向的影响，第二节第二部分讨论工资和生活补助在弥补学校区位劣势方面的积极作用。结果显示，学校位于乡镇和农村、学校到县城中心的距离对教师稳定倾向有负面影响；工资或生活补助等货币化收益的提升能增加教师稳定倾向，且货币化收入与学校区位环境之间存在显著的交互作用。例如，当收入水平较低时，学校与县城距离对教师职业稳定倾向的不利影响呈现先增强后减弱的 U 形趋势；而教师收入高于均值时，学校距离县城中心远近不再产生明显作用。这说明工资和生活补助等对教师职业心理具有重要影响，以及工资和生活补助发挥激励作用的条件性，利用经济补偿的方式弥补学校经济地理环境的劣势正是基于这种规律的体现。第三节对上述内容进行了总结和提炼，并进一步讨论这些研究结果对教师劳动力市场建设的启示与意义。也就是说，无论被解释变量是教师流动行为还是教师流动意向，本章呈现的实证分析结果有助于加深我们对教师劳动力市场若干现象的理解，对教师工资结构的完善、乡村学校师资队伍建设等现实问题具有启示价值。一方面，增加工资和生活补助等货币化收益可直接降低教师流动行为和离职意向；另一方面，工资和生活补助等可发挥"价格杠杆"的作用，作为激励工具来弥补学校区位环境劣势、调节教师劳动力市场动态均衡过程。致力于调配师资空间分布格局的教育政策制定者应充分意识到教师职业选择过程中的经济理性。

第五章　"县管校聘"政策与教师劳动力市场建设

本章回溯作为全国第二批"县管校聘"政策试点的 G 市在没有可参照蓝本的情况下探索"县管校聘"政策方案的过程和经验，以及该政策对利益教师职业生活的影响，尤其是政策推行过程中出现的大规模教师"被动流动"现象。

第一节　"县管校聘"政策的制度分析

一、"县管校聘"政策"为何"

"县管校聘"最核心的要点是将师资调整的所有权从学校向上收归区县教育局，通过教师"无校籍管理"而让教师从"学校人"变成"系统人"[①]。教育局宏观调配教师资源的重点是将城区富余师资转移至偏远山区和农村的学校。师资所有权发生这种变化后，教育局统筹的多为在职教师资源，在职教师已有工作单位且多数城区学校的在职教师没有更换工作单位的意向，城区超编学校的教师没有动力调往师资短缺的偏远山区和农村的学校。在没有建立更加完善的制度的情况下，仍然无法实现城区超编学校师资的结构性转移，教育局调配师资的难度较大。教育局对各学校师资的了解情况较有限，因此，它授权超编学校通过一系列合理合法程序自主决定续聘哪些教师，无法成功续聘的教师则需要另谋出路、参与其他缺编学校的竞聘，未能在其他学校成功竞聘上岗的教师的兜底选择是服从教育局的调配和工作安排。

政策与其他正式的社会制度一样，均面临着"发展"和"稳定"之间的权衡问题（何艳玲，汪广龙，2016）。学校拟定这份超编人员名单最稳妥

[①] 根据笔者在机构编制委员会办公室等人事管理部门所做的访谈记录，教师管理去校籍化在实践中确实面临落地难的问题。这主要源于我国的编制制度，即编制需挂靠在具体机关或事业单位。在此制度下，学校作为聘用教师的实体机构，拥有根据教育教学需要申请编制的权利，而作为教师人事主管部门的教育局，在编制设置方面的权限相对有限（除教育局内部日常运行所需人员外），因此，只能通过"编随人走、人随岗走"的形式解决上述问题。

的做法是，识别出校内各学科中绩效排名相对靠后的那部分教师，这些末位排名的冗余教师就需要自己重新落实工作。他们可到其他有空缺岗位的学校竞聘，在其他学校竞聘仍未成功的教师则由教育局随机安排到有岗位空缺的学校，但是这些学校通常是吸引力不足的偏远山区学校。这就迫使城区学校冗余师资向偏远山区和农村师资短缺的学校转移，城区学校可通过"末位淘汰"的方式清理一部分绩效排名相对靠后的教师、精减和优化师资队伍。Staiger 和 Rockoff（2010）曾提出类似观点，学校提升学校教师队伍质量的方法有两种思路：一是在入口关挑选经验丰富的教师；二是通过教师职后工作表现来淘汰工作绩效低的教师，并保留绩优教师，后者相对而言更有效。与此同时，城区学校这部分竞争力较差的冗余教师没有完全失去工作机会，仍然保留着"系统人"的身份，且他们被寄期望于填补偏远山区或农村学校岗位空缺和提升师资质量。姜超和邬志辉（2015）认为，"县管校聘"政策对教师的作用可能存在估计过高、对行政协调困难估计不足的问题，因此我们需要加以重视。

罗琳·麦克唐纳尔（Lorraine M. McDonnell）和理查德·艾莫尔（Richard F. Elmore）将政策工具划分为四种类型——强制命令、激励诱导、能力建设和机制变革，且这四种类型的政策工具与政策所涉问题的界定、可行选择、组织环境、政策执行及其实施效果等有关（McDonnell，Elmore，1987）。"县管校聘"政策同时兼容这四种政策工具。

第一，强制命令。G 市下辖区域内所有公办学校在编在岗的教师都要按照教育行政部门规定的程序参与"县管校聘"政策改革，且凡是无法通过校内直聘、校内竞聘或跨校竞聘方式获得聘任资格的教师都必须无条件地接受组织调剂，不服从工作安排的落聘教师将面临被辞退的后果[①]。

第二，激励诱导。一方面，"县管校聘"政策是一项具有激励性质的制度，多数教师和学校领导均提到这项每几年轮回一次的动态调整政策能激发教师工作热情，教师为能在下一轮"县管校聘"竞聘中保持考核优势而更努力地工作，很多被组织调剂的教师甚至想在下一轮"县管校聘"中调回原来的学校或竞聘到更好的学校；另一方面，若教师被动流动到能享受"乡村教师生活补助"政策的学校，生活补助能在一定程度上补偿边远

---

① 落聘的教师若不服从组织调剂，则需按 G 市教育局、G 市机构编制委员会办公室、G 市财政局、G 市人力资源和社会保障局联合发布的《G 市中小学校教师退出教学岗位的实施办法（试行）通知》处理，可能的后果包括待岗培训、转岗、提前退休、解聘和辞退。不愿意待岗培训、转岗或待岗期满仍然不能竞争上岗的，以及转岗后仍不胜任工作的，由聘用单位上报教育主管部门批准，予以解聘。

艰苦学校给被动流动教师带来的不便，如第四章所述，生活补助本身就是一种经济激励方式。

第三，能力建设。"县管校聘"是一项定期循环的常规制度，它在学校组织内部和整个教育系统中营造"能上能下、能进能出"的竞争氛围，可有效地促进教师业务能力和学校治理能力的提高。能力建设在教师层面具体体现在两个方面：①使能力强、有责任心的优秀教师充分发挥潜力、人尽其才；②使怠慢工作的教师产生危机感，提高工作努力程度。

第四，机制变革。"县管校聘"是以调整师资空间分布不均、结构配置不合理为目的的教师劳动力市场体制机制建设，这个过程必然涉及与教师人事管理有关的一系列配套制度的调整和变革，教师评价制度的改革与建设尤为紧迫。学校在实施"县管校聘"政策中能提升领导能力和制度建设能力，尤其是在教师评价制度方面取得较大的进展。学校若形成包容性和规范性强的教师评价制度，推行"县管校聘"政策的阻力就会减小、运行也会更加顺畅。例如，具有百年校史的某小学在精细化管理方面一直做得很好且长期面临师资短缺问题，该校校长在访谈中提到，"县管校聘"几乎没有影响学校的日常运作，政策实施方案基本上均延续以往的做法。再如，某九年一贯制学校建立了一套较为完善的教师考核评价体系，学校每年都针对出现的新问题组织教师讨论和反复修订，得到了全校教职工的一致认可，成为维系学校管理的有效工具和准则。这些学校在"县管校聘"政策实施过程中过渡得较自然，教师配合度高。另外，行之有效的教师劳动力市场退出程序与机制有待建立，由于当下的师资总需求量整体上大于供给量，"县管校聘"政策实施过程中尚未触及这个深层次问题。

"政策分析，包括系统的政策评估在内，是一个理性的过程。它需要在如下问题上达成一定程度的共识：政府应该着力解决什么问题；对政策的社会收益与成本本质的理解及权衡；研究设计的规范化；收益和成本的衡量以及对政策结果的解释等。"（托马斯·R.戴伊，2011）G市在推行"县管校聘"政策前主要面临以下三类问题：①教师结构性缺编，矛盾较为突出。一方面，城乡间和校际间的师资分布不均，偏远山区和农村学校师资不充足，而城区学校富余师资又难以调剂到教师紧缺的学校；另一方面，城区学校内部的某些学科间师资分布不均，语文、数学和英语等学科的教师通常优先保障，规模较大，而音乐、美术、体育、信息技术和心理指导等学科的教师相对缺乏，在学校教师编制数额既定的情况下，如果某些学科占用较多的教师名额，则缺编科目就无法补充教师。②少量教师因病或其他事业单位借调等客观原因而没有参与学校的日常工作。例如，某学校副校长在访谈中提及，重病教师无法胜任常规性的教学工作，但又占据着学校的教师编制名额，这些教师已经被相关部门鉴定为丧失劳动能力者，退出教师岗位或转任其他岗位均有困难。另有一部分教师被政府机关或其他单位或部门借调，长期在编不在岗。③教师工作主动性不足，班主任工作等非教学任务以及学校的公共事务较难安排，少数教师甚至存在职业倦怠问题，不认真教学、怠慢工作。鉴于此，"调超编、调结构、激活力"是G市"县管校聘"政策拟定的目标。"县管校聘"政策实施后，上述问题基本得到解决，第五章第二节继续讨论这个问题。以下先利用图 5-1 所示的Smith（1973）政策分析框架简要说明"县管校聘"政策制定与实施的背景。

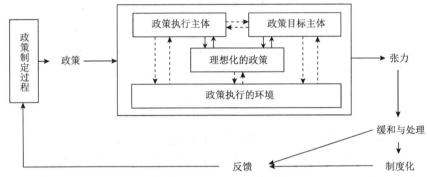

图 5-1　"县管校聘"政策制定与实施的背景

资料来源：改编自 Smith，1973

注：图中的虚线表示间接影响，实线表示直接影响。

　　第一，"县管校聘"政策产生的环境较为复杂。部分地区长期面临城乡教师资源供需空间错配的局面：一方面，城区部分学校的教师人力资源存量多于实际需求，但在教师队伍清退机制尚未建立的情况下又没有转移城区学校冗余教师的合法途径；另一方面，教师短缺的偏远山区和农村学校面临师资补给困难。"县管校聘"通过以岗定编、优进劣退等方式收紧城区学校的教师劳动力市场，并将城区冗余师资进行结构性转移，从而解决偏远山区和农村学校教师短缺的问题。也就是说，利用校内竞争的方式将城区学校绩效较差的部分教师识别出来，将其进行空间转移，并补充到教师短缺的学校。在近年来的教育改革深化过程中，"绩效"理念在教师劳动力市场领域全面渗透，"县管校聘"政策最终以学校为执行单位，学校作为一个由理性的个人组成的组织，在面临将哪些教师作为冗余师资识别出来的问题时，本能地会将绩效工资方案的蓝本作为参照，采用有利于保存学校实力又具有群众基础的竞聘方式。多年来形成的"绩效"文化在很大程度上减少学校在落实选拔性淘汰冗余师资方面的阻力。

第二,"县管校聘"政策的目标主体是教师,执行主体是教师人事管理部门,政策的有效执行需要政策执行主体和政策目标主体之间所涉的多个部门间有效沟通与理解(骈茂林,2019)。G 市 G 区教育局分管教师人事工作的负责人向笔者讲述了这样一个事情,"老师们一开始对'县管校聘'政策不理解,以为'县管校聘'政策就是要砸他们的饭碗,有抵触情绪。我们充分动员校领导或有威望的教师解读政策,在教代会上进行讲解和宣传,并规定学校的实施方案需要教师签字同意。老师们从一开始普遍不接受到后来慢慢接受。刚开始的时候,我们的工作很辛苦,天天召集各学校领导在一起开会,收集下面的反馈信息,思考应对方案,会议经常开到凌晨一两点"。

第三,最终制定"县管校聘"政策方案实施细节的是学校,政策的张力从区县外部转移到学校内部。为配合执行"县管校聘"政策的实施,超编学校需先制定规则以确定哪些教师须流出、哪些教师可留任,以在符合程序的情况下将多余的教师清退出校;而缺编学校的工作重点是确认哪些科目各缺多少教师。学校作为一个由若干理性个体构成的组织单位同样具有经济理性,愿意续聘那些有助于学校发展的绩优教师,因此,学校最妥帖的、争议最少的做法是建立绩效导向的岗位竞聘机制。

然而,何为"绩效"、算何时的绩效又是无法回避的教师评价难题。例如,笔者在某集团的附属中学调研时,有些教师认为,用于竞聘的考核指标只认可过去 3 年里的工作量。这就导致部分曾经工作业绩很好但最近几年因身体欠佳而被落下的同事的绩效排名靠后,并最终被淘汰出校。他认为,这种绩效考核与认定体系本身不公平,他在接受访谈时坦言,"谁没个人生低谷期?谁能保证自己一辈子身体都好、家里都没事?"上述"误伤"的事实在校长口中得到确认,该校校长提到 3 年后实施下一轮政策时,该校将有一名教师退休,空出一个岗位,学校 3 年后重新把这位教师调回来填补这个空缺。

第四,政策执行环境决定推行政策的时机是否成熟。前文已述,一方面,自 2009 年以来的教师绩效工资制度为"县管校聘"政策的实施提供了前提条件。实施以"绩效"导向的岗位竞聘制度受到的阻力较小,因为它符合公开、公正、公平等基本原则。而且,近几年的教师人事管理档案数据可直接用于"县管校聘"工作的量化考核。另一方面,正如加布里埃尔·A. 阿尔蒙德(2007)所言,"一项普遍政策得以贯彻到什么程度,通常取决于官僚对它的解释,以及取决于他们实施该项政策的兴致和效率"。"行政发包"制度的三大要素"行政权分配、经济激励和内部控制三个维度"均为"县管校聘"政策的落实提供强有力的保障。G 市教育主管部门的工作人员曾提到，"县管校聘"政策的顺利开展得益于教育部、X 省财政厅以及 G 市其他相关部门的支持。

第五，公共政策制定和实施是一个开放的过程，需要不断调试。G 市"县管校聘"政策改革始于在该市的县级市 D 市等地区所进行的试点试验项目，且 G 市本身是国家层面"县管校聘"政策的试验点，没有太多可参照的经验蓝本。到 2019 年底，G 市的"县管校聘"政策已相对成熟，成为 X 省"县管校聘"政策对外的窗口展示区，向全国各地传授"县管校聘"工作经验。

二、"县管校聘"政策"何为"

"我们不能只满足于计算出一只鸟扇动了多少次翅膀，而必须知道这只鸟已经飞行了多远。在描述公共政策，甚至在解释其决定性因素方面，衡量政策产出是很重要的。但是在评价政策影响方面，我们必须辨别出政府的各项措施给社会带来了哪些相应的变化。"（托马斯·R.戴伊，2011）笔者根据访谈资料和问卷调查数据归纳出 G 市"县管校聘"政策在短期内为学校和教师所带来的即时变化。

1."县管校聘"降低了学校日常管理工作的难度

学校是教师人力资源优化的最直接受益方。"县管校聘"政策实施后，学校的管理者对教师的调度权增大，日常工作部署变得更容易。校长明显感觉到教师工作积极性更高，在 89 个提供有效信息的学校校长中，83.15%的被访校长对"县管校聘"政策实施的主要目标的理解是"提高教师工作积极性"。访谈资料的分析结果显示，校长们谈及最多的是政策实施前教师都不愿意承担班主任工作或学校的公共事务，但现在可轻松分配和落实。

Ball（1993）指出，管理在重构教师工作和身份的目的与意义方面的影响越来越大，这在"县管校聘"政策中有所体现。很多学校领导认为，"县管校聘"政策的实施"让学校的教师管理工作找到抓手""学校工作好安排"。与此同时，学校管理层体察到教师工作时流露出的强烈功利动机。例如，部分教师在领取任务时明确要求学校承认这项活动的工作量，"计工分"的工作心态在一定程度上对学校组织氛围和教师工作意义感产生不利影响。这个问题实际上是以往关于教师绩效工资制度的讨论中常被提及的（Murnane，Cohen，1986）。

前文已述，"县管校聘"落实到学校层面时明显带有绩效性特征，但凡在涉及教师绩效考核及与其直接挂钩的利益时，教师的"经济人"理性本能地会充分暴露出来。这是"市场逻辑"对个人经济活动渗透的结果，在关于教师绩效工资改革的文献中已得到充分证实（Murnane，Cohen，1986；李根，葛新斌，2014）。这再次说明，与教师相关的政策需要充分认识到微观教师个体的这种朴素心态，而不是将教师职业本身的神圣性作为借口来回避教师激励的问题。

2. "县管校聘"改变教师的职业生存环境，并进而影响教师心态

从作为劳动力供给主体的教师的角度看，"县管校聘"政策从根本上改变他们的职业生存环境，至少会让部分教师走出舒适区。很多被访教师透露，G 市每 3 年一个周期的教师竞聘给他们的工作带来较大的压力，在这种定期量化考核的竞争环境中，最保险的策略是满负荷工作，只有这样才能保证下一轮岗位竞聘时保持相对优势。部分教师在提高工作努力程度的同时也感到有些焦虑，他们担心自己身体状况不好或家庭负担较重时期的工作量不足。

"县管校聘"政策使教师考核与聘任之间建立起紧密联系。如果周期性地重复执行，那么将会对教师的稳定性和流动性造成不利影响。下文将重点讨论"县管校聘"政策对教师稳定性的直接影响。

第二节 "县管校聘"背景下的教师"留"与"流"

"县管校聘"政策的实施推动了区县范围内的局部教师劳动力市场竞争的机制进一步完善，是教师劳动力市场逐渐走向市场化、实现优胜劣汰、建立教师清退机制的一个关键步骤。与此同时，在教师劳动力市场清退机制还没有真正建立起来、教师劳动力市场整体上尚未达到饱和的情况下，如何处理被动流动的教师问题，需要我们加以研究。

一、"县管校聘"背景下的教师被动流动

"县管校聘"政策最终由各学校分头落实，政策执行过程中同时涉及教师内部劳动力市场和外部劳动力市场两个层面的联动。学校内部首先建立起一套量化考核教师业绩的正规评价体系，并据此确定哪些教师才有资格留任和聘用；超编学校的冗余教师需向其他缺编学校转移，这又涉及不同学校间的竞争和协调。

"县管校聘"政策还关系到外部劳动力市场上不同行业间的人才配置，

可能会影响教师行业未来的人才构成，因为教师职业所具有的较强的保障性使它尚可吸引一批资质较好的人才，这对那些将安稳视为职业效用函数中重要因素的人而言尤为重要。相对于其他行业的从业人员，教师是一个整体上规避风险、追求工作安稳、厌恶风险的群体，这是所有进入这个行业的人共有的集体人格（Ayaita，Stürmer，2020）。工作有保障、失业的可能性小是很多人选择从教的主要原因，在涉及行业间比较时，教师工作的经济安全可提供消费价值，它甚至是教师行业收入整体偏低的原因之一（Dolton，2006）。而"县管校聘"打破教师"铁饭碗"的常规，可能会影响今后的教师资源储备能力。

"县管校聘"政策的全面推行会加剧整个教师职业群体的保守性。"县管校聘"政策引入动态竞争机制后，教师关注的职业稳定和经济安全等方面的集体人格得到凸显。例如，访谈资料分析结果显示，多数教师在面临劳动力市场环境收紧时优先考虑保住工作，即使他们对原来所在学校不满意也不会考虑主动放弃校内竞聘，很少人会在第一轮的校内竞聘中弃权而直接选择跨校竞聘。他们做出这样的选择主要是出于以下两方面的考虑：①那些吸引力强的学校通常是教师供给充足的学校，它们首先要"消化"学校内部可能存在的师资冗余问题，因为"维稳"是所有学校在政策执行过程中均需考虑的问题。如果学校借机引进大量外校教师必然会使本校教师产生抵制情绪。②师资缺口小或不缺师资的好学校收到的申请数量多且申请者素质普遍较高，竞争优势不太突出的教师若直接选择跨校竞聘则面临激烈的竞争，落选的概率增大。而"校内竞聘"和"跨校竞聘"是非此即彼的选择，教师若浪费掉原工作单位的校内竞聘机会，又被他们向往的学校拒绝，就只能被动地接受组织调剂。访谈资料的分析结果显示，只有那些年富力强的、优势特别明显的中青年骨干教师等会主动选择跨校竞聘。另外，偏远乡镇和农村学校优秀教师可能会选择跨校竞聘，他们即使在向外主动流动的过程中遭遇失败，还可回到以前工作的学校。

值得注意的是，"县管校聘"政策对教师的影响存在异质性，不同发展阶段的教师受到的影响差异较大。年轻教师和年老教师整体上处于被动状态，而中年教师能更自如地应对政策变迁过程。很多青年教师担心在"县管校聘"过程中被分配到更偏远的乡镇或农村学校，这些青年教师中的多数已经在城区安家立业，需要照顾家里的未成年孩子或需要城区更广阔的职业发展平台成就自己；但中老年教师多已无须顾虑这些。例如，基于 D 市的访谈资料，笔者发现，愿意主动流动到偏远山区或农村学校的多为中老年教师，因为中老年教师中有相当一部分人生于农村长于农村，成年后长期在城区学校工作和生活，向往工作压力较小、自然环境好的农村学校；且45岁及以上的中老年教师的孩子多已能独立生活，而他们的父母多居于乡下老家，中老年教师若调到乡镇或农村学校可能更便于照顾家里老人。另一位教师还提到，他们在老家的农村学校可享受每月1000元的生活补助，如果夫妻两人同时前往老家的农村学校工作，那么每个月的生活补助就有2000元，在他们眼中是一笔具有较强激励作用的钱。由此可见，对部分中老年教师而言，主动流动到他们老家所在的乡镇或农村学校工作可谓是一举多得。其他国家或地区也存在类似的现象。例如，Barbieri等（2011）基于意大利政务管理数据发现，随着年龄的增长，教师逐渐向出生地附近的学校回流。

受"县管校聘"政策影响最大的教师是超编学校绩效排名相对靠后且经历过被动流动的个体，他们在学校区位环境和收入两个方面整体上均处于不利地位，主要体现在以下三个方面。

首先，在"县管校聘"政策实施过程中，教师流动的距离显著更远（$t=2.439$，$p=0.015$），被动流动的教师被调动到更偏远的学校。笔者根据教师填写的上一份教职所在的学校和当前学校信息计算教师变动工作单位前后的两所学校之间的距离。在"县管校聘"过程中，经历被动流动的教师上一份教职所在的学校离当前学校平均18.205公里（标准差是29.712公里），他们当前任教的学校与流动前任教的学校间的距离至少是他们实际想去的学校与流动前任教的学校距离的两倍；而在"县管校聘"前有主动流动经历且在"县管校聘"过程中没有变动任教学校的教师，他们所在的上一所学校与当前学校距离为7.698公里（标准差是12.354公里），与他们想去任职的学校的距离基本一致。换言之，那些无法通过校内竞聘或校内直聘的方式获得教职的教师被安置到更偏远的学校，这类学校通常是教师在有选择余地的情况下不愿意主动去工作的地方。

由此可见，工作环境艰苦的偏远山区和农村学校接收的多为城区学校不愿留下的绩效排名靠后的那部分教师。另外，部分区县规定，校内绩效考核后，20%的教师没有资格参加县城学校的跨校竞聘，这些落聘的教师只能在乡镇学校竞聘，如果他们在乡镇学校竞聘过程中仍然落聘，教育局会通过组织调剂的方式将他们调配到偏远乡镇的学校或教学点。接收调剂教师的部分学校领导对此颇有微词，他们反映了一个共性的问题——调剂过来的部分教师年老体弱、业务能力较差且意志有些消沉；或者有些教师在新教学岗位上还不太适应。这种现象在其他国家或地区一样存在。例如，Grissom等（2014）基于美国佛罗里达州东南部的迈阿密-戴德县政务管理数据发现，被动流动的教师在新任学校的教学绩效表现更差。综上，"县管校聘"政策无法从根本上解决偏远山区和农村学校师资质量较低的问题(姜超，邬志辉，2015)。

其次，被动流动的教师的工资没有明显提高，但他们因工作单位的变动而需要承担新的成本。在变更任教学校的教师群体内，有30.24%的样本因工作单位变动而产生额外费用。部分被动流动的教师平均每月因工作变动而产生的交通和住宿等额外花费约130.23元，这笔支出相当于其总收入的2.38%(=130.23×12/10 000/6.556)。这项经济负担给这些教师造成一定困扰，如近30%的教师不愿意去偏远山区或农村学校工作的理由是"收入和福利待遇的变化"，且城区学校教师在这方面的担心比农村学校和乡镇学校教师显著高出6.3个百分点(t=5.673，p<0.001)。

在"县管校聘"过程中，被动流动的教师通常会被安置到比较偏远的学校任教，但是教师收入没有显著增长，这个现象与"消费型补偿"理论主张并不矛盾，不能由此否定收入与工作环境优越性间的负相关关系；相反，它体现的是收入在调节教师劳动力市场均衡方面的条件性，即在解释教师收入与工作环境之间关系时需要保持"其他条件相同的情况下"。"县管校聘"政策执行过程中，劳动力市场适应能力较低的教师会逐渐适应新的就业环境，他们重新评估市场环境和自身可选择范围后，调整自己的职业效用偏好，降低偏远山区或农村学校的不利区位环境在他们心目中的心理保留价格。

由此衍生出另一个问题——在"县管校聘"过程中，利益受损的教师为何不改行从事其他工作？教师未做出这种选择的可能原因是退教改行的直接成本和机会成本都比较高，但是被安排到偏远山区学校或农村学校仍然可保住公办教师的身份，这种身份又与退休、养老等方面的福利挂钩。教师的这种职业选择心理在访谈中得到确认，事实也证明福利体系对教师职业选择的重要性。公办教师工作的经济保障性强，这在很大程度上是教师从教的主要理由之一。例如，TALIS2018调查问卷中列出以下七个复选项：职业发展道路清晰、稳定的收入来源、教师工作稳定、灵活的时间多可更好地兼顾家庭生活、积极影响年轻人的发展、帮扶社会弱势群体、贡献社会。参与调查的上海初中教师[①]选择这七项从教理由的比例分别是

① 参与2018年TALIS项目的我国上海地区在数据中对应的国家代码(CNTRY)为"CSH"。比例后括号内的样本量是所有有效观察值，因存在缺失值，每项从教理由的答题对应的教师人数不同。上述七项从教理由在全球被访教师中的占比分别是69.59%(N=257 885)、72.80%(N=257 601)、74.69%(N=257 051)、71.39%(N=257 438)、94.10%(N=258 073)、80.67%(N=257 598)、91.67%(N=258 196)。

94.38%（N=3933）、88.15%（N=3929）、92.80%（N=3928）、89.47%（N=3926）、93.41%（N=3928）、81.01%（N=3927）、92.91%（N=3929），从中可以发现，"教师收入稳定"和"工作保障"等与经济安全有关的选项在上海初中教师的职业选择过程中权重较高。这种出于经济安全考虑的职业选择心理在其他行业同样存在。例如，詹姆斯·C.斯科特（2001）在描述 20 世纪 20—30 年代越南农民与缅甸农民的生存状况时做过类似的描述："如果收入是选择职业的重要原则，那么，根据平均收入排队就足以得出人们的职业偏好表了……如果生存安全是决定性因素，那么，我们可以看到，在形成职业偏好方面，经济安全度的提高同收入的增加同等重要。"①

如前所述，"县管校聘"政策实际上是地方政府进行师资资源重组的一种手段，它以劳动力"需求侧"制度建设为立足点来撬动"供给侧"行为，从而改变教师职业选择的行为和心理，至少让部分绩效较差的教师以低于心理保留价格的工资水平到偏远山区学校任教。比如，在"县管校聘"过程中，被动流动到乡镇和农村学校的教师对"到山区和偏远农村任教的期望补助"是每月 1562.86 元，而他们在偏远山区学校任教获得的实际月均补助约 705.23 元，实际生活补助只达到这部分教师的期望值的 45.12%。在远低于教师原本对"偏远山区"等艰苦环境心理保留价格的情况下，这些教师仍接受农村学校和乡镇学校的工作，即教师"工资-学校区位环境"效用曲线从图 5-2 中的 U_1 处移到 U_2 处，学校区位劣势在他们心目中的保留价格从 W_1 移至 W_2。但以上分析过程仅适用于那些绩效排名相对靠后、竞争力较低的城区学校教师，绩优教师的可选择范围仍然较大，他们对工作环境的心理保留价格仍然相对稳定，没有发生变化。

为方便论述，笔者以工资为例来说明"县管校聘"政策对教师效应偏好的影响。图 5-2 的纵轴是工资，即劳动力的价格 W，横轴 C 表示学校是否位于偏远山区的环境变量。由于横轴表示的是学校区位环境不受欢迎程度，因此，W 与 C 构成的教师职业效用曲线是外凸的。工资和学校区位环境平面内的效用曲线上是一系列职业效用无差异的工作机会。

---

① "经济安全"对农村教师群体可能更重要。例如，2013 年 11 月 17 日，笔者在江西省某县的一所农村学校调研时，一名中年男教师谈到，偏远山区学校教师的收入和工作环境都较差，村里外出务工人员的收入普遍高于坚守在本地的教师，调皮的学生甚至直言不讳地说老师的收入还不及自己父母外出务工的收入，但这些农村教师在待遇较低的状态下还愿意坚持下去的重要原因是，作为公办教师可享受包括退休和养老等在内的社会保障权益。2013 年 11 月 18 日，项目组成员在河南省某县访谈某校副校长时，他说过类似的话，"老师的奔头就是退休还能指着那点退休工资过日子，干不动了也还有这点钱"。

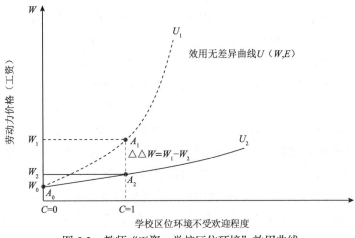

图 5-2　教师"工资—学校区位环境"效用曲线

假设 $C=1$ 代表偏远山区学校，$C=0$ 代表非偏远山区学校。教师愿意在工资在 W_0 水平时接受非偏远山区学校的工作，在效用曲线上对应 A_0 处的这份工作。在"县管校聘"实施前，教师劳动力市场上的就业环境相对宽松，其"工资—学校区位环境"效用曲线如图 5-2 中虚线 U_1 所示，位于偏远山区的学校因区位劣势需要提供 W_1 水平的工资才能与非偏远山区学校的教职岗位实现效用无差异化，即偏远山区学校需在 W_0 的基础上补偿 $\triangle W$（$=W_1-W_0$）单位的工资才能使得区位环境不利的偏远山区学校的岗位与非偏远山区学校的岗位保持同等吸引力，教师选择岗位 A_0 还是 A_1 是个随机的过程。由此推知，偏远山区学校每聘用一名教师需要多花 W_1-W_0（$\triangle W$）单位的工资成本。教师职业效用曲线的形状较陡峭，"偏远山区"这种不受欢迎的学校区位环境在教师心目中的保留价格较高；相反，W 与 C 平面内越平坦的效用曲线表明"偏远山区"这种学校区位环境劣势对教师职业选择的影响越小。

在"县管校聘"背景下，环境较好、吸引力强的城区学校的教师需求量被压缩并出现部分学科教师超编现象。这些超编学科中绩效排名相对靠后的教师需要被分流到其他学校，其中的一部分是环境较差、吸引力低的偏远山区学校。在暂时没有更好职业选择的情况下，这部分教师在低于他们最初对"偏远山区"心理保留价格 $\triangle W$（$=W_2-W_0$）水平下接受偏远山区学校的工作 A_2。这表明，在城区教师劳动力市场收紧的情况下，竞争力更低的教师的"工资—学校区位环境"效用曲线从 U_1 向外偏移并被压低到 U_2。换言之，劳动力市场可行能力较低的教师的职业效用偏好因劳动力市场整体饱和程度而异。

W_2 不以教师的个人意志为转移，是当地政府设定的实际教师工资水平，因此，W_1-W_2 之间的差值为 $\triangle\triangle W$，即 $W_1-W_0-（W_2-W_0）$，是这部分工作选择范围有限的教师在"县管校聘"后降低"偏远山区"这种不受欢迎学校区位环境的心理保留价格的幅度。由于每位教师对"偏远山区"的心理保留价格不同，$\triangle\triangle W$ 与 $\triangle W$ 相除后所得比率有差异。因此，在"县管校聘"过程中，经历被动流动的教师的主观福利损失程度不同。对环境敏感程度较高的教师因 $\triangle\triangle W$ 值很大，被重新安排到本需较高补偿才愿意前往任教的学校时，心理损失更严重；同理，若教师被重新安排的新学校与原工作单位之间的差异较小，如两校距离较短或位于偏远山区的学校更便于他们照顾父母，则 $\triangle\triangle W$ 的值较小，$\triangle\triangle W$ 与 $\triangle W$ 相除后所得比率更小，心理落差较小。教师心理落差较小时，对工作的不满情绪更少、离职的概率相应地减小（张鹏飞，徐继存，2021）。

上述过程能还原城区学校绩效排名相对靠后、竞争力较低的教师择业心理过程。正如埃德拉·施拉格（2004）所言，"信息经常被用来更新个体对世界的认知，进而个体会采取那些对自己更为有利的战略……信息可能用于更新个体对世界的认知，但也可能被用来重构某种情境，即信息可能被用来改变个体所注意到的情境的特点进而改变个体所做出的选择。通过使用信息，个体可以操纵其参考框架"。教师根据自己的实际情况对发生结构性变化的劳动力市场环境进行解读，并在约束条件下最大化自己的职业效用。

需要说明的是，以上分析过程仅适用于那些绩效排名相对靠后、竞争力较低的城区学校教师，绩优教师的可选择范围仍然较广。他们关于"偏远山区"这种学校区位环境的心理保留价格仍然相对稳定、没有发生大的变化，这些学校提供的工资或生活补助等若达不到绩优教师给"偏远山区"定的最低心理价格，其吸引力仍然较小（Protik et al.，2015）。然而，"绩优"是个相对概念，地方政府还可继续改变城区学校教师的需求量来直接影响城区学校当前留存下来的绩优教师中排名相对靠后的那部分教师的职业效用曲线，即城区教师需求的进一步压缩会继续压低当前未受影响的部分教师的职业效用曲线形状。换言之，教师"需求侧"变化程度会影响多大比例的教师处于被动流动的边缘。这就是笔者在第二章从教师供需的角度解读教师短缺或流动的原因。

综上，"县管校聘"将城区学校竞争力较低的教师重新安置到偏远农村学校，对推动城乡教育均衡发展的实质性作用还有待考证。笔者根据教师对"县管校聘"若干方面效果的看法进行初步统计，间接证实"县管校聘"过程中城区相对过剩的教师至少短期内没有起到明显的提升农村教育质量的作用，主要体现在以下两方面：①如果工资体现的是劳动者的生产率水平，那么，被动流动的教师质量较低的事实将被确认，因为被动流动的教师的年均总收入比成功留在原校的教师低 2292.68 元（t=-4.297，$p<0.001$）；②如表 5-1 所示，在"县管校聘"政策可能产生效果的所有方面，乡镇学校和农村学校的受益程度均低于城区学校。例如，在关于"提升学校办学质量"的认同度方面，城区学校教师的认同度约为 4.28 个百分点，即（0.6348-0.5920）×100%；而在"为学校发展带入更多办学资源""为学校发展带入更多专业援助力量""为教师带去更多发展和晋升机会""提升教师士气"等指标上，城区学校教师的认同度分别为 4.79 个百分点、6.08 个百分点、6.70 个百分点和 4.81 个百分点。

表 5-1   教师对"县管校聘"政策效果的认同度

"县管校聘"政策的效果	全体样本	乡镇学校和农村学校教师	城区学校教师
提升学校办学质量	0.614 2	0.592 0	0.634 8
明确办学愿景和目标	0.614 8	0.601 5	0.627 2
为学校发展注入新的活力	0.693 5	0.683 6	0.702 8
提升课堂教学质量	0.678 8	0.666 7	0.690 5
提升学科整体教学质量	0.655 6	0.646 0	0.664 5
提升学生学业成绩	0.652 5	0.647 0	0.657 6
改善学生课堂学习风气	0.663 7	0.651 4	0.675 2
与家长建立信任支持关系	0.678 6	0.667 6	0.688 7
促进校内教师交流和合作	0.701 5	0.696 8	0.705 9
改善校内人际关系	0.649 1	0.647 4	0.650 8
改善学校与当地社区的关系	0.594 0	0.582 0	0.605 3
为学校发展带入更多办学资源	0.592 1	0.567 1	0.615 0
为学校发展带入更多专业援助力量	0.585 5	0.554 8	0.615 6
为教师带去更多发展和晋升机会	0.553 3	0.519 3	0.586 3
提升教师士气	0.585 5	0.560 8	0.608 9

资料来源：G 市教师劳动力市场调查，2019

注：①以上指标的选项在教师问卷中采用利克特五点量表方式计分，含"没有""很小""一般""较多""很多"五个选项，笔者将所有选择"一般"的样本剔除，然后将"没有""很小"合并为"没有效果"，赋值"0"，余下的"较多"和"很多"归为"有效果"，取值为"1"。②表中的小数乘以 100%后即为认同"县管校聘"政策达到相关效果的教师比例。

笔者认为，城区学校在"县管校聘"政策实施过程中受益总体上更多的是以下两股力量相互作用的结果：一方面，城区超编学校可借此机会将业务能力低或工作态度怠慢的教师清退出去;另一方面,城区缺编学校还可吸引乡镇学校或农村学校的优秀教师前来竞聘并择优录用,从而整体上提高师资力量。偏远山区和农村学校之所以没有像政策制定者预期的那样从中受益的可能原因是:一方面,偏远山区和农村学校接收的多为城区超编学校绩效排名相对靠后的教师;另一方面,一部分优秀骨干教师通过跨校竞聘的方式主动离开学校(秦启光,刘剑虹,2023)。这个现象在 Han 和 Xie(2020)基于"甘肃基础教育调查"的研究中得到确证。

二、被动流动教师的学校归属感

被动流动的教师对新任学校的归属感显著较低。在做正式分析之前,笔者利用探索性因素分析技术将与教师在学校心理感知方面的 6 个指标合成一个,即"教师对学校的归属感"因子。如表 5-2 所示,"教师对学校的归属感"因子的内部一致性信度系数较高,高达 0.9405,且各指标在"教师对学校的归属感"这个因子上的负荷都超过 0.8。因子得分可作为被解释变量或解释变量参与后续分析[①]。本书中的"教师对学校的归属感"因子得分用作被解释变量。

表 5-2　G 市教师对学校的归属感的因子负荷

教师在当前任教学校的心理归属指标	因子负荷
为自己在这所学校工作而自豪	0.823 7
乐意成为学校里的一分子	0.867 5
在学校里感到很开心	0.876 5
喜欢自己所在的这所学校	0.893 0
关心学校将来的发展	0.865 9
乐意让别人知道自己在这所学校工作	0.854 4
内部一致性信度系数(Cronbach's α)	0.940 5

资料来源:G 市教师劳动力市场调查,2019

注:①利用探索性因素分析并基于最大方差旋转法得到因子负荷值,因子提取的方法为主成分法;②有效样本量 N=4522。

通过因素分析技术得到的因子得分是被标准化为均值是 0 和方差是 1 的变量,属于连续变量,没有测量单位、无量纲。它具有良好的统计学属

---

① 从测量学的角度看,因素分析的功能之一就是将多指标的维度合成新的单一变量,即通过降维处理后简化事物的结构、浓缩变量之间的重复信息、缓解共线问题。因素分析适合用复合指标测量的抽象概念,这类概念的特点是若干个指标都指向这个概念的一部分但任何一个指标都无法穷尽这个概念的所有内涵。

性，如因子得分的一个单位就是一个标准差。这既是因子得分的优点也是因子得分的缺点，因为对学校归属感等表示人类心理状态的变量，人们不能具体感知一个标准差的学校归属感究竟是多少。因为通过降维处理后，所有指标中的信息均被高度浓缩，其中的共有信息能被更简洁、高效地提取和传达，但这种方法使因子得分变得抽象、不易理解。

"教师对学校的归属感"因子进行的组间均值比较结果显示，那部分通过校内竞聘方式成功获得当前职位、没有经历被动流动的教师对他们任教的学校的归属感高 0.1513 个标准差，且这种组间均值差异在 0.1%的水平上显著（t=4.6823，p<0.001）。另外，通过"跨校竞聘"和"组织调剂"两种方式经历工作流动的教师在学校归属感方面没有显著的组间差异（t=−0.0793，p=0.9368）。在"县管校聘"政策中，变更过任教学校的教师对新任学校的归属感低的事实在他们的身份归属题项上可窥见一斑，其中有 16.47%的人觉得自己归属于先前的任职学校，无归属感的占 6.75%[①]。

然而，由于项目组没有采集前测数据或回溯性信息，笔者只能描述"县管校聘"政策推行后的教师对学校的归属感整体状况，而不能断定教师对学校归属感的组间差异状态是由"县管校聘"政策引起的。换言之，笔者无法断定教师对学校的归属感在多大程度上是由"县管校聘"政策带来的净影响。但可以肯定的是，作为一项牵动教师切身利益的改革，"县管校聘"在唤醒教师的职业危机感和竞争意识的同时，难以避免地会强化教师工作的功利动机、削弱教师对学校的归属感。

"县管校聘"政策执行过程中的教师职业心理状况值得引起重视，正如克利福德·格尔茨（2014b）所言，"这种摩擦或社会张力在个体人格层面上——其自身是一个冲突的欲望、过时的情绪和即时防卫的不可避免的不良整合体系——表现为心理张力。在集体层面上被视为结构上不协调的东西，被个体感受到时就是个人的不安全感，因为社会的不完善与性格冲突正是在社会角色的经验中被发现并被互相加剧。但是同时，社会及个人，无论他们有什么短处，都是有组织的体系而不仅仅是各种制度的堆积或不同动机的凑合，这一事实意味着它们引起的社会心理紧张同样是成体系的。来自社会互动的焦虑有着它们自己的形式与秩序。" 员工对工作单位的归属感低会通过消极心理状态而持续性地降低生产率。这种负面影响的表现形式多样，包括不愿意与同事坦诚交流和合作、工作不尽心、怠工等，对学校没有归属感、心理负能量强的教师还会在与同事的互动中对组织氛围

---

① 认为自己归属于教育局的和现在任职学校的分别占 14.51%和 62.27%。

产生不利影响，这种负面作用可能会传导到教师的教育教学中，不利于学生的成长与发展（李国强等，2019）。

三、被动流动与教师职业倦怠

G 市推行"县管校聘"政策的动因之一是解决教师职业倦怠问题。本小节简要分析"县管校聘"后的教师工作精神面貌。

"职业倦怠"最早由心理学家赫伯特·费登伯格（Herbert J. Freudenberger）操作化。Freudenberger（1974）开发的职业倦怠量表由 22 个具体指标构成，依次被归为情绪衰竭、无力感或低个人成就感、去人格化①三个子维度。项目组将这个量表略作改编，以初步了解 G 市教师的倦怠现状。

尽管职业倦怠量表的理论效度在很多应用性研究中均得到证实，但笔者仍然利用探索性因素分析来得到各维度的因子负荷，以验证这些指标在 G 市教师劳动力市场上的理论结构效度。表 5-3 呈现的是 G 市教师职业倦怠各维度的因子负荷及内部一致性信度系数。

表 5-3　G 市教师职业倦怠各维度的因子负荷及内部一致性信度系数

教师职业倦怠量表指标	情绪衰竭	无力感或低个人成就感	去人格化
感到自己的感情已在工作中耗尽	0.750 9		
每天下班时，都感到精疲力竭	0.855 1		
早上起床的时候感到很疲劳，还是不得不面对新一天的工作	0.803 1		
感到工作使我精疲力竭	0.811 2		
感到自己好像已竭尽全力	0.740 9		
总是不能有效地处理学生的问题		0.705 9	
感到精力很不足		0.718 7	
与学生或同事相处时，较难营造轻松的气氛		0.825 2	
与学生或同事一起感觉不到高兴		0.823 1	
工作中的许多事情都没有价值		0.817 4	
在工作中不能冷静地应对一些情绪问题		0.811 5	

① "情绪衰竭"是劳动者在一个职业或在一个岗位上长期重复作业后，长年累月地积累工作压力或遭受挫折等对工作产生的失望、疲惫、困乏、抵触的心理。"去人格化"是个人在工作中与服务对象和同事保持距离，工作中严格按照规章制度行事，较少考虑情面。教师的"去人格化"主要表现为减少与学生或其他教师的接触，履行自己职责范围内的义务，扮演好教师的角色而有意回避与学生和同事的情感交流。"成就感"是指一个人为自己所做的事情感到愉快或成功，即愿望与现实达到平衡时产生的一种心理感受，职业倦怠的表现之一是成就感低。

续表

教师职业倦怠量表指标	情绪衰竭	无力感或低个人成就感	去人格化
自从干了这份工作后，就变得对人冷淡			0.840 9
担心这份工作会使我变得感情麻木			0.819 4
学生们会把他们自己的一些问题归咎于教师			0.745 4
内部一致性信度系数（Cronbach's α）	0.896 7	0.886 4	0.878 2

资料来源：G 市教师劳动力市场调查，2019

注：①利用探索性因素分析并基于最大方差旋转法所得结果，因子提取的方法为主成分法；②所有指标用利克特四点量表格式测量，含"从不如此""很少如此""有时如此""经常如此"四个备选项；③有效样本量 N=9036。

"县管校聘"政策实施过程中经历过被动流动和成功留在原学校的教师在情绪衰竭、无力感或低个人成就感、去人格化这三个子维度上未呈现出系统差异。表 5-4 第Ⅲ栏的独立样本 T 检验结果不显著，即通过不同方式获得当前教职岗位的教师群体中不存在职业倦怠方面的系统性差异。这可能是因为"县管校聘"引入的每 3—5 年动态评估机制对所有教师均造成压力，没有经历被动流动的教师希望继续保持竞争优势以便在下一次竞聘中顺利胜出，仍然保持较高的工作热情；而经历被动流动的教师希望能在下一次竞聘中获得更满意的岗位，以良好的状态投入工作。

然而，由于笔者没有收集"县管校聘"前的信息，书中无法确定教师的职业倦怠现状在多大程度上是由政策引起的，只能通过质性访谈资料做初步推测[①]。第五章第一节第二部分已述及，学校领导和一线教师都充分肯定"县管校聘"的激励作用，能在一定程度上解决教师职业倦怠问题。

表 5-4 第Ⅵ栏的独立样本 T 检验结果显示，通过跨校竞聘方式获得教职的教师和接受组织调剂的教师在情绪衰竭和成就感两个维度不存在显著的组间差异，但通过组织调剂方式获得当前教职的教师在处理工作场所中的人际关系时，"去人格化"倾向更明显（t=1.972，p=0.049）。这可能是由他们对接收学校的归属感有所差异导致的，服从组织调剂的教师对当前所在学校的归属感比跨校竞聘的教师略低（t=1.074，p=0.283）。跨校竞聘的教师与当前所在学校间的人岗匹配程度更高，它们之间至少存在双向选择的过程，而在边远艰苦地区的学校通常不在教师的意向内[②]，教师对学校的归属感更低。

---

① 这再次凸显第三章提及的数据质量和结构本身的重要性，数据决定研究者能在多大精度上回答哪些问题。今后的研究还需继续优化项目设计，提高教师劳动力市场专项数据库建设的精细化程度，以推进该领域研究问题的细化与深化。

② 服从调剂的教师中，近 40%的样本确认教育主管部门在组织调剂过程中没有征询过他们的意见。

表 5-4 教师职业倦怠的组间均值差异

职业倦怠的维度	I: 未经历被动流动的教师		II: 经历过被动流动的教师		III: T检验		IV: 跨校竞聘的教师		V: 组织调剂的教师		VI: T检验	
	均值	标准差	均值	标准差	均差	均差标准误	均值	标准差	均值	标准差	均差	均差标准误
情绪衰竭	0.0093	0.9977	0.0174	1.0041	-0.0081	0.0221	-0.0302	1.0065	0.0093	0.9991	-0.0395	0.0382
无力感或低个人成就感	0.0075	1.0013	-0.0140	0.9975	0.0215	0.0221	-0.0087	0.9859	-0.0251	1.0216	0.0164	0.0379
去人格化	-0.0033	0.9770	0.0061	1.0416	-0.0094	0.0381	-0.0192	1.0565	0.0589	1.0085	-0.0781*	0.0396
N	5 880		3 157				2 133		1 024			

数据来源: G 市教师劳动力市场调查, 2019。

注: ①第III栏的"均差"是第 I 栏均值减第 II 栏均值所得的结果, 第VI栏的"均差"是第IV栏均值减第V栏均值所得的结果; ②"T检验"栏中"均差"与"均差标准误"相除得到 T 值。例如, 第VI栏中的"去人格化"维度的组间均值差值是-0.0781, 而均差标准误是 0.0396, 据此可得到 T 值的绝对值为-1.9722; ③数值越大表明教师职业倦怠程度越强, 工作投入程度越低; ④*代表 p<0.05。

上述结果在访谈资料中得到验证。跨校竞聘的教师对"县管校聘"政策更满意，因为他们中的部分人借此机会调和工作和家庭间的矛盾，并能在相对更好的平台上施展职业技能，而另一部分人虽然离开原来工作的学校，但他们愿意前往竞聘的学校，毕竟这些学校在某些方面能吸引他们；而接受组织调剂的多数教师会经历一个心理急剧动荡和落寞的过程，虽然绝大多数落聘的教师在服从组织调剂的情况下能保住工作，但较之以前的工作和自己的心理预期尚有一定差距，且在遭受挫折的情况下容易对考核过程与结果的公平性、对自己的业务能力等方面产生怀疑，抗挫能力较差的或不太会处理情绪的教师可能将这种负面情绪一直延续到新任学校。例如，G 区 T 镇一名曾在中学教化学的教师被调剂到小学后改教数学，他既无法适应专业不对口的教学，也因没有与低龄儿童相处的经验而不适应小学教学节奏，因此，他对学校没有归属感和融入感。

"县管校聘"政策实施过程中，变动工作单位的教师如何适应和融入新工作单位是一项挑战、对学校的治理能力是一个巨大的考验。即使是主动跨校竞聘的教师也存在初期不适应环境的问题。例如，一名 40 多岁的中年男教师为让自己的孩子在城区学校接受更好的教育而主动从乡镇中学跨校竞聘到县城实验小学，在外界看来，他年富力强、工作经验丰富、知识和技能足以胜任小学教学，但他在接受访谈时向笔者透露自己在面对城区学校大规模班级的课堂管理时感到束手无策，很受挫。上述现象不是一个独有的问题，而是一个普遍性的担忧。教师在谈及不愿意流动的理由时，担心"人际关系和工作氛围""不适应新学校和新学生"的比例分别占 35.7% 和 20.6%。

总之，从职业心理健康的角度看，员工的消极态度和负面情绪是劳动者个人或工作组织都不希望看到的现象，"县管校聘"过程中经历过被动流动的教师的心理状态是新时期学校治理工作中需要重视和持续关注的问题。

本 章 小 结

本章基于 G 市的个案数据分析"县管校聘"政策试点改革过程及其对教师职业效用、职业选择行为和心理等方面的影响。

第一节主要阐述"县管校聘"政策的制度分析，从政策过程的角度简要分析"县管校聘"政策的"为何"与"何为"，主要陈述"县管校聘"政策出台的背景和执行过程面临的问题——教育主管部门、学校、教师等不同利益主体之间的张力以及缓和张力后的制度化过程。"县管校聘"同时兼容多种不同形式的教师流动，其中的"组织调剂"类属于被动流动，而跨校竞聘中的一部分是在校内竞聘落选后向外寻求出路的教师，另有少量是从乡镇学校或农村学校主动流动出来的骨干教师。

第二节讨论"县管校聘"政策背景下的教师"留"与"流"。"县管校聘"最突出的特点是将教师"被动流动"的问题凸显出来，它一方面为超编学校绩效更低的教师保留"兜底式"工作机会，区别于传统意义的教师退出机制——解聘或辞退；另一方面，经历被动流动的教师教职选择范围受到限制，只能在师资短缺的学校之间选择，而这些学校通常是远离中心城区、整体环境较差的偏远农村学校、乡镇学校等，不是教师首选的理想去处。若教师暂时没有更好的选择，就只能退而求其次。在不增加工资的情况下，接受这些学校教职的教师突变式地改变他们的职业效用函数，由教师收入和学校区位环境两个要素构成的效用曲线的形状和位置发生变化。

在"县管校聘"过程中经历被动流动的教师的学校区位环境的优越性相对于此前任教的学校整体上下降，他们被调往更偏远的学校，且收入没有增加。这相当于在教师总需求量不变的情况下，地方政府通过师资布局调整而改变部分教师的劳动供给曲线，从而在不提供经济补偿的情况下为经济地理环境更不利的学校补充师资，与第四章的工作逻辑刚好相反。这两种情况从不同侧面说明货币化收入在教师职业选择过程中发挥作用的条件性。

与教师职业效用曲线形状或位置突变同时出现的是，经历被动流动后的教师对新任教学校的归属感整体较低。鉴于工作态度和心理对生产率的重要影响，这个问题值得引起重视。在职业倦怠方面，在"县管校聘"政策执行过程中成功留在本校的教师和变动过任教学校的教师不存在显著的组间差异，但受数据信息容量的限制，笔者无法证实"县管校聘"政策的实施在多大程度上改善教师的职业倦怠状况，但职业倦怠问题会得到一定程度的解决。因为访谈资料均显示，"县管校聘"在提高教师工作动力、激发学校办学活力方面起到了重要作用。

总体上看，"县管校聘"政策在促进资源配置效率和组织效率[①]的提升

---

① "基础教育的目标应是通过提高配置效率和组织效率使稀缺的教育资源产出最大的人力资本。其中，配置效率要求教育投入通过不同地区、不同教育种类和学校、不同人群的教育资源分配，达到教育总'产出'的最大。组织效率则要求教育投入实现教育生产单位（学校）在一定的投入下达到产出的最大化（或者给定产出下的投入最小）。从静态的角度来看，教育投入的配置效率目标是要尽量地将稀缺的教育资源配置给有能力的受教育者，而组织效率目标则是要避免稀缺的教育资源被学校浪费。"（陆铭，2007）

方面起到一定作用，但今后还可持续优化制度设计，以更好地推进城乡一体化、促进教育均衡与公平。例如，政策目标之一是填补师资短缺的学校的缺口、维持师资空间分布均衡，进而推动城乡教育一体化发展。但"县管校聘"过程中也产生了一定的问题。这种局面跟我国城乡二元结构的历史格局密切相关，乡镇学校和农村学校优秀骨干教师因家庭团聚或子女就学以及寻求更好的职业发展平台等原因，借此机会成功地向城区学校主动流动；而城区超编学校在制定校内竞聘规则时又大多采取保护优质师资的策略，城区学校中的在校内绩效考核排名相对靠后的教师被动流动到乡镇学校或农村学校。因此，最终被动流动到偏远山区和农村学校的教师质量相对较低。由此观之，"县管校聘"政策在一定程度上解决了相对贫困地区师资数量短缺的问题，但没有从根本上提升偏远艰苦或相对贫困地区学校的师资质量。

参 考 文 献

阿比吉特·班纳吉, 埃斯特·迪弗洛. 2013. 贫穷的本质: 我们为什么摆脱不了贫穷. 景芳译. 北京: 中信出版社.

阿马蒂亚·森, 让·德雷兹. 2015. 不确定的荣耀. 唐奇译. 北京: 中国人民大学出版社.

阿马蒂亚·森. 2011. 贫困与饥荒: 论权利与剥夺. 王宇, 王文玉译. 北京: 商务印书馆.

阿马蒂亚·森. 2012a. 理性与自由. 李风华译. 北京: 中国人民大学出版社.

阿马蒂亚·森. 2012b. 以自由看待发展. 任赜, 于真译. 北京: 中国人民大学出版社.

埃德拉·施拉格. 2004. 政策过程的框架、理论和模型比较//保罗·A. 萨巴蒂尔. 政策过程理论. 彭宗超, 钟开斌, 等译. 北京: 生活·读书·新知三联书店: 313-355.

埃里希·弗罗姆. 2000. 逃避自由. 刘林海译. 北京: 国际文化出版公司.

埃莉诺·奥斯特罗姆, 罗伊·加德纳, 詹姆斯·沃克, 等. 2010. 规则、博弈与公共池塘资源. 王巧玲, 任睿译. 西安: 陕西人民出版社.

埃莉诺·奥斯特罗姆. 2000. 公共事物的治理之道——集体行动制度的演进. 余逊达, 陈旭东译. 上海: 上海三联书店.

艾森特·奥斯特罗姆. 2011. 民主的意义及民主制度的脆弱性——回应托克维尔的挑战. 李梅译. 西安: 陕西人民出版社.

爱德华·W. 苏贾. 2004. 后现代地理学——重申批判社会理论中的空间. 王文斌译. 北京: 商务印书馆.

彼得·戴蒙德, 汉努·瓦蒂艾宁. 2012. 行为经济学及其应用. 贺京同, 等译. 北京: 中国人民大学出版社.

操太圣, 卢乃桂. 2018. "县管校聘"模式下的轮岗教师管理审思. 教育研究, 39(2): 58-63.

操太圣, 吴蔚. 2014. 从外在支援到内在发展: 教师轮岗交流政策的实施重点探析. 全球教育展望, 43(2): 95-105.

常芳, 党伊玮, 史耀疆, 等. 2018. "优绩优酬": 关于西北农村教师绩效工资的实验研究. 华东师范大学学报(教育科学版), 36(4): 131-141, 167.

常芳, 吴世瑾, 刘涵, 等. 2021. 农村教师流动率及其影响因素的研究——基于西北农村地区数学教师的追踪数据. 教育与经济, 37(5): 89-95.

常亚慧. 2021. 教师流动: 城乡失衡与学校类型差异. 南京师大学报(社会科学版), (2): 38-48.

陈玉玲, 吴卫东. 2021. 乡村教师激励的创新设计: 社会流动支持的视角. 教育发展研究, 41(18): 52-61.

丁建军. 2014. 中国 11 个集中连片特困区贫困程度比较研究——基于综合发展指数计算的视角. 地理科学, 34(12): 1418-1427.

杜屏, 谢瑶. 2018. 中小学教师薪酬满意度影响因素实证研究——基于公平理论的视角. 华中师范大学学报(人文社会科学版), 57(2): 168-177.

杜屏, 谢瑶. 2019. 农村中小学教师工资与流失意愿关系探究. 华东师范大学学报(教育科学版), 37(1): 103-115, 169.

杜屏, 朱菲菲, 杜育红, 等. 2015. 幼儿教师劳动力市场制度分割实证探析——基于云南省调查数据. 教师教育研究, 27(1): 45-51, 87.

杜屏, 朱菲菲, 杜育红. 2013. 幼儿教师的流动、流失与工资关系的研究. 教育与经济, (6): 59-65.

杜育红, 刘平, 杜屏. 2013. 中国教育行业工资水平的纵向分析(1978—2010). 教师教育研究, 25(4): 13-19.

费孝通. 2013. 江村经济(修订本). 上海: 上海人民出版社.

甘犁, 冯帅章. 2019. 以微观数据库建设助推中国经济学发展——第二届微观经济数据与经济学理论创新论坛综述. 经济研究, 54(4): 204-208.

何树虎, 邬志辉. 2021. 乡村教师职业吸引力的实证研究——基于"离"与"留"强意愿的对比. 教师教育研究, 33(1): 51-59.

何艳玲, 汪广龙. 2016. 中国转型秩序及其制度逻辑. 中国社会科学, (6): 47-65, 205.

胡艳, 郑新蓉. 2018. 1949—1976 年中国乡村教师的补充任用——基于口述史的研究. 北京师范大学学报(社会科学版), (4): 15-25.

黄斌, 程欢, 何沛芸, 等. 2021. 货币收入、工作条件与农村中小学教师换教与退教意愿——基于重庆、宁夏基线调查数据的实证研究. 教育与经济, 37(5): 77-88.

黄斌, 张琼文, 云如先. 2019. 货币性激励能提升中小学教师校际交流意愿吗?——基于7 省市 278 所学校的调查数据. 华东师范大学学报(教育科学版), 37(6): 94-108.

黄宗智. 2010. 中国的隐性农业革命. 北京: 法律出版社.

加布里埃尔·A. 阿尔蒙德, 小 G. 宾厄姆·鲍威尔. 2007. 比较政治学——体系, 过程和政策. 曹沛霖, 郑世平, 公婷, 等译. 北京: 东方出版社.

加里·S. 贝克尔. 2015a. 偏好的经济分析. 李杰, 王晓刚译. 上海: 格致出版社.

加里·S. 贝克尔. 2015b. 人类行为的经济分析. 王业宇, 陈琪译. 上海: 格致出版社.

姜超, 邬志辉. 2015. "县管校聘"教师人事制度改革的政策前提与风险. 四川师范大学学报(社会科学版), 42(6): 57-62.

姜金秋, 杜育红. 2014. 提高中小学教师工资水平的方案设计及可行性分析. 教育研究, 35(12): 54-60.

考希克·巴苏. 2016. 政策制定的艺术: 一位经济学家的从政感悟. 卓贤译. 北京: 中信出版社.

克利福德·格尔茨. 2014a. 地方知识: 阐释人类学论文集. 杨德睿译. 北京: 商务印书馆.

克利福德·格尔茨. 2014b. 文化的解释. 韩莉译. 南京: 译林出版社.

克利福德·格尔茨. 2016. 斯人斯世: 格尔茨遗文集. 甘会斌译. 上海: 上海人民出版社.

赖昀, 张学敏. 2020. 制度变迁视角下乡村教师供给困境的编制制度创新. 教育学报, 16(2): 97-108.

雷万鹏, 马红梅. 2019. 学生成绩对教师工资的影响. 北京大学教育评论, 17(4): 160-172, 188-189.

雷万鹏, 马红梅. 2020. 幼儿教师劳动力市场工资补偿——基于特征工资理论的实证研究. 教育研究, 41(9): 117-126.

雷万鹏, 马红梅. 2021. 学校区位特征与教师生活补助政策——基于消费补偿理论的视角. 教育研究, 42(9): 131-141.

雷万鹏, 马红梅. 2022. 基于学生成绩的教师教学质量及其经济价值. 华东师范大学学报(教育科学版), 40(3): 89-98.

雷万鹏, 王浩文. 2019. 真实情境中教师的差异化行为: S县"联校走教"政策十年观察. 华东师范大学学报(教育科学版), 37(4): 129-141.

李根, 葛新斌. 2014. 义务教育教师绩效工资政策执行困境及其突破. 教育发展研究, 33(4): 41-46.

李国强, 袁舒雯, 林耀. 2019. "县管校聘"跨校交流教师归属感问题研究. 教育发展研究, 39(2): 78-84.

李景汉. 2005. 定县社会概况调查. 上海: 上海人民出版社.

李静美. 2019. 农村教师定向培养政策的生源吸引力——基于对湖南省的调查研究. 高等教育研究, 40(1): 58-67.

李棉管, 岳经纶. 2020. 相对贫困与治理的长效机制: 从理论到政策. 社会学研究, 35(6): 67-90, 243.

李晓嘉, 蒋承. 2018. 农村减贫: 应该更关注人力资本还是社会资本? 经济科学, (5): 68-80.

李晓嘉. 2015. 教育能促进脱贫吗——基于CFPS农户数据的实证研究. 北京大学教育评论, 13(4): 110-122, 187.

林李月, 朱宇. 2014. 流动人口初职时间间隔及其影响因素的性别差异——基于生存分析的视角. 南方人口, 29(1): 39-46.

刘大伟. 2020. 教育改善贫困的证据: 基于微观社会调查的实证分析. 教育研究, 41(4): 115-124.

刘善槐, 李梦琢, 朱秀红. 2018. 乡村教师综合待遇的劳动定价、差异补偿与微观激励研究. 东北师大学报(哲学社会科学版), (4): 183-189.

刘善槐, 邬志辉, 史宁中. 2014. 我国农村学校教师编制测算模型研究. 教育研究, 35(5): 50-57, 64.

刘善槐, 朱秀红, 王爽. 2019. 乡村教师队伍稳定机制研究. 东北师大学报(哲学社会科学版), (4): 122-127.

刘小强. 2019. 教师资源空间分割下的农村教师地缘结构特征及影响机制研究. 教育与经济, (3): 73-77.

柳延恒. 2014. 从再次流动看新生代农民工职业流动方向: 水平、向下抑或向上——基于主动流动方式视角. 农业技术经济, (10): 29-37.

娄立志, 刘文文. 2016. 农村薄弱学校骨干教师的流失与应对. 教师教育研究, 28(2): 75-80.

卢丽珠. 2019. 法国"教育优先区"政策改革新探索. 比较教育研究, 41(9): 90-97.

陆铭. 2007. 劳动和人力资源经济学: 经济体制与公共政策. 上海: 上海人民出版社.

陆铭. 2013. 空间的力量: 地理、政治与城市发展. 上海: 格致出版社.

罗卓然. 2017. 职业流动对劳动者工资收入的影响研究. 中南财经政法大学硕士论文.

马红梅, 陈钰, 肖雨桐. 2020. 全球视域下学校信息化"数字鸿沟"及其对学生成绩的影响. 现代远程教育研究, 32(5), 86-94.

马红梅, 雷万鹏, 钱佳. 2018. 教师工作环境的经济价值: 基于地区经济地理特征的工资成本补偿. 华东师范大学学报(教育科学版), 36(5), 129-137, 170.

马红梅, 孙丹. 2019. 农村教师劳动力市场的本地人效应: 基于甘肃基础教育调查的证据. 教师教育研究, 31(3): 52-60.

马红梅, 钟宇平. 2019. 农村教师对"贫困"的经济价值评估及其公共财政学意义. 教育发展研究, 39(S2): 45-51, 62.

马红梅. 2021a. 公平而有质量的教学何以重要? 兼论森指数在教育领域中的应用. 教育研究与实验, (1): 47-54.

马红梅. 2021b. "艰苦边远地区津贴"的经济学分析及其对"乡村教师生活补助"政策的启示. 教师教育研究, 33(3): 97-103.

马红梅. 2021c. 农村教师工作环境的经济价值评估. 北京: 科学出版社.

马红梅. 2022. 解决相对贫困问题的教育财政补偿机制——基于特征价格理论的成本补偿策略. 国家教育行政学院学报, (5): 38-46.

马玉霞. 2012. 中学教师更看重哪些激励因素?——对河南郑州市451位中学教师的实证研究. 中小学管理, (4): 43-45.

蒙泽察, 郝文武, 洪松松, 等. 2020. 教育对精准扶贫的重要作用——西北连片特困地区农村经济与教育发展关系的实证分析. 华东师范大学学报(教育科学版), 38(12): 109-120.

骈茂林. 2019. 教育改革中的跨部门协调: 一个分析框架及其应用. 华东师范大学学报(教育科学版), 37(6): 137-148.

秦启光, 刘剑虹. 2023. "隐形差距"下乡村小规模学校的流动实践及师资困境纾解. 教育发展研究, 43(22): 21-30.

秦玉友. 2020. 中小学教师工资定价与多层供给设计. 教育与经济, 36(5): 45-51.

全世文. 2018. 教师交流轮岗制度的政策成本估算: 基于对河南省城镇教师的调查. 教育与经济, (5): 73-81.

任琳琳, 邬志辉. 2013. 国外实施"艰苦边远地区教师津补贴政策"状况分析. 比较教育研究, 35(3): 99-104.

沈伟, 汪明帅. 2021. 何以为师? 教研员的素质现状与提升途径. 中国电化教育, (5): 102-109.

沈伟, 王娟, 孙天慈. 2020. 逆境中的坚守: 乡村教师身份建构中的情感劳动与教育情怀. 教育发展研究, 40(S2): 54-62.

沈伟. 2020. 提升21世纪教师质量: 国际趋势与本土标准. 上海: 上海教育出版社.

司晓宏, 杨令平. 2015. 西部县域校长教师交流轮岗政策执行中的问题与对策. 教育研究, 36(8): 74-80.

斯蒂芬·鲍尔. 2011. 政治与教育政策制定——政策社会学探索. 王玉秋, 孙益译. 上海: 华东师范大学出版社.

唐·埃思里奇. 2007. 应用经济学研究方法论. 2版. 朱钢译. 北京: 经济科学出版社.

托马斯·C. 谢林. 2012. 微观动机与宏观行为. 谢静, 邓子梁, 李天有译. 北京: 中国人民大学出版社.

托马斯·R. 戴伊. 2011. 理解公共政策. 12版. 谢明译. 北京: 中国人民大学出版社.

王安全. 2011. 海原县农村中小学教师地缘结构变迁研究. 教育学报, 7(4): 94-100.

王洁, 宁波. 2018. 国际视域下上海教师工作时间与工作负担: 基于TALIS数据的实证研究. 教师教育研究, 30(6): 81-88.

王爽, 刘善槐. 2019. 乡村教师生活补助政策评估与优化——基于东中西部8省8县的调查分析. 华中师范大学学报(人文社会科学版), 58(4): 178-184.

王艳慧, 钱乐毅, 段福洲. 2013. 县级多维贫困度量及其空间分布格局研究——以连片特困区扶贫重点县为例. 地理科学, 33(12): 1489-1497.

邬志辉, 陈昌盛. 2018. 我国义务教育阶段教师编制供求矛盾及改革思路. 教育研究, 39(8): 88-100.

邬志辉, 李涛, 周兆海. 2012. 农村教师津补贴政策文本的计量分析——基于地方政府的政策文本. 中国教育学刊, (11): 9-14.

吴红斌, 马莉萍. 2015. 义务教育教师工资水平、结构与地区差异变化——基于对绩效工资改革前后的比较研究. 教师教育研究, 27(6): 59-65.

吴银银. 2021. "距城远近"会影响农村小规模学校发展吗——基于两所小学的叙事分析. 教育发展研究, 41(8): 54-60.

肖海燕, 彭虹斌. 2020. 英国中小学教师流失: 特征、原因及其应对策略. 比较教育研究, 42(4): 58-65, 74.

邢成举, 李小云. 2019. 相对贫困与新时代贫困治理机制的构建. 改革, (12): 16-25.

邢春冰. 2008. 换工作对收入水平和收入增长的影响. 南方经济, (11): 70-80.

邢戈, 张福明. 2010. 个体特征对大学毕业生初次就业在职时间影响的实证研究. 中国青年研究, (2): 90-93.

邢俊利, 葛新斌. 2018. 我国西部边远地区教师轮岗政策的执行困境与破解——基于西藏教师轮岗政策执行的调查分析. 教师教育研究, 30(6): 31-36.

许怀雪, 秦玉友. 2019. 政策工具视角下农村师资补充政策研究——基于 2001-2018 年农村师资补充政策文本的分析. 教师教育研究, 31(6): 26-32.

薛二勇. 2014. 提高我国教师待遇的政策分析. 北京师范大学学报(社会科学版), (4): 11-22.

薛正斌. 2021. 从史密斯模型反观乡村教师生活补助政策的偏差与矫正. 教师教育研究, 33(1): 45-50.

尹建锋. 2020. 城乡教师流动的空间正义及其实现. 教育研究, 41(1): 136-147.

詹姆斯·C. 斯科特. 2001. 农民的道义经济学: 东南亚的反叛与生存. 程立显, 刘建, 等译. 南京: 译林出版社.

詹姆斯·C. 斯科特. 2011. 国家的视角: 那些试图改善人类状况的项目是如何失败的. 王晓毅, 译. 北京: 社会科学文献出版社.

詹姆斯布·M. 布坎南. 2020. 民主财政论: 财政制度与个体选择. 刘凤芹, 陆文玥译. 北京: 中国人民大学出版社.

张楠, 马宝君, 孟庆国. 2019. 政策信息学: 大数据驱动的公共政策分析. 北京: 清华大学出版社.

张鹏飞, 徐继存. 2021. 落差与逃离: 县域高素质青年人才流动的质性研究——以高学历青年教师离职为例. 中国青年研究, (7): 5-14.

张世伟, 赵亮. 2009. 农村劳动力流动的影响因素分析——基于生存分析的视角. 中国人口·资源与环境, 19(4): 101-106.

张源源, 邬志辉. 2015. 我国农村青年教师的社会来源与职业定位研究——基于全国东中西 9 省 18 县的调查分析. 教师教育研究, 27(4): 40-45.

赵垣可, 刘善槐. 2019. 新中国 70 年农村教师政策的演变与审思——基于 1949—2019 年农村教师政策文本的分析. 西南大学学报(社会科学版), 45(5): 14-23.

赵垣可, 刘善槐. 2021. "县管校聘"管理改革推进中的问题分析及对策探讨. 中国电化教育，(11)：124-131.

赵忠平，秦玉友. 2016. 谁更想离开?——机会成本与义务教育教师流动意向的实证研究. 教育与经济，32(1)：53-62.

郑新蓉，孟雅琴，马瑶. 2019. 我国面向农村的教师援助现状及其成效分析. 河北师范大学学报(教育科学版)，21(6)：43-49.

中国教育科学研究院. 2018. 乡村教师队伍建设的成效与困难——一项基于中西部五省区乡村教师队伍的调查. 中国教育报，2018-07-10(8).

钟景迅，柳镁琴. 2023. 构建教师合理流动的退出机制——"县管校聘"实施的困境与突破. 教育研究，44(10)：137-144.

钟景迅，钱行. 2023. "县管校聘"政策实施困境及其优化——基于治理制度逻辑的审视. 教育发展研究，43(20)：27-36.

周钧. 2015. 农村学校教师流动及流失问题研究现状与发展趋势. 教师教育研究，27(1)：60-67.

周强，张全红. 2017. 中国家庭长期多维贫困状态转化及教育因素研究. 数量经济技术经济研究，34(4)：3-19.

周兆海，邬志辉. 2014. 工作量视角下义务教育教师编制标准研究——以农村小规模学校为例. 中国教育学刊，(9)：1-6.

朱菲菲，杜屏. 2016. 中小学教师流动意向的实证探析：基于全面薪酬理论视角. 教育学报，12(2)：89-98.

朱秀红，刘善槐. 2019. 乡村青年教师的流动意愿与稳定政策研究——基于个人-环境匹配理论的分析视角. 教育发展研究，39(20)：37-46.

C. 赖特·米尔斯. 2016. 社会学的想象力. 4版. 陈强，张永强译. 北京：生活·读书·新知三联书店.

J. M. 伍德里奇. 2003. 计量经济学导论：现代观点. 费剑平，林相森译. 北京：中国人民大学出版社.

Adnot M, Dee T, Katz V, et al. 2017. Teacher turnover, teacher quality, and student achievement in DCPS. Educational Evaluation and Policy Analysis, 39(1): 54-76.

Akerlof G A, Rose A K, Yellen J L, et al. 1988. Job switching and job satisfaction in the U. S labor market. Brookings Papers on Economic Activity, 19(2): 495-594.

Allen R, Burgess S, Mayo J. 2018. The teacher labour market, teacher turnover and disadvantaged schools: New evidence for England. Education Economics, 26(1): 4-23.

Asim S, Chimombo J, Chugunov D, et al. 2019. Moving teachers to Malawi's remote communities: A data-driven approach to teacher deployment. International Journal of Educational Development, 65(2): 26-43.

Ayaita A, Stürmer K. 2020. Risk aversion and the teaching profession: An analysis including different forms of risk aversion, different control groups, selection and socialization effects. Education Economics, 28(1): 4-25.

Bacolod M P. 2007. Who teaches and where they choose to teach: College graduates of the 1990s. Educational Evaluation and Policy Analysis, 29(3): 155-168.

Ball S J, Maguire M, Braun A. 2012. How schools do policy: Policy enactment in the secondary school. London: Routledge.

Ball S J. 1993. Education policy, power relations and teachers' work. British Journal of

Educational Studies, 41 (2)：106-121.

Ballou D, Podgursky M J. 1997. Teacher pay and teacher quality. Kalamazoo: W. E. Upjohn Institute for Employment Research.

Barbieri G, Rossetti C, Sestito P. 2011. The determinants of teacher mobility: Evidence using Italian teachers' transfer applications. Economics of Education Review, 30 (6)：1430-1444.

Bempah E O, Kaylen M S, Osburn D D, et al. 1994. An econometric analysis of teacher mobility. Economics of Education Review, 13 (1)：69-77.

Bénabou R, Kramarz F, Prost C. 2009. The French Zones D'éducation Prioritaire: Much ado about nothing? Economics of Education Review, 28 (3)：345-356.

Bertoni E, Elacqua G, Hincapié D, et al. 2023. Teachers' preferences for proximity and the implications for staffing schools: Evidence from Peru. Education Finance and Policy, 18 (2)：181-212.

Biasi B. & Sarsons H. 2022. Flexible wages, bargaining, and the gender gap. The Quarterly Journal of Economics, 137 (1)：215-266.

Billingsley B, Bettini E. 2019. Special education teacher attrition and retention: A review of the literature. Review of Educational Research, 89 (5)：697-744.

Boe E E, Cook L H, Sunderland R J. 2008. Teacher turnover: Examining exit attrition, teaching area transfer, and school migration. Exceptional Children, 75 (1)：7-31.

Bonesrønning H, Falch T, Strøm B. 2005. Teacher sorting, teacher quality, and student composition. European Economic Review, 49 (2)：457-483.

Borman G D, Dowling N M. 2008. Teacher attrition and retention: A meta-analytic and narrative review of the research. Review of Educational Research, 78 (3)：367-409.

Boyd D J, Grossman P L, Lankford H, et al. 2009. Teacher preparation and student achievement. Educational Evaluation and Policy Analysis, 31 (4)：416-440.

Boyd D J, Grossman P, Ing M, et al. 2011. The effectiveness and retention of teachers with prior career experience. Economics of Education Review, 30 (6)：1229-1241.

Boyd D J, Grossman P, Ing M, et al. 2011. The influence of school administrators on teacher retention decisions. American Educational Research Journal, 48 (2)：303-333.

Boyd D J, Grossman P, Lankford H, et al. 2008. Who leaves? The implications of teacher attrition for student achievement. Cambridge: National Bureau of Economic Research.

Boyd D J, Lankford H, Loeb S, et al. 2002. Initial matches, transfers, and quits: Career decisions and the disparities in average teacher qualifications across schools. New York: Education Finance Research Consortium.

Boyd D J, Lankford H, Loeb S, et al. 2005a. The draw of home: How teachers' preferences for proximity disadvantage urban schools. Journal of Policy Analysis and Management, 24 (1)：113-132.

Boyd D J, Lankford H, Loeb S, et al. 2005b. Explaining the short careers of high-achieving teachers in schools with low-performing students. American Economic Review, 95 (2)：166-171.

Boyd D J, Lankford H, Loeb S, et al. 2011. The effect of school neighborhoods on teachers' career decisions//Duncan G J, Murnane R J. Whither Opportunity?: Rising Inequality,

Schools, and Children's Life Chances. New York: Russell Sage Foundation Press: 377-396.

Boyd D J, Lankford H, Loeb S, et al. 2011. The role of teacher quality in retention and hiring: Using applications to transfer to uncover preferences of teachers and schools. Journal of Policy Analysis and Management, 30 (1): 88-110.

Boyd D J, Lankford H, Loeb S, et al. 2013. Analyzing the determinants of the matching of public school teachers to jobs: Disentangling the preferences of teachers and employers. Journal of Labor Economics, 31 (1): 83-117.

Brehm M, Imberman S A, Lovenheim M F. 2017. Achievement effects of individual performance incentives in a teacher merit pay tournament. Labour Economics, 44 (1): 133-150.

Brewer D J. 1996. Career paths and quit decisions: Evidence from teaching. Journal of Labor Economics, 14 (2): 313-339.

Britton J, Propper C. 2016. Teacher pay and school productivity: Exploiting wage regulation. Journal of Public Economics, 133: 75-89.

Brown C C. 1980. Equalizing differences in the labor market. The Quarterly Journal of Economics, 94 (1): 113-134.

Brunner E J, Imazeki J. 2010. Probation length and teacher salaries: Does waiting pay off? Industrial and Labor Relations Review, 64 (1): 164-180.

Buckley J, Schneider M, Shang Y. 2005. Fix it and they might stay: School facility quality and teacher retention in Washington, D. C. Teachers College Record: The Voice of Scholarship in Education, 107 (5): 1107-1123.

Burgess S, Greaves E, Murphy R. 2022. Deregulating teacher labor markets. Economics of Education Review, 88: 102253.

Cabrera J M, Webbink D. 2020. Do higher salaries yield better teachers and better student outcomes? Journal of Human Resources, 55 (4): 1222-1257.

Camelo R, Ponczek V. 2021. Teacher turnover and financial incentives in underprivileged schools: Evidence from a compensation policy in a developing country. Economics of Education Review, 80: 102067.

Carson R T, Hanemann W M. 2005. Contingent valuation//Dasgupta P, Pattanayak S K, Smith V K. Handbook of Environmental Economics. North-Holland: Elsevier: 821-936.

Castro-Zarzur R, Espinoza R, Sarzosa M. 2022. Unintended consequences of free college: Self-selection into the teaching profession. Economics of Education Review, 89: 102260.

Chambers J G, Fowler Jr W J. 1995. Public school teacher cost differences across the United States. Washington: National Center for Education Statistics.

Chambers J G, Levin J D, Shambaugh L. 2010. Exploring weighted student formulas as a policy for improving equity for distributing resources to schools: A case study of two California school districts. Economics of Education Review, 29 (2): 283-300.

Chambers J G. 1980. The development of a cost of education index: Some empirical estimates and policy issues. Journal of Education Finance, 5 (3): 262-281.

Chambers J G. 1981. The hedonic wage technique as a tool for estimating the costs of school personnel: A theoretical exposition with implications for empirical analysis. Journal of Education Finance, 6(3): 330-354.

Chambers J G. 1999. Patterns of variation in the salaries of school personnel: What goes on behind the cost index numbers?. Journal of Education Finance, 25(2): 255-280.

Chambers J G. 2010. Compensating differentials in teacher labor markets//Peterson P, Baker E, McGaw B. International Encyclopedia of Education. Amsterdam: Elsevier: 465-472.

Charters Jr W W. 1970. Some factors affecting teacher survival in school districts. American Educational Research Journal, 7(1): 1-27.

Chetty R, Friedman J N, Rockoff J E. 2014a. Measuring the impacts of teachers I: Evaluating bias in teacher value-added estimates. American Economic Review, 104(9): 2593-2632.

Chetty R, Friedman J N, Rockoff J E. 2014b. Measuring the impacts of teachers II: Teacher value-added and student outcomes in adulthood. American Economic Review, 104(9): 2633-2679.

Clotfelter C T, Glennie E J, Ladd H F, et al. 2008a. Teacher bonuses and teacher retention in low-performing schools: Evidence from the North Carolina $1, 800 teacher bonus program. Public Finance Review, 36(1): 63-87.

Clotfelter C T, Glennie E J, Ladd H F, et al. 2008b. Would higher salaries keep teachers in high-poverty schools? Evidence from a policy intervention in North Carolina. Journal of Public Economics, 92(5/6): 1352-1370.

Clotfelter C T, Ladd H F, Vigdor J L, et al. 2007. High-poverty schools and the distribution of teachers and principals. North Carolina Law Review, 85(5): 1345-1380.

Clotfelter C T, Ladd H F, Vigdor J L. 2011. Teacher mobility, school segregation, and pay-based policies to level the playing field. Education Finance and Policy, 6(3): 399-438.

Cook J A. 2018. Student demographics, school working conditions, and teacher mobility. Applied Economics Letters, 25(21): 1499-1506.

Cowan J, Goldhaber D. 2018. Do bonuses affect teacher staffing and student achievement in high poverty schools? Evidence from an incentive for National Board Certified teachers in Washington state. Economics of Education Review, 65: 138-152.

Crawfurd L, Pugatch T. 2021. Teacher labor markets in developing countries//McCall B P. The Routledge Handbook of the Economics of Education. London: Routledge: 193-217.

Dal Bó E, Finan F, Rossi M A. 2013. Strengthening state capabilities: The role of financial incentives in the call to public service. The Quarterly Journal of Economics, 128(3): 1169-1218.

de Ree J, Muralidharan K, Pradhan M, et al. 2018. Double for nothing? Experimental evidence on an unconditional teacher salary increase in Indonesia. The Quarterly Journal of Economics, 133(2): 993-1039.

Dee T S, James J, Wyckoff J. 2021. Is effective teacher evaluation sustainable? Evidence from district of Columbia public schools. Education Finance and Policy, 16(2):

313-346.

Dee T S, Wyckoff J. 2015. Incentives, selection, and teacher performance: Evidence from IMPACT. Journal of Policy Analysis and Management, 34 (2): 267-297.

Dolton P J, Marcenaro-Gutierrez O D. 2011. If you pay peanuts do you get monkeys? A cross-country analysis of teacher pay and pupil performance. Economic Policy, 26 (1): 5-55.

Dolton P J, van der Klaauw W. 1995. Leaving teaching in the UK: A duration analysis. The Economic Journal, 105 (2): 431-444.

Dolton P J, van der Klaauw W. 1999. The turnover of teachers: A competing risks explanation. The Review of Economics and Statistics, 81 (3): 543-550.

Dolton P J. 1990. The economics of UK teacher supply: The graduate's decision. The Economic Journal, 100 (2): 91-104.

Dolton P J. 2006. Teacher supply//Hanushek E A, Welch F. Handbook of the Economics of Education. Amsterdam: Elsevier: 1079-1161.

Drèze J, Sen A. 2013. An Uncertain Glory: India and its Contradictions. Princeton: Princeton University Press.

Eberts R W, Stone J A. 1985. Wages, fringe benefits, and working conditions: An analysis of compensating differentials. Southern Economic Journal, 52 (1): 274-280.

Elacqua G, Hincapie D, Hincapie I, et al. 2022. Can financial incentives help disadvantaged schools to attract and retain high-performing teachers? Evidence from Chile. Journal of Policy Analysis and Management, 41 (2): 603-631.

Eriksson T, Kristensen N. 2014. Wages or fringes? Some evidence on trade-offs and sorting. Journal of Labor Economics, 32 (4): 899-928.

Evans D K, Acosta A M. 2023. How to recruit teachers for hard-to-staff schools: A systematic review of evidence from low- and middle-income countries. Economics of Education Review, 95: 102430.

Falch T, Johansen K, Strøm B. 2009. Teacher shortages and the business cycle. Labour Economics, 16 (6): 648-658.

Falch T, Rønning M. 2007. The influence of student achievement on teacher turnover. Education Economics, 15 (2): 177-202.

Falch T, Strøm B. 2005. Teacher turnover and non-pecuniary factors. Economics of Education Review, 24 (6): 611-631.

Falch T. 2010. The elasticity of labor supply at the establishment level. Journal of Labor Economics, 28 (2): 237-266.

Falch T. 2011. Teacher mobility responses to wage changes: Evidence from a quasi-natural experiment. The American Economic Review: Papers and Procedings, 101 (3): 460-465.

Feng L, Sass T R. 2017. Teacher quality and teacher mobility. Education Finance and Policy, 12 (3): 396-418.

Feng L, Sass T R. 2018. The impact of incentives to recruit and retain teachers in "hard-to-staff" subjects. Journal of Policy Analysis and Management, 37 (1): 112-135.

Feng L. 2006. Combating teacher shortages: Who leaves, who moves, and why. Tallahassee:

Florida State University.

Feng L. 2009. Opportunity wages, classroom characteristics, and teacher mobility. Southern Economic Journal, 75(4): 1165-1190.

Feng L. 2010. Hire today, gone tomorrow: New teacher classroom assignments and teacher mobility. Education Finance and Policy, 5(3): 278-316.

Feng L. 2014. Teacher placement, mobility, and occupational choices after teaching. Education Economics, 22(1): 24-47.

Feng L. 2020. Compensating differentials in teacher labor markets//Bradley S, Green C. The economics of education: A comprehensive overview. 2nd ed. New York: Academic Press: 415-430.

Figlio D N, Karbownik K, Salvanes K G. 2016. Education research and administrative data//Hanushek E A, Machin S, Woessmann L. Handbook of the Economics of Education. Amsterdam: Elsevier: 75-138.

Figlio D N, Karbownik K, Salvanes K G. 2017. The promise of administrative data in education research. Education Finance and Policy, 12(2): 129-136.

Figlio D N. 1997. Teacher salaries and teacher quality. Economics Letters, 55(2): 267-271.

Figlio D N. 2002. Can public schools buy better-qualified teachers?. Industrial and Labor Relations Review, 55(4): 686-699.

Filiz E S. 2017. The effect of unemployment insurance generosity on unemployment duration and labor market transitions. Labour, 31(4): 369-393.

Fowler R C. 2003. The Massachusetts signing bonus program for new teachers: A model of teacher preparation worth copying?. Education Policy Analysis Archives, 11(13): 1-24.

Freudenberger H J. 1974. Staff burn-out. Journal of Social Issues, 30(1): 159-165.

Fulbeck E S. 2014. Teacher mobility and financial incentives: A descriptive analysis of Denver's ProComp. Educational Evaluation and Policy Analysis, 36(1): 67-82.

Geiger T, Pivovarova M. 2018. The effects of working conditions on teacher retention. Teachers and Teaching, 24(6): 604-625.

Glewwe P, Ilias N, Kremer M. 2010. Teacher incentives. American Economic Journal: Applied Economics, 2(3): 205-227.

Goldhaber D D, Brewer D J, Anderson D. 1999. A three-way error components analysis of educational productivity. Education Economics, 7(3): 199-208.

Goldhaber D D, Destler K, Player D. 2010. Teacher labor markets and the perils of using hedonics to estimate compensating differentials in the public sector. Economics of Education Review, 29(1): 1-17.

Goldhaber D D, Gross B, Player D. 2011. Teacher career paths, teacher quality, and persistence in the classroom: Are public schools keeping their best? Journal of Policy Analysis and Management, 30(1): 57-87.

Goldhaber D D, Krieg J, Theobald R. 2014. Knocking on the door to the teaching profession? Modeling the entry of prospective teachers into the workforce. Economics of Education Review, 43: 106-124.

Goyal S, Pandey P. 2013. Contract teachers in India. Education Economics, 21(5): 464-484.

Gray J, Beresford Q. 2008. A "formidable challenge": Australia's quest for equity in indigenous education. Australian Journal of Education, 52 (2): 197-223.

Greenberg D, McCall J. 1974. Teacher mobility and allocation. The Journal of Human Resources, 9 (4): 480-502.

Grissom J A, Loeb S, Nakashima N A. 2014. Strategic involuntary teacher transfers and teacher performance: Examining equity and efficiency. Journal of Policy Analysis and Management, 33 (1): 112-140.

Grissom J A, Viano S L, Selin J L. 2016. Understanding employee turnover in the public sector: Insights from research on teacher mobility. Public Administration Review, 76 (2): 241-251.

Gritz R M, Theobald N D. 1996. The effects of school district spending priorities on length of stay in teaching. The Journal of Human Resources, 31 (3): 477-512.

Groes F, Kircher P, Manovskii I. 2015. The U-shapes of occupational mobility. The Review of Economic Studies, 82 (2): 659-692.

Guarino C M, Santibañez L, Daley G A. 2006. Teacher recruitment and retention: A review of the recent empirical literature. Review of Educational Research, 76 (2): 173-208.

Han L, Xie J X. 2020. Can conditional grants attract better students? Evidence from Chinese teachers' colleges. Economics of Education Review, 78: 102034.

Han L. 2013. Is centralized teacher deployment more equitable?. Evidence from rural China. China Economic Review, 24 (1): 65-76.

Hanson S, Pratt G. 1992. Dynamic dependencies: A geographic investigation of local labor markets. Economic Geography, 68 (4): 373-405.

Hanushek E A, Kain J F, Rivkin S G. 2004a. The revolving door: A path-breaking study of teachers in Texas reveals that working conditions matter more than salary. Education Next, 4 (1): 76-82.

Hanushek E A, Kain J F, Rivkin S G. 2004b. Why public schools lose teachers?. The Journal of Human Resources, 39 (2): 326-354.

Hanushek E A, Pace R R. 1995. Who chooses to teach (and why)?. Economics of Education Review, 14 (2): 101-117.

Hanushek E A, Piopiunik M, Wiederhold S. 2019. The value of smarter teachers: International evidence on teacher cognitive skills and student performance. Journal of Human Resources, 54 (4): 857-899.

Hanushek E A, Rivkin S G. 2006. Teacher quality//Hanushek E A, Welch F. Handbook of the Economics of Education. Amsterdam: Elsevier: 1051-1078.

Hanushek E A, Rivkin S G. 2007. Pay, working conditions and teacher quality. The Future of Children, 17 (1): 69-86.

Hanushek E A, Rivkin S G. 2012. The distribution of teacher quality and implications for policy. Annual Review of Economics, 4 (1): 131-157.

Hanushek E A. 2011a. The economic value of higher teacher quality. Economics of Education Review, 30 (3): 466-479.

Hanushek E A. 2011b. Valuing teachers: How much is a good teacher worth?. Education Next, 11 (3): 41-45.

Hanushek E A. 2014a. Boosting teacher effectiveness//Finn Jr C E, Sousa R. What Lies Ahead for America's Children and Their Schools. Stanford: Hoover Institution Press: 23-35.

Hanushek E A. 2014b. Is location fate? Distributional aspects of schooling//Ingram G K, Kenyon D A. Education, Land, and Location. Cambridge: Lincoln Institute of Land Policy: 25-61.

Harris D C. 2006. Lowering the bar or moving the target: A wage decomposition of Michigan's charter and traditional public school teachers. Educational Administration Quarterly, 42(3): 424-460.

Hendricks M D. 2015. Towards an optimal teacher salary schedule: Designing base salary to attract and retain effective teachers. Economics of Education Review, 47: 143-167.

Hensvik L. 2012. Competition, wages and teacher sorting: Lessons learned from a voucher reform. The Economic Journal, 122(4): 799-824.

Hofmarcher T. 2021. The effect of education on poverty: A European perspective. Economics of Education Review, 83: 102124.

Holme J J, Jabbar H, Germain E, et al. 2018. Rethinking teacher turnover: Longitudinal measures of instability in schools. Educational Researcher, 47(1): 62-75.

Horng E L. 2009. Teacher tradeoffs: Disentangling teachers'preferences for working conditions and student demographics. American Educational Research Journal, 46(3): 690-717.

ILO. 1991. Teachers in developing countries: A survey of employment conditions. Geneva: International Labour Office.

Imazeki J. 2008. Attracting and retaining teachers in high-need schools: Do financial incentives make financial sense?. San Diego: San Diego State University.

Imberman S A, Lovenheim M F. 2014. Incentive strength and teacher productivity: Evidence from a group-based teacher incentive pay system. The Review of Economics and Statistics, 97(2): 364-386.

Ingersoll R M. 2001. Teacher turnover and teacher shortages: An organizational analysis. American Educational Research Journal, 38(3): 499-534.

Jabbar H, Cannata M, Germain E, et al. 2020. It's who you know: The role of social networks in a changing labor market. American Educational Research Journal, 57(4): 1485-1524.

Jaramillo M. 2012. The spatial geography of teacher labor markets: Evidence from a developing country. Economics of Education Review, 31(6): 984-995.

Jayachandran S. 2014. Incentives to teach badly: After-school tutoring in developing countries. Journal of Development Economics, 108: 190-205.

Jones M D. 2013. Teacher behavior under performance pay incentives. Economics of Education Review, 37: 148-164.

Jovanovic B. 1979. Job matching and the theory of turnover. Journal of Political Economy, 87(5): 972-990.

Karbownik K. 2020. The effects of student composition on teacher turnover: Evidence from an admission reform. Economics of Education Review, 75: 101960.

Kelchtermans G. 2017. 'Should I stay or should I go?': Unpacking teacher attrition/retention as an educational issue. Teachers and Teaching, 23(8): 961-977.

Kelly P J, Lim L L. 2000. Survival analysis for recurrent event data: An application to childhood infectious diseases. Statistics in Medicine, 19(1): 13-33.

Kersaint G, Lewis J, Potter R, et al. 2007. Why teachers leave: Factors that influence retention and resignation. Teaching and Teacher Education, 23(6): 775-794.

Khan A Q, Khwaja A I, Olken B A. 2019. Making moves matter: Experimental evidence on incentivizing bureaucrats through performance-based postings. American Economic Review, 109(1): 237-270.

Kolbe T, Strunk K O. 2012. Economic incentives as a strategy for responding to teacher staffing problems: A typology of policies and practices. Educational Administration Quarterly, 48(5): 779-813.

Kukla-Acevedo S. 2009. Leavers, movers, and stayers: The role of workplace conditions in teacher mobility decisions. The Journal of Educational Research, 102(6): 443-452.

Ladd H F. 2007. Teacher labor markets in developed countries. The Future of Children, 17(1): 201-217.

Ladd H F. 2011. Teachers'perceptions of their working conditions: How predictive of planned and actual teacher movement?. Educational Evaluation and Policy Analysis, 33(2): 235-261.

Lankford H, Loeb S, Wyckoff J. 2002. Teacher sorting and the plight of urban schools: A descriptive analysis. Educational Evaluation and Policy Analysis, 24(1): 37-62.

Lavy V. 2002. Evaluating the effect of teachers'group performance incentives on pupil achievement. Journal of Political Economy, 110(6): 1286-1317.

Lavy V. 2007. Using performance-based pay to improve the quality of teachers. The Future of Children, 17(1): 87-109.

Lavy V. 2009. Performance pay and teachers'effort, productivity, and grading ethics. American Economic Review, 99(5): 1979-2011.

Lavy V. 2020. Teachers'pay for performance in the long-run: The dynamic pattern of treatment effects on students'educational and labour market outcomes in adulthood. Review of Economic Studies, 87(5): 2322-2355.

Lazareva O, Zakharov A. 2020. Teacher wages and educational outcomes: Evidence from the Russian school system. Education Economics, 28(4): 418-436.

Lazear E P, Gibbs M. 2015. Personnel economics in practice. 3rd ed. Hoboken: John Wiley and Sons.

Le Barbanchon T, Rathelot R, Roulet A. 2020. Gender differences in job search: Trading off commute against wage. The Quarterly Journal of Economics, 136(1): 381-426.

Levin H M. 1985. Solving the shortage of mathematics and science teachers. Educational Evaluation and Policy Analysis, 7(4): 371-382.

Levinson A M. 1988. Reexamining teacher preferences and compensating wages. Economics of Education Review, 7(3): 357-364.

Lillard L A. 1993. Simultaneous equations for hazards: Marriage duration and fertility timing. Journal of Econometrics, 56(1/2): 189-217.

Liu J. 2021. Exploring teacher attrition in urban China through interplay of wages and well-being. Education and Urban Society, 53 (7) : 807-830.

Loeb S, Darling-Hammond L, Luczak J. 2005. How teaching conditions predict teacher turnover in California schools. Peabody Journal of Education, 80 (3) : 44-70.

Loeb S, Myung J. 2010. Economic approaches to teacher recruitment and retention//Peterson P, Baker E, McGaw B. International Encyclopedia of Education. Amsterdam: Elsevier: 473-480.

Loeb S, Page M E. 2000. Examining the link between teacher wages and student outcomes: The importance of alternative labor market opportunities and non-pecuniary variation. Review of Economics and Statistics, 82 (3) : 393-408.

Lucas R E B. 1977. Hedonic wage equations and psychic wages in the returns to schooling. The American Economic Review, 67 (4) : 549-558.

Mabeya M T, Gikuhi M, Anyona N J. 2019. Influence of working conditions on teacher attrition in public secondary schools in Uasin Gishu County, Kenya. European Journal of Education Studies, 6 (5) : 87-102.

Macdonald D. 1999. Teacher attrition: A review of literature. Teaching and Teacher Education, 15 (8) : 835-848.

Mangan J, Trendle B. 2017. Attrition and retention of apprentices: An exploration of event history data using a multi-state modelling framework. Education Economics, 25 (4) : 406-417.

Martin S M. 2010. Are public school teacher salaries paid compensating wage differentials for student racial and ethnic characteristics?. Education Economics, 18 (3) : 349-370.

Mbiti I, Romero M, Schipper Y. 2023. Designing effective teacher performance pay programs: Experimental evidence from Tanzania. The Economic Journal, 133 (5) : 1968-2000.

McDonnell L M, Elmore R F. 1987. Getting the job done: Alternative policy instruments. Educational Evaluation and Policy Analysis, 9 (2) : 133-152.

McEwan P J. 1999. Recruitment of rural teachers in developing countries: An economic analysis. Teaching and Teacher Education, 15 (8) : 849-859.

Miller L C. 2012. Situating the rural teacher labor market in the broader context: A descriptive analysis of the market dynamics in New York State. Journal of Research in Rural Education, 27 (13) : 1-31.

Mitani H, Fuller E J, Hollingworth L. 2022. Attrition and turnover among beginning teachers in Texas by preparation program. Teachers College Record: The Voice of Scholarship in Education, 124 (4) : 3-34.

Mont D, Rees D I. 1996. The influence of classroom characteristics on high school teacher turnover. Economic Inquiry, 34 (1) : 152-167.

Moretti E. 2011. Local labor markets//Orley A C, David C. Handbook of labor economics. Amsterdam: Elsevier: 1237-1313.

Murnane R J. 1981. Teacher mobility revisited. The Journal of Human Resources, 16 (1) : 3-19.

Murnane R J, Cohen D K. 1986. Merit pay and the evaluation problem: Why most merit pay plans fail and a few survive. Harvard Educational Review, 56 (1): 1-18.

Murnane R J, Olsen R J. 1989. The effect of salaries and opportunity costs on duration in teaching: Evidence from Michigan. The Review of Economics and Statistics, 71 (2): 347-352.

Murnane R J, Olsen R J. 1990. The effects of salaries and opportunity costs on length of stay in teaching: Evidence from North Carolina. The Journal of Human Resources, 25 (1): 106-124.

Murnane R J, Singer J D, Willett J B. 1989. The influences of salaries and "opportunity costs" on teachers'career choices: Evidence from North Carolina. Harvard Educational Review, 59 (3): 325-347.

Murnane R J, Steele J L. 2007. What is the problem? The challenge of providing effective teachers for all children. The Future of Children, 17 (1): 15-43.

Nagler M, Piopiunik M, West M R. 2020. Weak markets, strong teachers: Recession at career start and teacher effectiveness. Journal of Labor Economics, 38 (2): 453-500.

Nguyen T D, Pham L D, Crouch M, et al. 2020. The correlates of teacher turnover: An updated and expanded Meta-analysis of the literature. Educational Research Review, 31: 100355.

OECD. 2005. Teachers matter: Attracting, developing and retaining effective teachers. Paris: OECD Publishing.

OECD. 2018. Effective teacher policies: Insights from PISA. Paris: OECD Publishing.

Ondrich J, Pas E, Yinger J. 2008. The determinants of teacher attrition in upstate New York. Public Finance Review, 36 (1): 112-144.

Pendola A, Fuller E J. 2018. Principal stability and the rural divide. Journal of Research in Rural Education, 34 (1): 1-20.

Perryman J, Calvert G. 2020. What motivates people to teach, and why do they leave? Accountability, performativity and teacher retention. British Journal of Educational Studies, 68 (1): 3-23.

Player D, Youngs P, Perrone F, et al. 2017. How principal leadership and person-job fit are associated with teacher mobility and attrition. Teaching and Teacher Education, 57 (7): 330-339.

Player D. 2009. Monetary returns to academic ability in the public teacher labor market. Economics of Education Review, 28 (2): 277-285.

Podgursky M J, Springer M G. 2007. Teacher performance pay: A review. Journal of Policy Analysis and Management, 26 (4): 909-950.

Podgursky M J. 2003. Fringe benefits: There's more to compensation than a teacher's salary. Education Next, 3 (3): 71-76.

Pope N G, Zuo G W. 2023. Suspending suspensions: The education production consequences of school suspension policies. The Economic Journal, 133 (5): 2025-2054.

Prost C. 2013. Teacher mobility: Can financial incentives help disadvantaged schools to retain their teachers? Annals of Economics and Statistics, (111/112): 171-191.

Protik A, Glazerman S, Bruch J, et al. 2015. Staffing a low-performing school: Behavioral responses to selective teacher transfer incentives. Education Finance and Policy, 10 (4):

573-610.

Pugatch T, Schroeder E. 2014. Incentives for teacher relocation: Evidence from the Gambian hardship allowance. Economics of Education Review, 41: 120-136.

Pugatch T, Schroeder E. 2018. Teacher pay and student performance: Evidence from the Gambian hardship allowance. Journal of Development Effectiveness, 10(2): 249-276.

Rangel V S. 2018. A Review of the Literature on Principal Turnover. Review of Educational Research, 88(1): 87-124.

Raywid M A. 1985. Family choice arrangements in public schools: A review of the literature. Review of Educational Research, 55(4): 435-467.

Redding C, Henry G T. 2019. Leaving school early: An examination of novice teachers'within-and end-of-year turnover. American Educational Research Journal, 56(1): 204-236.

Reininger M. 2012. Hometown disadvantage? It depends on where you're from: Teachers' location preferences and the implications for staffing schools. Educational Evaluation and Policy Analysis, 34(2): 127-145.

Richardson P W, Watt H M G. 2006. Who chooses teaching and why? Profiling characteristics and motivations across three Australian universities. Asia-Pacific Journal of Teacher Education, 34(1): 27-56.

Ronfeldt M, Loeb S, Wyckoff J. 2013. How teacher turnover harms student achievement. American Educational Research Journal, 50(1): 4-36.

Rosen S. 1972. Learning and experience in the labor market. The Journal of Human Resources, 7(3): 326-342.

Rosen S. 1986. The theory of equalizing differences//Ashenfelter O C, Layard R. Handbook of Labor Economics. Amsterdam: Elsevier: 641-692.

Rothstein J M. 2010. Teacher quality in educational production: Tracking, decay, and student achievement. The Quarterly Journal of Economics, 125(1): 175-214.

Rumberger R W. 1987. The impact of salary differentials on teacher shortages and turnover: The case of mathematics and science teachers. Economics of Education Review, 6(4): 389-399.

Sattinger M. 1993. Assignment models of the distribution of earnings. Journal of Economic Literature, 31(2): 831-880.

Scafidi B, Sjoquist D L, Stinebrickner T R. 2007. Race, poverty, and teacher mobility. Economics of Education Review, 26(2): 145-159.

Schaufeli W B, Bakker A B, Salanova M. 2006. The measurement of work engagement with a short questionnaire: A cross-national study. Educational and Psychological Measurement, 66(4): 701-716.

Schultz T W. 1961. Investment in human capital. American Economic Review, 51(1): 1-17.

Shifrer D, Turley R L, Heard H. 2017. Do teacher financial awards improve teacher retention and student achievement in an urban disadvantaged school district? American Educational Research Journal, 54(6): 1117-1153.

Sicherman N, Galor O. 1990. A theory of career mobility. Journal of Political Economy, 98(1): 169-192.

Smith T B. 1973. The policy implementation process. Policy Sciences, 4(2): 197-209.

Sorensen L C, Holt S B. 2021. Sorting it out: The effects of charter expansion on teacher and student composition at traditional public schools. Economics of Education Review, 82: 102095.

Speakman R, Welch F. 2006. Using wages to infer school quality//Hanushek E A, Welch F. Handbook of the Economics of Education. Amsterdam: Elsevier: 813-864.

Springer M G, Swain W A, Rodriguez L A. 2016. Effective teacher retention bonuses: Evidence from Tennessee. Educational Evaluation and Policy Analysis, 38(2): 199-221.

Staiger D O, Rockoff J E. 2010. Searching for effective teachers with imperfect information. Journal of Economic Perspectives, 24(3): 97-118.

Steele J L, Murnane R J, Willett J B. 2010. Do financial incentives help low-performing schools attract and keep academically talented teachers?. Evidence from California. Journal of Policy Analysis and Management, 29(3): 451-478.

Steele J L, Pepper M J, Springer M G, et al. 2015. The distribution and mobility of effective teachers: Evidence from a large, urban school district. Economics of Education Review, 48: 86-101.

Stinebrickner T R. 1999. Estimation of a duration moodel in the presence of missing data. Review of Economics and Statistics, 3, 529-542.

Stinebrickner T R. 2001. Compensation policies and teacher decisions. International Economic Review, 42(3): 751-780.

Stinebrickner T R. 2002. An analysis of occupational change and departure from the labor force: Evidence of the reasons that teachers leave. The Journal of Human Resources, 37(1): 192-216.

Stock W A, Carriere D. 2021. Special education funding and teacher turnover. Education Economics, 29(5): 443-460.

Strøm B, Falch T. 2020. The role of teacher quality in education production//Bradley S, Green C. The Economics of Education: A Comprehensive Overeview. 2nd ed. New York: Academic Press: 307-319.

Swain W A, Rodriguez L A, Springer M G. 2019. Selective retention bonuses for highly effective teachers in high poverty schools: Evidence from Tennessee. Economics of Education Review, 68: 148-160.

Theobald N D, Gritz R M. 1996. The effects of school district spending priorities on the exit paths of beginning teachers leaving the district. Economics of Education Review, 15(1): 11-22.

Tobler W R. 1979. Cellular geography//Gale S, Olsson G. Philosophy in Geography. Dordrecht: Reidel: 379-386.

Vagi R, Pivovarova M. 2017. "Theorizing teacher mobility": A critical review of literature. Teachers and Teaching, 23(7): 781-793.

van der Veen R. 2004. Basic income versus wage subsidies: Competing instruments in an optimal tax model with a maximin objective. Economics and Philosophy, 20(1): 147-183.

Vandenberghe V. 2000. Leaving teaching in the French-speaking community of Belgium: A duration analysis. Education Economics, 8(3): 221-239.

Vegas E. 2007. Teacher labor markets in developing countries. The Future of Children, 17(1): 219-232.

Wei Y, Zhou S. 2019. Are better teachers more likely to move? Examining teacher mobility in rural China. The Asia-Pacific Education Researcher, 28(2): 171-179.

White P, Gorard S, See B H. 2006. What are the problems with teacher supply? Teaching and Teacher Education, 22(3): 315-326.

Winters J V. 2011. Teacher salaries and teacher unions: A spatial econometric approach. Industrial and Labor Relations Review, 64(4): 747-764.

Wooldridge J M. 2013. Introductory Econometrics: A Modern Approach. 5th ed. Stanford: Cengage Learning.

Wooldridge J M, Imbens G. 2009. Recent developments in the econometrics of program evaluation. Journal of Economic Literature, 47(1): 5-86.

Wu S Q. 2012. Using an Integrated Economic and Organizational Approach to Understand New Teacher Mobility, Attrition and Retention. Honolulu: University of Hawaii at Manoa.

You S, Conley S. 2015. Workplace predictors of secondary school teachers'intention to leave. Educational Management Administration and Leadership, 43(4): 561-581.

后　记

"普通人所直接了解及努力完成之事总是由他个人生活的轨道界定；他们的视野和权利要受工作、家庭与邻里的具体背景的限制；处于其他环境时，他们则成了旁观者，间接感受他人。"（C. 赖特·米尔斯，2013）我关注中小学教师的职业生活同样与本人经历有关。我在鄂西北偏远山村度过童年，受益于诸多淳朴的优异良师，也见证过他们中的部分人的职业变迁，当时的幼小心灵中随他们的离去而起伏过。

我对教师流动问题的关注始于小学三年级。小学阶段的我经历过临时代课教师授课、习惯了的教师调到乡镇、更换任课教师、教学点合并等事件，经常不舍地送别一些教师，然后重新适应一些新教师。我和同学们甚至还用故意捣乱的方式抗议新来的老师。"长大后就成了你"的我现在才能理解自己当时那些幼稚行为，我在内心里对这些老师深表歉疚。

在 10 年的湖北及周边省份实地调研中，我接触到很多数十年如一日地为偏远农村及其他类型的欠发达地区孩子默默奉献的好教师，被他们的事迹感动。我回顾自己在择业过程中所浮现出的"普通人"心理，坚定地认为自己做不到像他们那样的伟岸！这样一来，偏远农村等相对贫困地区学校的教师不仅仅是本书研究问题所依赖的对象，更是我在人生旅途中认识自我、反省自身的参照，我借助他们来投射自己的心理活动。本书基于教师职业生活中的工作单位变动的行为和心理现象，还原作为普通人的教师是如何做职业选择的，尝试讲述"激励教师—发展教育—振兴乡村"逻辑链条上的一个小故事。

从萌生写这本书的念头到书稿完成，我从懵懂无畏的青年人变成了认清现实的中年人。人到"不惑之年"，却"惑"得前所未有。本书是在我职业发展停滞时期徘徊的印记——用写书的方式去自我消化工作和生活中的诸多习得性无助，以此重新寻找意义和出口。虽然艰难但我依然负重前行。正如克利福德·格尔茨（2016）所言，"无论怎样，这些断定和否定、承诺和反承诺的年月，我……试图保持自己的平衡，记得我是谁，继续做我在一切都松动之前已着手的无论何事"。

此书受益于诸多良师益友以及家人，在此聊表谢意。

　　感谢雷万鹏教授在我彷徨和迷茫时所给予的指引，每次随雷老师去实地调研都能深化我对真实教育生态的认识。本书所用的部分数据来自雷老师主持的项目所集成的珍贵资料。感谢范先佐教授给予我的专业引领和持久鼓励。依然记得刚来华中师范大学工作不久，我去听范老师讲他关于教师成本补偿研究的故事；常想起刚入职那会儿，范老师敦促我把所思所想正式地表达出来，在田家炳 5 楼电梯口对我说："小马，你写点文章啊！"只是我当时愚昧悟不出范老师在为我的"无为"感到着急；我与科学出版社合作的第一本书也是在范老师的带动下留下的职业生活脚印。

　　感谢科学出版社付艳老师不遗余力地支持与关爱，在著作出版咨询、后期资助项目申报与推荐、书稿审读等方面，付老师总是我最坚强的后盾。感谢科学出版社卢淼老师、孙文影老师和张春贺老师细致专业地指导与审校，她们的评论、批注和修改意见都让我受益匪浅！一并感谢国家社科基金后期资助项目的认可和资助。部分评审专家的宝贵意见和有益建议也促进我更深入地思考教师流动（稳定）问题，在此表示感谢。

　　感谢我的家人和朋友，你们全方位地见证我喜怒哀乐的最真实面目，你们的包容、关怀和无条件支持温暖着我每个艰涩的日子，让我每一点点成果都有了可喜可贺的意义。

　　当然，受写作水平的限制，本书呈现的内容还较浅显，可能连柏拉图隐喻中"洞穴墙上的影子"都算不上，期望同行和专家批评和指正。正如克利福德·格尔茨（2014b）所言，"……我的确知道，无论我这样做多长时间，我也不会把它弄个明白。我也没有彻底搞清我所写过的一切，无论是在下面的论文中还是在其他的地方"。

2024 年 2 月 28 日

于武汉家中